Bergwandern in den Pyrenäen

W0338549

BERGWANDERN IN DEN PYRENÄEN

Scheuble &
Baumgartner
Verlag für Reiseliteratur
Gartenstraße 15
7891 Eggingen
Tel.:07746-5299
Telex: 186 566 combo d
sbv
ISBN 3-924852-25-1
© 1988 Verlag Scheuble & Baumgartner
© der englischen Originalausgabe
Cicerone Press
Alle Rechte vorbehalten
Für die Richtigkeit der Angaben kann keine Gewähr übernommen werden
Satz: Satzinform, Berlin
Druck: Oktoberdruck, Berlin
Titelfoto: Marcadau-Tal

Bergwandern in den Pyrenäen

von
Kev Reynolds

Scheuble &
Baumgartner

Inhalt

AIGUILLES
d'ANSABÈRE.

Vorwort

Dieser Führer ist seit der ersten Auflage umfangreicher geworden. Die Erfahrung brachte eine größere Vertrautheit mit Regionen, die man vorher kaum oder nur vom Hörensagen kannte, mit sich, so daß fünf neue Gebiete in den Wanderführer aufgenommen werden konnten. Die Bergmassive, die schon in der Erstausgabe beschrieben wurden, sind erneut aufgesucht worden, was zu zusätzlichen Routenvorschlägen führte. Wo sich die ursprünglichen Routen aus dem einen oder anderen Grund als unzulänglich erwiesen haben, wurden sie durch detailliertere ersetzt.

Die auffälligste Neuerung bilden wahrscheinlich die Hochroutenverbindungen (Hochwanderwege), die zwei oder mehr Gebirgsmassive miteinander verbinden. Sie sollen den Wanderer dazu anregen, weiter in die Berge einzudringen. Der unternehmungslustige Trekker wird in Gebirgsabschnitte geführt, die er ohne diese Touren niemals erkunden könnte. Mit der Zusammenstellung der Hochroutenverbindungen habe ich herrliche Wochen verbracht, die mich der einzigartigen Natur dieses Gebirges nahebrachten. Die Pyrenäen sind eine großartige Landschaft.

Der besseren Übersicht halber sind die Hochroutenverbindungen in Kasten gesetzt.

In der Erstausgabe appellierte ich an die Leser, die sich auf den Weg in die Pyrenäen machen, dies im Bewußtsein ihrer Verantwortung für die Erhaltung der Natur in Bergen und Tälern anzugehen und mitzuhelfen, sie vor der Zerstörung ihrer einzigartigen Schönheit zu bewahren.

Die Pyrenäen gewinnen jährlich an Popularität und die sich daraus ergebende Bedrohung der natürlichen Ressourcen wird immer akuter. Durchwandern Sie die Berge mit Umsicht, so daß sich auch die nachfolgenden Generationen an der Schönheit der Bergwelt erfreuen können.

Begeisterte Mitwanderer haben mich in meinem Vorhaben unterstützt und mir bei der Aktualisierung des Wanderführers praktische Hilfestellung geleistet. Insbesondere möchte ich Gustav Dodrzynski danken, der die wertvollen, überaus hilfreichen Karten anfertigte, sowie John Willis und Philip Humble, deren Ansporn und Fachkenntnisse speziell über die östlichen Pyrenäen ich hoch zu schätzen weiß. Für ihre Hilfe möchte ich mich an dieser Stelle offiziell bedanken. Ebenso danke ich meiner Frau, die meine Pläne unterstützte und mit mir durch die Täler gewandert ist. Keith, Hugh, Mike, Pete und Alan haben mich abwech-

selnd auf vielen der beschriebenen Routen begleitet. Ich hoffe, daß unsere gemeinsamen Erfahrungen und Erinnerungen durch diesen Wanderführer noch bereichert werden.
Schließlich noch ein Dank an Pete Smith für seine Fotografien.

Kev Reynolds

Pic du Midi d'Ossau

Cirque de Lescun

Einleitung

In den letzten Jahren ist das Interesse an den Pyrenäen wiedererwacht. Lange Zeit ging man davon aus, daß sie für den Bergsteiger kaum von Bedeutung seien. Kein anderer Gebirgszug wurde derart verkannt wie die Pyrenäen. Die meisten Kletterer waren nicht bereit, die bekannteren und erforschteren Alpen gegen die weniger erkundeten Herausforderungen im Süden zu tauschen. Diejenigen, die die Herausforderung annahmen und dem Reiz der Pyrenäen erlagen, waren über die geringe Popularität ihrer ausgewählten Gebiet letztlich froh. Die Pyrenäen sind nicht die Alpen, es wäre irreführend, Vergleiche anzustellen. Sie sind ein völlig anderes Gebirge, das allerdings jedem Wanderer und Bersteiger etwas zu bieten hat. Die über der 3000er-Grenze liegenden Gipfel können in der Regel auch von Wanderern bestiegen werden, die ansonsten nur mittlere Höhenlagen gewohnt sind.
Es finden sich aber auch genügend vertikale Felswände, an denen sich spezialisierte Bergsteiger austoben und ihr Können messen können — vom Nebel verhangene Täler, in die sich im Hochsommer wochenlang kein Tourist verirrt — Regionen unberührten Hochlandes, von denen jeder echte Trekker träumt — riesige Almwiesen mit einer Fülle von 'Alpenblumen', die so vielfältig sind, daß dem Botaniker das Herz höher schlägt.
Doch das 20. Jahrhundert holt auch in den Pyrenäen auf und dies mit allen Nachteilen, die Tourismus und industrielle Erschließung in einer weitläufigen Landschaftsformation mitsichbringen. Bei der Vorbereitung dieses Führers bin ich mir dieser Gefahr bewußt gewesen. Welche weitreichenden Folgen können sich ergeben, wenn man die Aufmerksamkeit auf spezielle Regionen in diesem Gebirgszug lenkt? Gleichzeitig hoffe ich darauf, daß diejenigen, die durch dieses Buch angeregt werden, in die Pyrenäen zu reisen, sich ihrer Verantwortung bewußt sind und dazu beitragen werden, die natürliche Schönheit des Hochgebirges zu erhalten.
Das Buch soll einen ersten Einstieg in das Gebirge ermöglichen. Es schlägt Wandertouren und leicht zu bewältigende Aufstiegsrouten auf einige Hauptgipfel der Zentral- und Hochpyrenäen vor. Wer extremere Wände erklimmen möchte, sei auf die — leider nur französischsprachigen — Publikationen von *Robert Ollivier* aus Pau verwiesen. Seine Führer beschreiben die verschiedensten Routen, die vom Schwierigkeits-

grad her aus dem Rahmen dieses Buches fallen. Weitere aktuelle Bergtouren sind in der *Révue Pyrénéenne* zu finden.

„Europa endet an den Pyrenäen!" Diese weitverbreitete Vorstellung entspringt einer geographischen Halbwahrheit. Sie entstand aus der Tatsache, daß sich der etwa 400 km lange Gebirgszug vom Atlantik zum Mittelmeer erstreckt und so eine gewaltige, natürliche Grenze bildet, die Westeuropa von der Iberischen Halbinsel trennt. Gleichzeitig sind die Pyrenäen eine Kulturschranke, die das Mosaik der nördlichen Kulturgemeinschaften von Spanien, dieser weitläufigen Landschaft, die schon von den trockenen und heißen afrikanischen Saharawinden überzogen wird, trennt.

Im allgemeinen nimmt man an, daß die Pyrenäen aus einer einzigen Bergkette bestehen, die sich in direkter Linie vom Atlantik in östlicher Richtung ausbreitet. Tatsächlich bilden *zwei* etwa gleichlange Ketten die 'Achse'. Die eine erstreckt sich vom Golf von Biscaya in ostsüdöstlicher Richtung bis zu den Gipfeln des Saboredo, wo die andere Kette vom Osten her hinzustößt. Letztere zieht sich dann hin bis zum Mittelmeer am Cap Cébère. Im Überlappungsbereich beider Ketten verläuft das Vall d'Aran, das vom Port de Bonaigua überbrückt wird und so die beiden Ketten verbindet.

Von einigen Ausnahmen abgesehen verläuft die Wasserscheide direkt an der Grenzlinie. Die Hauptgipfel liegen im allgemeinen auf diesen beiden Gebirgsketten. Jedoch gibt es imposante Massive, darunter die höchsten der Pyrenäen, die durch parallel verlaufende Täler südlich der Grenze abgetrennt sind.

Die Pyrenäen sind ein kontrastreiches Gebirge. Die nördlichen Berge fallen steil ab in fruchtbare Ebenen, während die spanische Seite ein Durcheinander aufeinanderfolgender Bergketten oder *Sierras* bildet, die labyrinthartig von den Hauptgipfelgraten weglaufen und nach und nach in die trockenen Bereiche des Ebrobekkens abfallen. Die Baskischen Berge im Westen sind dem heftigen Atlantikwind ausgesetzt, im Osten herrscht typisch mediterranes Klima, das sich durch geringe, zumeist auf den Winter beschränkte Regenfälle und heiße Sommer auszeichnet.

Sie werden in den Pyrenäen die verschiedensten Landschaftsformen vorfinden. Die Eichen- und Pinienwälder im Westen unterscheiden sich deutlich von den versengten Hochebenen Kataloniens, dessen Täler mit Weinbergen und Obstplantagen geschmückt sind. Zwischen diesen Extremen liegen die Hochpyrenäen, der Bereich also, der in diesem Buch vrogestellt wird. Sie weisen alle Merkmale einer Alpenlandschaft auf: zackige, zerklüftete Gipfel, die von Schnee bedeckt sind, tiefe, eingefräste Schluchten, riesige, meist halbkreisförmige Felsamphitheater (Cirques) und Hunderte funkelnder Bergseen. Als Hochpyrenäen bezeichnet man den Abschnitt des Gebirgszuges zwischen dem *Pic d'Anie* (2504 m) im Westen und dem *Carlit-Massiv* nordöstlich Andorras. Hier liegen sämtliche der fast neunzig Dreitausender sowie die drei Nationalparks.

Nationalparks

1967 deklarierten die französischen Behörden ein beachtlich großes, jedoch nicht genau begrenztes Gebiet als Nationalpark. Der *Parc National des Pyrénées* (PNP) erstreckt sich von den Bergen im Süden Lescuns in nördlicher Richtung über das gesamte *Néouvielle-Massiv*. Innerhalb seiner Grenzen liegen die wahrscheinlich schönsten und eigentümlichsten Gipfel nördlich der Wsserscheide. Der *Pic du Midi d'Ossau*, der *Balaïtous*, der *Vignemale*, der *Marboré*, der gesamte *Cirque de Gavarnie* sowie die *Cirques de Troumouse et Estaube*.

Während Tourismuszentren und Einrichtungen der Wintersportgebiete bis zu den Parkgrenzen gefördert werden, blieb der PNP seither ein Schutzgebiet, in dem sich die natürliche Schönheit der Bergwelt erhalten hat. 1976 erhielt er die Auszeichnung des 'Council of Europe Award', das 'Europa-Diplom' also, das Landschaften und Schutzgebieten von außergewöhnlicher Bedeutung verliehen wird.

Südlich des Cirque de Gavarnie liegt der *Nationalpark von Ordesa*. Mit einer Fläche von etwa 2175 ha ist er der kleinste der drei Parks, aber aufgrund der überwältigenden Pracht seiner farbvibrierenden Felsschluchten auch der außergewöhnlichste. Er wurde 1917, also bevor irgendwelche größere Planungen die oberen Regionen des Arazas beeinträchtigen konnten, zum Nationalpark erklärt. Heute bildet ein Restaurant das einzige Zugeständnis an den Tourismus. Dieses befindet sich am Ende einer vier Kilometer langen Stichstraße, an dem sich auch ein Parkplatz befindet. Trotz zahlreicher Pfade und Wanderwege sind die riesigen Pinien-, Buchen- und Kiefernwälder noch völlig unberührt. Die weiten Wiesenflächen spiegeln die Vielfalt der alpinen Pflanzenwelt wider. Von den Bergen, die sich über dem Parkgelände erheben, verdienen die Felswände des *Mondarruegu*, dessen Ausläufer die Felsschlucht von Bujaruelo von der Ordesas trennt, eine besondere

Erwähnung, sowie die kahle Wand des *Tozal del Mallo* mit seiner eindrucksvollen hochragenden Südflanke; die *Fraucata*-Flanke des *Arruebo* (2751 m) und der am Endes des Tals liegende *Monte Perdido* (3355 m), der dritthöchste Gipfel der Pyrenäen.
Ein weiterer Nationalpark auf spanischer Seite liegt weiter östlich und umfaßt das noch unberührte Berglabyrinth zwischen den Tälern *Noguera de Tort* und *Noguera Pallaresa*, insbesondere aber das weiter nördlich gelegene *Vall d'Aran*. Der Nationalpark *Aigües Tortes – San Mauricio* hat eine Ausdehnung von 105 Quadratkilometern und ist mit seinen winzigen Seen, plötzlich auftauchenden Gipfelzacken und idyllisch-einsam liegenden Cirques landschaftlich vielfältig und abwechslungsreich. Auf die *Encantados* sind anspruchsvolle Anstiege zu bewältigen.

Berge, Pflanzen und Tierwelt

Die Pyrenäen entstanden wie die Alpen im Tertiär, also vor ca. 50 bis 100 Millionen Jahren. Sie besitzen grob gesagt einen kristallinen Kern, gegen den während intensiver Faltungsprozesse Sedimentgestein an die Oberfläche gebracht wurde (z.B. Cirque de Gavarnie). Die Falten und Furchen wurden im Norden vom Zentralplateau und im Süden von dem riesigen spanischen Meseta begrenzt und dadurch intensiviert. Im gesamten Gebirge findet sich eine meist komplexe Verteilung verschiedenster Gesteinsarten. Während im Westen Kalkstein dominiert, sind es im Herzen des Gebirgszuges die verschiedensten Granitarten. In vielen Massiven bestehen jedoch Anomalitäten.
Vergletscherung hat die Täler beeindruckend geformt und ist hauptsächlich für die Entstehung der zackigen alpin anmutenden Gipfel verantwortlich. Die Pyrenäen wurden vor allem während der vierten Eiszeit, der sogenannte Würmeiszeit, mit Eis überzogen. Eine fast 300 Kilometer lange geschlossene Eisdecke bedeckte den Gebirgszug. Die 'Resultate' sind überall zu erkennen. U-förmige Täler, sog. Hängetäler, eine Fülle von 'Cirques' und über tausend Gletscherseen gestalten die Gebirgsformation.
Mit ihren 180 einheimischen Pflanzenarten sind die Pyrenäen von besonderem botanischen Interesse. Man findet sowohl zahlreiche alpine Pflanzen, die auch in anderen europäischen Gebirgen wachsen, als auch mediterrane Gewächse, die normaler-

weise nur weiter südlich gedeihen. In den südlichen Vorgebirgen blühen zwischen gewöhnlichem Gras und verkümmerten Nadelbäumen Lavendel, Rosmarin und andere aromatische Pflanzen. Doch die Vegetation des Gebirgszuges ist sehr unterschiedlich. Die üppigen Wiesen erinnern an die Schweizer Alpen, unter den Wildfrüchten finden Sie Erdbeeren, Heidelbeeren und rote Johannisbeeren. Von größter Bedeutung ist jedoch die alpine Mannigfaltigkeit. Im Frühling 'überfluten' Unmengen von Narzissen die Berghänge. Enzian, Krokus, Orchidee und Anemone sprießen in vielen Variationen hervor. In Kalksteinritzen bildet die wunderschöne *Ramonda myconi* blauviolette Farbkleckse. Ebenfalls auf Kalkstein findet man die weißen, pyramidenförmigen Blütenzweige des pyramidenspezifischen Steinbrechs. Im Sommer sind die Wiesen von der leuchtend blauen Bergfirnis *Iris xiphioides* und der schlanken gelben Narzisse gefärbt. Die niedriger liegenden Matten voller *Daphne mezereon* verbreiten ihren süßen Duft. Auf Felsvorsprüngen blühen riesige Kissen der *Arenaria tetraquetra*. Die Steilhänge sind mit einem Dickicht aus Juniper und Alpenrosen überzogen. Zwischen Gestein und Geröll gedeihen die rosaroten Kissen der *Silene acaulis* und unterbrechen die Monotonie der Felsen. Wo immer sich der Wanderer und Bergsteiger aufhält, er wird auf das reichhaltige Pflanzenleben und dessen Farben und Düfte treffen.

Die Fauna des Gebirges wird vor allem vom *Isard*, der Pyrenäengemse, repräsentiert. In den Hochtälern und an der Schneegrenze werden Sie auf ganze Herden treffen. Diese Gemsen sind nicht weniger scheu als ihre Vettern in den Gebirgen Mitteleuropas. In den entlegeneren Winkeln der Hochpyrenäen ist es durchaus möglich, Einzelexemplare im Schutz von Felsvorsprüngen zu beobachten. In der Umgebung des Pic du Midi d'Ossau sind die Tiere aufgrund der großen Urlauberzahl zutraulich geworden.

Obwohl oft behauptet wird, der *Braunbär* sei in den Pyrenäen nicht mehr zu Hause, glaube ich jedoch, daß einige zähe Burschen in den unberührten Gebirgsregionen überlebt haben. Die Murmeltiere, obwohl ursprünglich nicht heimisch, vermehren sich in großer Zahl. Angeblich leben in den Wäldern von Ordesa Wildkatzen, Baummarder und Wildschweine, Luchse und Steinböcke sollen gesichtet worden sein.

Kleinere Tiere wie der leuchtfarbene Salamander, verschiedene Eidechsen und möglicherweise die äußerst seltene Rüsselmaus sind durchaus zu beobachten. Die Mäuserarität lebt nur in den Pyrenäen und im Kaukasus. Sie ist ungefähr so groß wie eine Ratte, hat Schwimmfüße und eine lange Schnauze. Auf dem Balaïtous habe ich ein einsam streunendes Hermelin gesehen.

Das Vogelleben ist über das ganze Gebirge verbreitet. Stein-, Zwerg- und Habichtsadler repräsentieren die Könige der Lüfte. Mönchs- und Lämmer- oder auch Bartgeier beeindrucken durch ihre Flügelspanne. Hänflinge, Distelfinken, Schneehühner, Hausrotschwänzchen, Nachtigallen und Wiedehopfe machen Wald und Flur zum Klangparadies.

Pioniere

Vor zweihundert Jahren war das Labyrinth der Täler in den Zentralpyrenäen noch völlig unbekannt. Nur vereinzelt wagten sich Gemsenjäger, Schafhirten oder Schmuggler hierher. Ein oder zwei bekannte Pässe wurden regelmäßig von Handelskarawanen benutzt, die Berge selbst waren jedoch von untergeordnetem Interesse und galten als handels- und kommunikationsfeindlich. Im Sommer 1787 jedoch gelang es Baron *Louis-Francois Ramond de Carbonnieres* (1755 – 1827), nur ein Jahr nach der Erstbesteigung des Mont Blanc durch Paccard und Balmat, den Pyrenäen die ersten Geheimnisse zu entreißen. Ramond darf als erster, wirklicher 'Bergliebhaber' in die Geschichte eingehen. Als Politiker, aber auch als angehender Geologe und Botaniker hegte er enthusiastisches Interesse für wilde, urwüchsige Landschaften. Dies zeigte sich erstmalig während eines frühen Aufenthaltes in der Schweiz. Er brachte seinen Ehrgeiz mit zurück in die Pyrenäen, der zur Besteigung des Pic du Midi de Bigorre, der Entdekkung des Monte Perdido, und zum ersten Versuch der Besteigung des Maladetta führte. Obwohl sich seine Leistungen im Vergleich zu späteren Entdeckern eher bescheiden ausnehmen, wird der Name Ramond immer mit der Erkundung unbekannter Berggebiete verknüpft bleiben. Auf der Flucht vor dem Blutbad der Französischen Revolution zog er sich ins Exil der Berge zurück und lebte für Jahre dort. In dieser Zeit regte er die Erstbesteigung des Monte Perdido an und wiederholte sie nur Tage später.

Schon vor Ramonds Erkundungstouren wurden vereinzelte Bergbesteigungen durchgeführt, erst in den frühen Jahrzehnten des neunzehnten Jahrhunderts aber organisierten Landvermesser und 'Wissenschaftler' größere Gruppen, die die leichteren

Gipfel bezwangen. Die wenigen Touristen, die bereit waren, die angenehme Frische der Täler zu verlassen und professionell geführt werden wollten, verpflichteten ortsansässige Jäger als Führer. Nur selten wurde jedoch das Niveau der Gegenspieler in den Alpen erreicht. 1837 bezwangen einheimische Bergführer erstmalig den Vignemale, im folgenden Jahr ließ die Engländerin Anne Leister die erste touristische Besteigung, geführt von Cazeaux, nachfolgen. 1842 wurde der höchste Gipfel der Pyrenäen, der *Pico de Aneto*, von dem Russen Platon de Tchihatcheff und Albert de Franqueville, natürlich geführt von den Einheimischen Redonnet und Ursule, erklommen. Das 'goldene Zeitalter' der Pyrenäenerkundung war die zweite Hälfte des neunzehnten Jahrhunderts. Es wurde weitgehend durch zwei Namen geprägt: *Charles Packe* und *Count Henry Russell*. Packe war ein ernsthafter Wissenschaftler, *„ein Bergsteiger im besten und edelsten Sinn des Wortes; er war der Tyndall der Pyrenäen!“* Bevor er in die Pyrenäen zog, war Packe Friedensrichter, Anwalt und Schriftsteller in Stretton Hall in Leicestershire. Sein größter Beitrag zu unserem heutigen Wissen über dieses Gebirge ist sein 1862 erschienener Bergführer, ein profundes Werk, das als Ergebnis seiner beachtlichen persönlichen Lebenserfahrung gewertet werden darf. Niemand kannte die Pyrenäen beser als er. Seine Expeditionen waren unzählbar, sein größtes Interesse galt den spanischen Gipfeln. Die Landkarte des Maladetta-Massivs, von ihm im Jahre 1866 angefertigt, war bei weitem genauer als die meisten folgenden und umfaßte eine Fläche von *„nicht weniger als 1000 qkm, die außer Gemsenjägern niemand vor ihm betreten hatte.“*

Count Henry Patrick Marie Russell-Killough (1834 – 1909) war der engagierteste aller frühen Pioniere. In Toulouse als Sohn einer Französin und eines Iren geboren, wurde er ab 1861 zum unerbittlichen Anwalt der Belange des Gebirges. In der langen Geschichte des Bergsteigens verdient er mit Sicherheit den Titel des größten Exzentrikers dieses Sports. Seine Erstbesteigungen waren zahllos, seine Liebe zur Einsamkeit legendär. Die Leidenschaft aber, die er für den Vignemale hegte, ist beispiellos. Sie reizte ihn zu tollkühnen Eskapaden. Er ließ einige Grotten aushöhlen und Stollen in den Berg treiben, in denen er längere Zeiträume lebte. Schließlich pachtete Russell 1889 den Berg für insgesamt 19 Jahre vom Syndikat des Tales Barèges 'ausschließlich des Rechtes, den Zutritt zu verbieten', für die keineswegs überteuerte Summe von einem Franc pro Jahr. Mit offensichtlicher Freude schrieb er: *„Es ist sicherlich der höchstgelegene Grundbesitz Europas und trotz seiner Unfruchtbarkeit würde ich ihn nicht mit dem edelsten in Frankreich tauschen."*

Auch *Henri Brulle* soll an dieser Stelle Erwähnung finden. Ihm ist zu verdanken, daß das alpine Kletterniveau über einen längeren Zeitraum erheblich angehoben wurde. Zu seinen bekannteren Routen zählt die klassische Besteigung des Couloir de Gaube an der Nordwand des Vignemale. Die Streckenführung ist für damalige Verhältnisse überraschend kühn gewählt und konnte fast sechzig Jahre nicht wiederholt werden. Er unternahm beschwerlichste Erstbesteigungen auf den *Posets*, auf den Maladetta und auf die Encantados. Auf den Pic du Midi brachte ihn eine Route über La Fourche, die Nordseite de Monte Perdido erklomm er entlang des gefährlichen Gletschers, was heute weitaus ungefährlicher ist. Brulle war weit gereist und kletterte in vielen Bergregionen Europas. Er fand den Tod während einer Besteigung des Mont Blanc, als ihn schlechtes Wetter überraschte. Die Müdigkeit übermannte ihn, wenige Tage später starb er — im Alter von 82 Jahren!

Brulles Lieblingsführer und Begleiter war Celestin Passet aus Gavarnie. Er begleitete sowohl Brulle als auch Russell auf vielen der schwierigsten Touren dieser Zeit. Seine Bergkenntnisse waren überall gefragt. Durch ihn und seinen Cousin Henri Passet, der Packes Favorit war, wuchsen Standard und Niveau der Führungen in den Pyrenäen beträchtlich. Die beiden kletterten auch in den Alpen und wurden von Whymper zu einem Trip in die Anden eingeladen, beide schlugen jedoch ein solches Ansinnen rundweg aus.

Nach der Jahrhundertwende tauchten die fünf Brüder *Cadier* aus der Stille des Aspetals auf und übernahmen überraschende Klettertouren, denen neue Ansprüche in der Routenführung zugrunde lagen. Sie schufen Streckenverbindungen, die vom Maladetta bis zum Balaïtous reichten. Der Balaïtous war der Ausgangspunkt ihrer Erkundungen. Ihre schriftlichen Aufzeichnungen wurden im Klassiker 'Au Pays des Isards' festgehalten und der Nachwelt überliefert. Die zwanziger und dreißiger Jahre dieses Jahrhunderts wurden hauptsächlich von einem Mann geprägt, *Dr. Jean Arlaud*. Er arbeitete zahlreiche neue Aufstiegsrouten aus, durchweg besaßen sie höchstes Niveau. Arlauds Leistungen inmitten der Gebirgsketten, auf dem Maladetta und den Posets, waren von fast frenetischem Eifer beseelt. Durch einen Sturz vom Grat auf dem Gourge Blanc nahmen seine Aktivitäten ein allzu rasches, vorzeitiges Ende.

Die Erkundung der Pyrenäen konzentriert sich heute hauptsächlich auf die kahlen Wände der abgelegenen Gipfel, an denen die Kletterakrobatik des modernen Bergsteigens am anschaulichsten zum Tragen kommt. Die Brüder Ravier, Patrice de Bellefon und andere unternehmen jährlich Bergtouren, die so schwierig sind wie kaum eine in den Alpen. An fast unberührten Felswänden werden Besteigungen jeden Schwierigkeitsgrades in Angriff genommen. Im Winter werden die neu erkundeten Routen über das Eis wiederholt!

Spanische Bergsteiger, die erst spät den Zugang zu ihren Bergen fanden, holen heute beträchtlich auf. Von Städten wie Barcelona als Ausgangspunkt schafft ein wachsender Strom von Wochenendbergsteigern immer höher entwickelte Techniken. Konkurrenzkampf und Rivalität brachten eine Unzahl anspruchsvollster Routen mit sich. Der *Tozal del Mallo*, die *Aiguilles de Ansabére*, der *Pic du Midi d'Ossau* usw. halten noch immer neue Möglichkeiten für die ehrgeizigen Bergsteiger bereit. Viele der neuen Gipfelstürmer sind dabei, sich einen Platz in den Annalen zu sichern, in denen ihnen Ramond, Russell, Packe und Co. den Weg gewiesen haben.

Hinweise für Bergsteiger und Wanderer

Das Wetter in den Pyrenäen ist leichter vorhersagbar als in den Alpen, die Sommermonate sind in der Regel beständiger. Doch jede Gebirgsregion besitzt ihre Eigenheiten, in dieser Hinsicht bilden die Pyrenäen keine Ausnahme. Da das Gebirge in südlichen Breitengraden liegt, sind vor allem in den spanischen Tälern heiße Sommertage zu erwarten. Die Nordhänge jedoch unterliegen völlig anderen Einflüssen, der Vegetationskontrast zeigt dies bildhaft. Die feuchten Luftmassen aus dem Westen führen Regenwolken mit sich, die manchmal ganze Nachmittage den Himmel verhängen. Ich habe mich oft auf einem spanischen Gipfel gesonnt und dabei die Wolkenmeere über den französischen Tälern beobachten können.

Eine pauschale Verallgemeinerung dieser 'Zustände' empfiehlt sich dennoch nicht. Ebenso gefährlich ist es, sich an einem Tage, der bis zum frühen Nachmittag warm und wolkenlos klare Sicht bescherte, in einem Gefühl falscher Sicherheit zu wiegen. Die Gewitterwolken südlich der Wasserscheide bilden sich oft schnell. Die heiße Luft strömt aus dem Ebrobecken in die Hochtäler und vermischt sich mit den kühleren Luftschichten aus dem Norden. Diese daraus entstehenden Unwetter treten mit nur kurzer Vorwarnung auf und können sehr heftig sein. Deshalb sollten Wetterunbilden stets in die Tagesplanung miteinbezogen werden. Nur wenige Abstiegsrouten dieses Wanderführers erfordern einen ganzen Tagesmarsch. Aufgrund der wenigen Routen, die über Schnee und Gletschereis führen, ist es so gut wie nie notwendig, vor Sonnenaufgang aufzubrechen. Normalerweise sind die wesentlichen Schwierigkeiten bis um die Mittagszeit zu bewältigen. Die niedriger liegenden Hänge und Bergtäler sind reizvoll schon ihrer selbst wegen und laden zu nachmittäglichen Besuchen ein.

In den höheren Gebirgsregionen beginnt die Saison nicht vor Mitte Juni. Der Schnee ist dann weitgehend verschwunden, das Wetter einigermaßen sicher vorhersagbar. Juli und August sind heiß und trocken. Sie bringen ein Minimum an Schnee auf den Gipfeln, dafür aber ein Maximum an Fliegen und anderen Insekten in den Tälern. Im September kann schon der erste Nachtfrost auftreten, erste gelegentliche Schneefälle sind zu beobachten. Bei gutem Wetter ist der September voller Brillanz und ideale Wanderzeit. Die Luft vibriert dann unter dem Einfluß der Sonnenstrahlen und den ersten Anzeichen des Frostes. Der Oktober kündigt mit den tiefhängenden Wolkenbändern und langandauernden Regentagen schon den Winter an. Nachdem der Herbst die Atmosphäre eines indischen Sommers in den Tälern verströmt hat, ist dies ein fast feierlich zu nennender Vorgang. Die Berge sind dann einfach fantastisch.

Der Winter zieht ins Land und bleibt bis Mitte März oder gar den frühen April. Dann beginnt die große Stunde der Botaniker, die in den nächsten Monaten je nach Interessenlage ein sich ständig veränderndes Schauspiel an Farben und Düften beobachten dürfen. Bergsteigen ist in dieser frühen Jahreszeit ein extrem gefährliches Unterfangen. Rollawinen stürzen regelmäßig zu Tal und machen den Sport zum Spiel mit dem Tod.

Die erforderliche Ausrüstung hängt natürlich vom Ausmaß der geplanten Aktivitäten ab. Für die meisten der beschriebenen Besteigungen benötigen Sie nicht mehr als für die Wanderungen in den heimischen Bergen. Wo zusätzliche Ausrüstungsgegenstände, etwa Eispickel oder Steigeisen erforderlich sind, wird dies am Anfang der Routenbeschreibung ausdrücklich angegeben. Obwohl nicht immer ein Seil vonnöten ist, sollte für den Fall nicht vorhersehbarer Schwierigkeiten immer eines zur Hand sein. Es leistet im Notfall auch psychische

Unterstützung. Schutzhelme sind empfehlenswert auf den Touren, auf denen Steinschlaggefahr besteht. Auf der üblichen Route den Pic du Midi d'Ossau hinauf sind ein oder zwei Rinnen zu erklettern, die ansonsten keinerlei Schwierigkeiten in sich bergen. Der Popularität des Berges wegen und aufgrund des Gerölls in den Rinnen besteht jedoch ernsthaft die Gefahr, einen Stein auf den Kopf zu bekommen, der von höher steigenden Gruppen ausgelöst wurde.

Felskletterer werden wissen, was an Eisenausrüstung benötigt wird. Auch dies hängt vom Umfang der geplanten Unternehmungen ab. Eine Biwakausrüstung ist nur für die schwierigsten Routen erforderlich.

Das Minimum an Kleidung, das der durchschnittliche Bergwanderer mit sich tragen sollte, ist:

- gut sitzende Bergschuhe mit Vibramsohlen
- einen windfesten Anorak
- eine Wollmütze
- Handschuhe
- eine wasserdichte Kapuze

Eine Notration, die Taschenlampe und Ersatzbatterien sollten sich stets im Rucksack befinden. Kompaß, Trillerpfeifer und Landkarte der Gegend sind ebenso wichtig und finden im Anorak Platz. Erstehilfeausrüstung sollte immer dabei sein. Wenn Sie sich in Schneefelder oder Gletschereis begeben, muß unbedingt eine Sonnenbrille eingepackt werden.

Zeltfreunden wird ein Mückennetz angeraten. Da die Pyrenäen über einige der schönsten Flächen in Europa zum wilden Zelten verfügen, ist eine leichte und zweckdienliche Ausrüstung von großem Wert. Sollten Sie vorhaben, Ihren gesamten Urlaub in den Bergen zu verbringen, und, wie vorgeschlagen, mit dem Auto von Gebiet zu Gebiet zu fahren, ist es sinnvoll, genügend Brennstoff für die schnelle Küche einzuladen. Möglicherweise haben Sie über längere Zeit keine Gelegenheit, Ihre Vorräte aufzustocken. Schlafsäcke, die den Launen des Sommers in den mitteleuropäischen Bergen entsprechen, sind absolut ausreichend.

Anmerkungen zum Höhenwanderweg HRP

Der Hochwanderweg durch die Pyrenäen, offiziell *Haute Randonnée Pyrénéenne* genannt, ist eine reizvolle Überquerung des Gebirges, die an der Atlantikküste beginnt und nach etwa 45 Tagen das

Mittelmeer bei Banyuls-sur-Mer erreicht. Es ist die Traumroute jedes Bergtrekkers; immer herausfordernd, stets anders, führt sie durch die verlassenste und außergewöhnlichste Landschaft ganz Europas. Sie ist nie langweilig, allerdings auch nicht allzu leicht zu bewältigen. Obwohl die französischen Behörden die Strecke lobenswerterweise ausgeschildert haben, finden sich Abschnitte, insbesondere auf der spanischen Seite, auf denen die Routenfindung Erfahrung und kühle Überlegung erfordert. Manchmal finden Sie nach einer langen Tageswanderung keine Übernachtungsmöglichkeit, so daß Zelten oder eine Nacht im Freien unter dem Sternenzelt die einzigen Alternativen sind. Die Route führt nur selten durch Dörfer, in denen Sie sich verpflegen und Vorräte aufstocken können. Daher muß man sich in den Regionen, in denen sich keine bewirtschafteten Hütten befinden, selbstversorgen und alles mittragen.

Da vom Ozean bis zum Mittelmeer 45 Tagesetappen erforderlich sind, muß für die Gesamtüberquerung mit einer Dauer von mindestens sechs Wochen gerechnet werden. Ruhetage und Schlechtwetterperioden, die das Wandern unmöglich machen, sind dabei nicht einmal berücksichtigt! Die Hochroutenverbindungen dieses Führers sind für Bergwanderer gedacht, die nur etwa zwei Wochen Urlaub haben. Sie führen von Lescun im Westen nach Andorra im Osten durch die Hochpyrenäen. Es ist eine relativ kurze 24-Tagewanderung. Für einige Etappen sind allerdings zehn oder mehr Wanderstunden exklusive Pause einzuplanen. Die Route durch die Hochpyrenäen läßt sich ohne weiteres in drei Abschnitte einteilen, deren Ausgangspunkte mit der Bahn zu erreichen sind:

I. Von Lescun nach Gavarnie
II. Von Gavarnie zum Maladetta
III. Vom Maladetta nach Andorra

Auf diesen Etappen können auch Bergbesteigungen durchgeführt werden, die den Wanderurlaub noch bereichern.

Wer über genügend Zeit verfügt, um die gesamte Durchquerung vom Ozean zum Mittelmeer anzugehen, wird auf den bewundernswerten Führer von Georges Verons ('Pyrenees High Level Route') nicht verzichten wollen.

Hütten

Die Berghütten der Pyrenäen sind in jeder Hinsicht sehr unterschiedlich. Einige sind luxuriös ausgestattet, im Sommer bewirtschaftet und verfügen über einen verdienstvollen und nennenswerten Restaurantbetrieb, während andere aus nur wenig mehr als vier Wänden und einem Kamin bestehen. In einigen der *CAF*-Gebäuden ist immer noch etwas von der Atmosphäre der alten Pioniere, die die Hütten vor mehr als hundert Jahren erbauten und benutzten, zu spüren. Ein gutes Beispiel für diese Kategorie ist die Réfuge *Bayssellance* in der Nähe des Vignemale. Ein oder zwei der neueren Hütten, die von den Behörden des PNP erbaut wurden, sind ganz und gar im Stil des zwanzigsten Jahrhunderts. Jede Hütte besitzt ihre Eigenheiten und ist zweckdienlich errichtet. Informationen über die Hütten, die für die in diesem Führer enthaltenen Gebiete wichtig sind, finden Sie unter den jeweiligen Kapiteln zu der betreffenden Region.

Abgesehen von der 'Erleichterung', ohne Zeltausrüstung zu wandern, spricht vieles dafür, seinen Bergurlaub auf Hüttenübernachtungen aufzubauen. Es sei denn, Sie haben einen leichten Schlaf oder suchen die Einsamkeit! Kontakte zu Mitwanderern bringen natürlich zahlreiche Vorteile mit sich, besonders, wenn aktuelle Informationen über den Zustand bestimmter Routen vonnöten sind. Die Hüttenwirte selbst sind oft begeisterte und erfahrene Bergsteiger, die dem 'Neupyrenäisten' zuverlässige Ratschläge erteilen können.

Falls möglich sollten Sie die Hütte im Laufe des Nachmittags erreichen. Dies gilt vor allem für die Hauptsaison, in der die bekannteren Hütten vollbelegt sind. In den meisten Herbergen befinden sich gleich am Eingang ein oder zwei Regale mit den üblichen 'Hüttenschuhen' — ein Hinweis, daß Sie Ihre Wanderstiefel dort abstellen sollten. Als nächstes wenden Sie sich an den Hüttenwirt, um einen Schlafplatz zu reservieren und die Mahlzeiten, die Sie zu sich nehmen wollen, zu bestellen. Diese können überraschend gut, aber auch erschreckend spärlich ausfallen, was eindeutig von den Möglichkeiten und der Interessenlage des Wirtes abhängt. Allerdings ist ebenso zu berücksichtigen, wann die letzten Vorräte aus dem Tal hinaufgeschafft wurden. In Einzelfällen wird dies noch immer mit dem Maultier bewerkstelligt, manchmal sogar muß der Rücken des Wirtes herhalten. Ganz selten taucht auch mal ein Hubschrauber auf.

Der Zutritt zu den Schlafräumen ist normalerweise bis zum frühen Abend verboten. Sie bestehen fast immer aus einer gemeinschaftlichen Schlafstelle, auf der sich nebeneinander gereihte Matratzen befinden. Decken stehen immer zur Verfügung. Mit etwas Glück und keiner Vollbelegung haben Sie genügend Platz für Ihre müden Glieder. Seien Sie jedoch nicht überrascht, wenn Sie bei schlechtem Wetter einen Schlafplatz suchen oder nach einer größeren Reisegruppe in der Hütte eintreffen. Dann wird es eng, und dies kommt häufiger vor, als Ihnen recht sein wird! Von wenigen Ausnahmen abgesehen ist der nächste Bach oder die Regenrinne Ihr Badezimmer.

Bezahlt wird normalerweise morgens vor Verlassen der Hütte. Auch dies ist von Hütte zu Hütte unterschiedlich. Wollen Sie sich über einen längeren Zeitraum in einer Hütte aufhalten, kann dies sehr teuer werden. Wer solches im Sinne hat, sollte erwägen, einem der Alpenvereine beizutreten, deren Mitglieder Vergünstigungen erhalten. Es ist billiger, der Sektion Tarbes des CAF beizutreten, die Sektion Paris/Chamonix ist kostspieliger. Die Anschriften finden Sie im Anhang.

Zusätzlich zu den Hütten, die in diesem Führer Erwähnung finden, hat die *Radonnées Pyrénéennes*, eine Organisation, die die Übernachtungsmöglichkeiten für die Wanderer erweitern soll, in den letzten Jahren eine Reihe sogenannter *Gîtes d'Etape* errichtet. Es handelt sich um einfache Übernachtungsplätze, die sich meist in den Tälern befinden und von Bauern zur Verfügung gestellt werden. Sie sind mit Matratzen und Selbstversorgerküchen ausgestattet. Eine Broschüre mit detaillierten Angaben zu ungefähr 400 Hütten, *Cabanes* und *Gîtes d'Etape* der Pyrenäen wurde inzwischen ediert. Auch die Anschrift zum Bezug dieser Publikation findet sich im Anhang.

Erste Hilfe

Erfahrungsgemäß ist die Unfallgefahr in den Pyrenäen höher als in anderen europäischen Gebirgen. In den meisten Fällen hängt die Rettungsmöglichkeit allein von der Nähe zu anderen Bergsteigern ab, die in der Lage sind, Hilfe zu leisten. Bei einem Unfall im Parc National des Pyrénées (PNP) ist die ausgebildete Rettungsmannschaft rasch herbeigerufen. Einige der bekannteren Hütten stehen in Funkkontakt mit der Gendarmerie, die hochleistungsfähige Hubschrauberrettungsmannschaft kann Minuten, nachdem Alarm ausgelöst wurde, zur Stelle sein. In den abgelegeneren Gebieten kann jedoch der kleinste Unfall ernsthafte Folgen nach sich ziehen, falls die betroffene Gruppe keine adäquate Selbsthilfe zu leisten vermag. Bei Wandertouren außerhalb der Saison sollte man selbst in hochfrequentierten Gebieten wie dem Maladetta-Massiv die gravierenden Konsequenzen eines Unfalls in Betracht ziehen und darauf vorbereitet sein. In Tälern, in denen sich keine Hütten befinden, kann das Geben eines Notsignals zum aussichtslosen Unterfangen geraten. Die 'Moral von der Geschichte' ist klar und eindeutig: Überfordern Sie keine Gruppenmitglieder, bleiben Sie zusammen, und schätzen Sie die Fähigkeiten der Teilnehmer richtig ein!

Der Rettungsdienst ist, wenn er überhaupt zu erreichen ist, extrem teuer und sollte nur in absoluter Notlage angefordert werden. Falls in Frankreich keine bewirtschaftetet Hütte in der Nähe liegt, gehen Sie ins nächste bewohnte Tal. Sollte sich dort schließlich auch ein Telefon befinden — bis dorthin kann der Weg vom Unfallort recht lang sein — rufen Sie die Gendarmerie an und teilen Sie ihr mit, daß sich ein Unfall ereignet hat. Geben Sie ihr den Standort des Telefons durch und warten dann auf das Eintreffen. Wenn Sie eine genaue Landkarte zur Hand haben, geben Sie darauf den Unfallort und möglichst viele Einzelheiten an. Da ich einen Einsatz des französischen Rettungsdienstes auf dem Pic d'Ossau miterlebt habe, verbürge ich mich für die Leistungsfähigkeit und Effizienz dieser Menschen. Wie auch immer, wenn sich keine bewirtschaftete Hütte findet, ist es das Beste, hilfsbereite Wanderer zu finden.

Anreise in die Pyrenäen

Mit dem Auto in die Pyrenäen zu fahren ist sehr einfach. Ein Blick auf eine französiche Straßenkarte genügt, um Ihnen die verschiedenen Anreisemöglichkeiten aufzuzeigen. Die Entscheidung Auto oder Bahn ist jedoch einiger Überlegung wert. Die Entfernung und die heutigen Bahn- und Benzinpreise bringen es mit sich, daß es preislich kaum einen Unterschied gibt. Zwei Personen mit Bahn oder Auto fahren gleich günstig. Es sind aber noch andere Gesichtspunkte zu berücksichtigen. Von Berlin z.B. bis zum

Endbahnhof in den Pyrenäen benötigt man beispielsweise weniger als 24 Stunden. Mit dem Auto brauchen Sie für die gleiche Strecke zwei Tage. Einige Bergregionen können nur umständlich und über zeitraubende Verkehrswege erreicht werden. Diese Anreiseprobleme lassen sich andererseits mit dem Auto vermeiden. Ebenso lassen sich Schlechtwettergebiete umfahren, was mit der Bahn nicht so einfach ist. Planen Sie eine lange Wanderung von einem Gebiet in das nächste, und dafür sind die Pyrenäen besonders geeignet, stellen öffentliche Verkehrsmittel eindeutig die sinnvollste Lösung dar. Bahnverbindungen zu den in diesem Führer erwähnten Gebieten werden unten angegeben. Der Einfachheit halber starten alle Züge am Gare d'Austerlitz in Paris.

Cirque de Lescun

Mit der Eisenbahn bis Pau, dann auf der Nebenstrecke Pau–Bedous ins Aspe-Tal. Dort nehmen Sie einen Bus der SNCF, der die restlichen sechs Kilometer nach Lescun bewältigt.

Pic du Midi

Mit der Bahn bis Buzy, südlich von Pau. Dann mit dem Bus der SNCF bis Laruns.

Balaïtous

Siehe Pic du Midi (für Besteigung der Westflanke).

Marcadau – Vignemale

Mit der Bahn bis Lourdes, dann mit dem Bahnbus der SNCF bis Cauterets.

Gavarnie – Ordesa – Monte Perdido

Mit der Bahn bis Lourdes, dann mit dem Bus der SNCF bis Gavarnie.

Barroude

Mit der Bahn bis Lourdes, dann mit dem Bus der SNCF bis Gèdre (für Besteigungen an der Westseite).

Néouvielle

Mit der Bahn Toulouse – Tarbes bis Lannemezan, dann mit dem SNCF-Bus bis Arreau; von dort mit dem Bus nach St. Lary oder Fabian.

Posets – Maladetta

Mit der Bahn über Toulouse nach Luchon.

Carlitte

Mit der Bahn bis Ax-les-Thermes, L'Hospitalet, Porté Puymorens oder Porta. Alternativ mit der 'kleinen gelben Bahn' *(Petit Train Jaune)* von Perpignan aus über Villefranche-les-Conflents nach Mont Louis.

Andorra

Mit der Eisenbahn nach L'Hospitalet oder La Tour de Carol. Anschließend mit dem Bus nach Andorra.

Zur Benutzung des Führers

Ziel dieses Wanderführers ist es, den Wanderer und Bergsteiger in eine der schönsten Regionen und Gebirgslandschaften Europas einzuführen.
Ihre eigentümliche Beschaffenheit bedingt, daß eine Auswahl getroffen werden muß. Wollte man alle Möglichkeiten, die die Pyrenäen bieten, aufzählen, würde dies einen Band füllen, der viel zu umfangreich wäre, um noch irgendeinen Zweck zu erfüllen. Die in diesem Führer enthaltenden Gebiete wurden unter dem Gesichtspunkt, die Vielfalt der Pyrenäen so weit als möglich zu zeigen, ausgesucht. Er enthält Routenbeschreibungen auf die wichtigsten Gipfel. Das bedeutet jedoch nicht, das andere Gipfel keinerlei Erwähnung finden. Bleibt zu hoffen, daß diejenigen, die ein zweites Mal in dieses Gebirge reisen werden, dazu angeregt werden, andere Gipfel und Täler, für die kein Wanderführer erhältlich ist, zu erkunden.

Die Gipfelerstürmungen, die auf den folgenden Seiten beschrieben werden, sind zumeist von begrenzter Schwierigkeit. Ein weniger schwerer Aufstieg ist aber in keinem Falle weniger reizlos. Wenn man den Pyrenäen offen begegnet, wird sich dem Besucher der einzigartige Charakter des Grenzgebirges offenbaren.
Die Berge und Täler in diesem Reiseführer sind ihrer geographischen Gegebenheiten wegen zu Massiven zusammengefaßt und angeordnet, die man ungeachtet der Nord-Südlage und damit der Wasserscheide durchwandert.
Für die Bewertung der Schwierigkeiten der Aufstiegsrouten wurde das international gültige französische, adjektivische System gewählt. Sollten auf den Strecken einzelne Felshänge zu bewältigen sein, deren Ersteigung zusätzliche Berg- und Kletterkenntnisse erfordert, wurden diese Schwierigkeitsgrade in römischen Ziffern angegeben.

Die Schwierigkeitsskalen im Vergleich:

International

F– facile (leicht)
PD – peu difficile (mäßig schwierig)
AD – assez difficile (unter Umständen schwierig)
D – difficile (schwierig)
TD – très difficile (besonders schwierig)
ED – extrément difficile (äußerst schwierig)

Schwierigkeitsbewertung im Fels

I – wenig schwierig
II – mäßig schwierig
III – ziemlich schwierig
IV – sehr schwierig
V – besonders schwierig
VI – äußerst schwierig

Für die Anstiegszeiten zu den Hütten wurde ein großzügiger Spielraum gelassen, der berücksichtigt, daß jemand schwer bepackt und beladen unterwegs ist. Bei Bergbesteigungen hingegen wird eine gute Kondition vorausgesetzt. Pausen sind nicht miteingerechnet. Natürlich hängt die Dauer einer Wanderung auch von den individuellen Vorausetzungen jedes Einzelnen ab.

Entfernungen wurden in Kilometern, Höhen in Metern angegeben. Wenn möglich basieren die Angaben auf den für das jeweilige Gebiet vorgeschlagenen Karten. Eventuelle Fehler lassen sich dadurch rechtfertigen, daß sie sich in einige Karten, vor allem in die der spanischen Berge, eingeschlichen haben. In diesen Fällen wurden Höhenangaben aus anderen, zuverlässigeren Quellen entnommen. Karten für das betreffende Gebiet werden zu Beginn der jeweiligen Etappe angegeben (siehe auch Anhang A).

Bei den Routenbeschreibungen (ob nun für Wanderungen oder Bergbesteigungen) werden die Begriffe 'links' und 'rechts' benutzt, um die Richtung anzugeben, in der man sich bei Auf- oder Abstieg halten muß. Beziehen sich die Ausdrücke auf die Ufer von Flüssen und Bächen oder gar von Gletscherrändern, werden 'links' und 'rechts' im Sinne des Wasserverlaufs, d.h. in jedem Falle talwärts, gebraucht. Wo Zweifel entstehen könnten, wird zusätzlich die Himmelsrichtung angegeben.

Das Wort *Bach* wird durchweg benutzt, dies ungeachtet der Größe der fließenden Gewässer, um Mißverständnisse zu vermeiden. Manchmal bezeichnet es nur ein unscheinbares Rinnsal, während andererseits ein reißender Strom auf Sie lauern kann. Zudem ändert sich je nach Wetterlage der Wasserstand und: Was im einen Jahr ein lieblicher

Bach, ist im darauffolgenden ein Felder und Wiesen überflutender Strom oder ausgetrocknet.

Liste der benutzten Abkürzungen

AF– Club Alpin Français
CEC– Centre Excursionniste de Catalogne
FEM– Fédération Española de Montanismo
IGN– Institut Géographique National
PNP– Parc National des Pyrénées
TCF– Touring Club de France
km– Kilometer
m– Meter

Die Pyrenäen

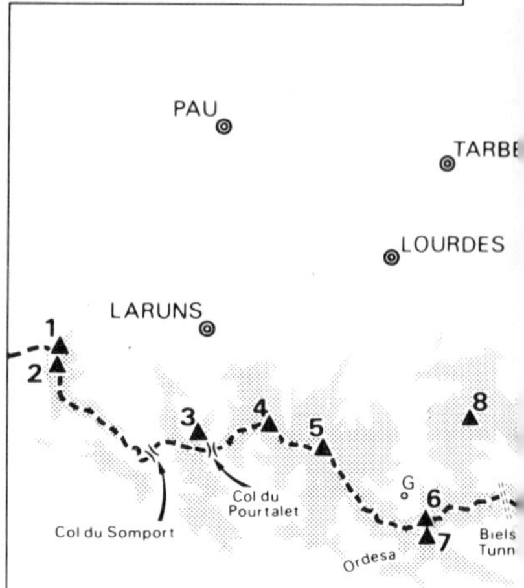

▲ Gipfel

1. Pic d'Anie
2. Aiguilles d'Ansabère
3. Pic du Midi d'Ossau
4. Balaïtous
5. Vignemale
6. Pic du Marbore
7. Monte Perdido
8. Pic de Néou
9. Pico de Pos
10. Pico de la M
11. Pico Forcan
12. Encantados
13. Pic d'Estats
14. Pic Carlitte

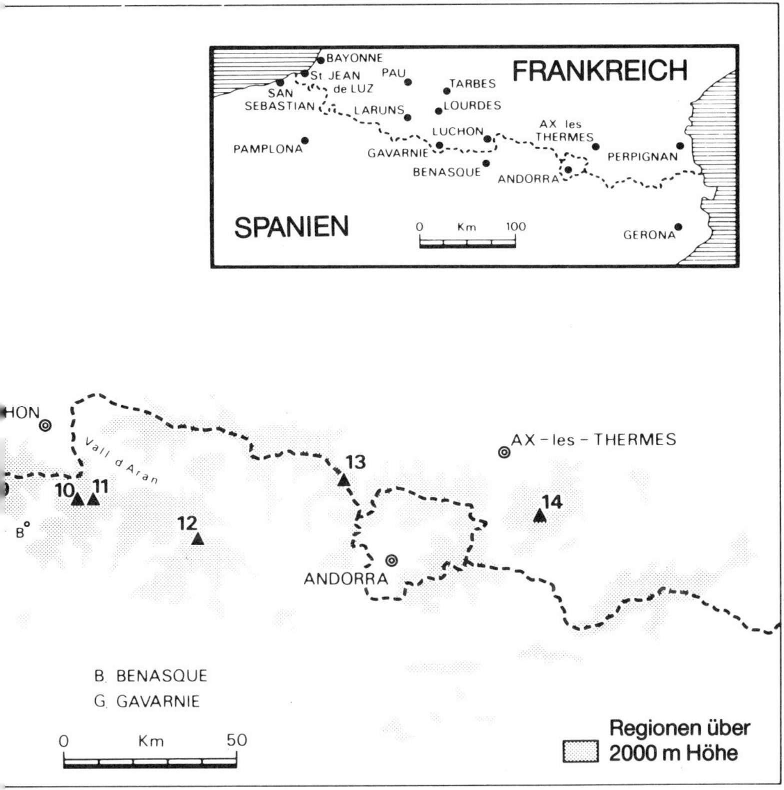
BAYONNE
St JEAN de LUZ
PAU
TARBES
FRANKREICH
SAN SEBASTIAN
LARUNS
LOURDES
AX les THERMES
LUCHON
PAMPLONA
GAVARNIE
PERPIGNAN
BENASQUE
ANDORRA
SPANIEN
0 Km 100
GERONA
HON
Vall d Aran
AX - les - THERMES
13
10
11
14
B
12
ANDORRA
B. BENASQUE
G. GAVARNIE
0 Km 50
Regionen über 2000 m Höhe

Valle de Pineta

Wandertouren

Cirque de Lescun

Lage: Im Nordwesten des Col de Somport, zu erreichen durch das Aspe-Tal. Die ersten der Gipfel der sogenannten Hochpyrenäen. Alle Berge liegen in Frankreich, wobei die Staatsgrenze parallel auf mehreren Gipfelgraten verläuft.
Karte: IGN Parc National des Pyrénées Nr. 1, 'Aspe – Ossau' 1:25.000

Der Weiler Lescun hat ein faszinierendes Panorama, es vermittelt einen fabelhaften ersten Eindruck vom Gebirgszug. Zwischen steilen Felswänden und Grashängen gelegen zieht es das Auge von wogenden Wiesen über dunkelgrüne Wälder hinauf zum märchenhaften Hintergrund der grauen Berge, die am Horizont emporragen.
Die Gipfel sind zwar nicht sonderlich hoch und erreichen selten mehr als 2000 Meter Höhe. Nur der Pic d'Anie westlich von Lescun schafft es, über die ominöse 2500-Metermarke zu ragen. Ihr unbestrittener Reiz aber begründet sich nicht in der Höhe, sondern in ihrer Form. Hinzu kommt der Kontrast von saftigem Weideland und völlig kargem Felsgestein. Die Wände sind steil und somit interessant für Freeclimber. Einige ihrer Gipfel können auch von durchschnittlichen Bergsteigern bezwungen werden. Der Wanderer erfreut sich an den Tälern, die sich zwischen den Bergsockeln verbergen und hindurchwinden.
Die bedeutendsten Berggipfel in der Nähe Lescuns sind der Pic d'Anie (2504 m), zu dem man nach einer langen, ungefähr fünfstündigen Wanderung vom Dorf aus gelangt, der Pic Billare (2318 m) und Petit Billare (2238 m), die sich gleich am westlichen Dorfende hochziehen und von herrlicher Statur und Form sind, sowie die stattlichen Aiguilles d'Ansabère, die sich knapp hinter ihrem eigenen kleinen Cirque im Südwesten verbergen.

Hütten

In diesem Gebiet steht nur eine *Réfuge*, Réfuge de Labérouat, die einer Kindererholungsorganisation angeschlossen ist und daher oft von Schulklassen 'bevölkert' wird. Einzelne Wanderer und Bergsteiger werden jedoch nicht abgewiesen, Mahlzeiten werden ebefalls zubereitet. Die Hütte liegt am Routenverlauf des *GR 10*, dem Weitwanderweg durch die Pyrenäen (dies ist nicht der Höhenwanderweg), ungefähr 4,5 km nordwestlich von Lescun. Sie ist von keiner großen Bedeutung für den Bergsteiger.

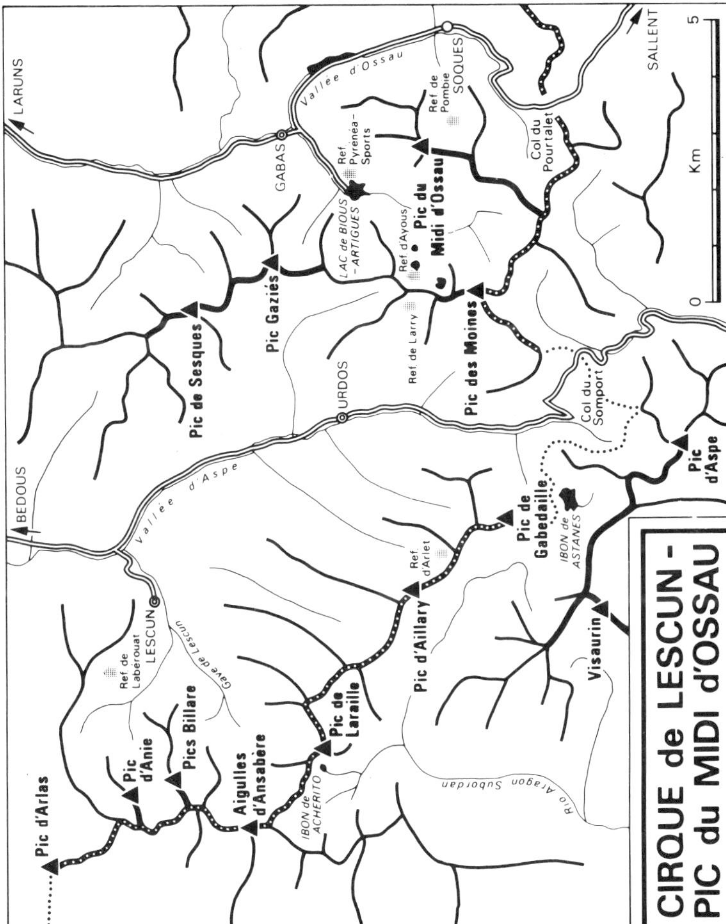

Eine *Gîte d'Etape*, 'Chez Roger Africati', ist 2 km von Lescun entfernt und bietet Platz für 20 Menschen. Unterhalb der Aiguilles d'Ansabère liegen zwei einfache Schäferhütten, die in der Karte unter der Bezeichnung *Cabanes d'Ansabère* vermerkt sind. Verlassen Sie sich nicht darauf, dort einen Schlafplatz zu finden. Allerdings habe ich aus zuverlässiger Quelle erfahren, daß Notquartiere für eine Nacht, leider unter wenig komfortablen Umständen, eingerichtet sind. Wie Sie zu den Hütten gelangen, lesen Sie bitte im Abschnitt Hochwanderweg 1 weiter unten nach. Bedenken Sie, daß es möglich ist, einen Teil des Weges bis Pont Lamary motorisiert oder per Bus zu bewältigen. Dies verkürzt die Wanderzeit erheblich. Lescun verfügt zwar über Hotels, doch scheint für den aktiven Wanderer und Bergsteiger das Zelt die vernünftigste Lösung zu sein.

Pic d'Ansabère (2377 m)
Route 1: Normale Strecke über den Col de Pétragème

Schwierigkeitsgrad F
Ausgangspunkt: Cabanes d'Ansabère

Die Routen auf die Aiguilles d'Ansabère sind zu schwierig, um in den Rahmen dieses Führers zu fallen. Ihr Nachbar dagegen, der Pic d'Ansabère, ermöglicht dem durchschnittlichen Bergsteiger einen reizvollen und gleichzeitig leichten Aufstieg.

Der Col de Pétragème liegt links der Hütten und deutlich tiefer als sie. Etwas weiter westlich überragt ihn der Petit Aiguille. Der Pfad biegt an den Hütten rechts ab und führt nach einem raschen und steilen Aufstieg über einen Geröllhang zum Paß. Er verläuft direkt unterhalb des 'wankenden' Gipfels, der sich mit einer unglaublichen Gebärde über den Schultern des Wanderers erhebt. Der Col de Petragème bildet mit seiner Szenerie verwitterter Berge unter der zermürbenden Sonne einen fast erschreckenden Kontrast in der herrlichen Landschaft, die man noch Augenblicke zuvor genossen hat. Gehen Sie über diesen Grenzpaß (2082 m), biegen dann rechts ab und klettern über die ausgeblichenen Kalksteinterrassen direkt zum kahlen Gipfel (ca. 2,5 Std. von den Hütten; 4 Std. von Pont Lamary).

Auf dem Gipfel werden Sie mit einem großartigen Ausblick auf den Grande Aiguille, der genau gegenüber liegt, belohnt. Die wogenden Wiesen und Wälder unter Ihnen erstrecken sich bis zu den Vorbergen, im Osten zeigt der Pic du Midi d'Ossau seine unverkennbare Silhouette. Es ist eine Szenerie, die Sie vielleicht nur Augenblicke genießen, aber tagelang in Erinnerung behalten werden.

Weitere Routen

Der Bergsteiger, der mehr über die Aiguilles d'Ansabère erfahren möchte, wird auf den Führer von Robert Ollivier verwiesen. Das Buch mit dem Titel 'Pyrénées occidentales, Vol. 1, Aspe et Ossau' ist leider nur in französischer Sprache erhältlich und gleicht in Aufbau und Qualität dem bekannten Guide Vallot über das Mont Blanc-Massiv. Die ACG-Publikation 'Alpine Climbing' aus dem Jahre 1971 enthält Routenbeschreibungen zu einigen der schwierigsten Gipfel und ist natürlich englischsprachig.

Der Wanderer, der einen Tagesausflug unternehmen möchte, wird von dem schmalen Pfad verlockt werden, der von den Hütten in südöstlicher Richtung zum winzigen Lac d'Ansabère (1859 m) führt. Er liegt inmitten einer wunderschönen Landschaft. Es besteht ebenfalls die Möglichkeit, jenseits der Grenze zum fantastisch gelegenen Bergsee Ibon de Acherito weiterzuwandern. Einzelheiten hierzu finden Sie im Abschnitt Hochwanderweg 2 weiter unten.

Wie schon erwähnt benötigen Sie für die Besteigung des Pic d'Anie von Lescun aus ca. fünf Stunden. Sie bringt keinerlei Schwierigkeiten mit sich und führt aus saftigem Weideland über eigentümlich erodierte Kalksteinfelsen zu abgelagertem Geröll.

Die Besteigung des Pic Billare dauert ca. vier Stunden und verläuft südlich des Pic d'Anie durchs Anaye-Tal, auch dies ein leicht zu bewältigender Aufstieg. Kletterer werden jedoch an der östlichen Seite des Petit Billare eine 700 Meter lange Strecke zu überwinden haben, die mit dem Schwierigkeitsgrad TD inf. ausgewiesen ist.

Demjenigen Bergliebhaber, der der Gipfelstürmerei nichts abgewinnen kann und anspruchslose schöne Gebirgslandschaften vorzieht, sei das Dörfchen Lescun empfohlen. Es bietet alles, was ein erholungsuchender Bergfreund in dieser wirklich großartigen Landschaft erwarten darf.

Hochroutenverbindung Vom Ansabère zum Pic du Midi

Karte: IGN Parc National des Pyrénées Nr. 1, 'Aspe – Ossau' Maßstab 1:25.000

Der eigentliche Hochwanderweg erreicht den Cirque d'Ansabère nach zehn Wandertagen vom Atlantik aus gerechnet. Mein Vorschlag geht dahin, die Route in Lescun mit dem kurzen Aufstieg zu den Cabanes d'Ansabère zu beginnen. Die folgenden vier Wandertage vom Ansabère zur *Réfuge de Pombie* bieten dem Wanderer einen optimalen Einstieg in die herrliche Gebirgslandschaft der Pyrenäen, er gelangt in Abschnitte, die er ansonsten 'übergehen' könnte.

Da in den Cabanes d'Ansabère keinerlei Komfort erwartet werden darf, ist es empfehlenswert, etwas unterhalb der Hütten ein Zelt aufzuschlagen. Dort ist zudem das Bachwasser trinkbar.

Hochwanderweg 1
Von Lescun zu den Cabanes d'Ansabère

Verlassen Sie Lescun auf der Straße, die gleich am Ortsende nach Südwesten abbiegt. Ein Wegweiser des GR 10 zeigt am winzigen Gemischtwarenladen den Weg durch die schattigen Alleen bis zur Landstraße. Dort finden Sie ein Hinweisschild zum Cirque d'Ansabère. Bleiben Sie auf dem Asphalt, bis Sie nach einigen Kilometern einen in die Wälder führenden holprigen Forstweg erreichen. Der Weg gewinnt gleich über dem rechten Ufer des Gave d'Ansabère an Höhe und gelangt dann hinter einem Gatter auf eine Lichtung und zur Pont Lamary.

Überqueren Sie den Bach auf der Brücke und folgen Sie dem deutlich zu erkennenden Pfad durch die Wälder. Er gewinnt mit den Felsspitzen des Ansabère, die Sie nun verlocken werden, an Höhe. Auf einer Anhöhe erreichen Sie eine riesige grüne Lichtung. Sie bildet den klassisch alpinen Bergkessel inmitten der Berge und ist zu Recht mit allen Schönheitsattributen ausgestattet. Auf der Wiese wird der mäanderförmige Verlauf der Bäche erkennbar. Auf der gegenüberliegenden Seite der Lichtung stehen dunkle Wälder, die von den Felszacken des Ansabère eindrucksvoll überragt werden.

Steigen Sie zum Bach hinab und

überqueren Sie ihn. Klettern Sie in den Mischwäldern auf der anderen Seite bergauf und setzen Sie ihren Weg am linken Bachufer fort. Schließlich gelangen Sie zu den Cabanes. Sie liegen unterhalb eines Geröllfeldes, daß sich am Fuße der Felsspitzen fächerförmig ausbreitet (etwa 3 Stunden von Lescun).

Hochwanderweg 2
Von Ansabère zur Réfuge d'Arlet

Zwischen den Schäferhütten führt ein Weg südlich über das Weideland weg. Er steigt ständig an und wird in der Folge auch breiter. Sie gelangen an einen kleinen Bergsee, den Lac d'Ansabère, einen der schönsten Plätze, an die Sie an diesem Tage kommen werden. Lassen Sie den Bergsee hinter sich und gehen weiter auf dem Serpentinenweg, der zu einem steilen Berghang im Grenzgebiet führt. Im Grenzgebirge erreicht der Pfad das Höhenniveau von 2032 Metern, zumindest laut Karte. Die Aussicht, die sich hier bietet, ist eine angenehme Überraschung und mit der vom nahegelegenen Col de Petragème mit Blick auf Spanien vergleichbar.

Gehen Sie ein kurzes Stück Weg längs der linken Seite des grünen Bergrückens und steigen dann nach Süden ab. Sie passieren steile, grasbewachsene Hänge. Hier ist Vorsicht geboten, vor allem, wenn das Gras naß ist. Halten Sie auf einen Felssporn zu, hinter dem der Ibon de Acherito liegt. Ein steiler Abstieg ist mit rot-weißen Markierungen versehen. Sie leiten Sie zum Überlauf des Sees auf der Südseite. Für diejenigen, die diese Tour als eigenständige Rundwanderung unternehmen: Sie benötigen von den Hütten aus ungefähr zwei Stunden. Der See liegt in einem prächtigen natürlichen Amphitheater, die sanft ansteigende, sich wellenförmig ausbreitende Landschaft strömt eine Atmosphäre von Ruhe und Frieden aus. Denken Sie daran Ihre Wasserflaschen zu füllen, bevor Sie den Acherito verlassen. Überqueren Sie den Bach, der hier aus dem See fließt, und folgen Sie dem markierten Pfad nach Südosten. Er verliert bald an Höhe, verläuft aber immer noch beträchtlich oberhalb des Tales. An einer 1620 m hochgelegenen Stelle, 30 Minuten vom See entfernt, erreichen Sie ein von Buchsbäumen bewachsenes Gelände. Es ist wichtig, jetzt nicht weiter an Höhe zu verlieren. Nehmen Sie den schmalen Pfad, der über den Daumen gepeilt nach Südosten verläuft und sich durch ein flaches 'Tal' zieht. Die darüberliegenden Hänge sind mit weitem und offenem Weideland bedeckt, das von den Felszacken des Grenzgebirgszugs aufgelockert wird. Der Pfad endet hier. Wenn Sie jedoch das Weideland in östlicher Richtung durchqueren, gelangen Sie zum Col de Pau, der linkerhand des Pic de Burcq liegt (ca. 4,5 Std. von den Hütten entfernt).

Ein Hinweis: Sollten Sie zu weit nach Osten geraten — ein Fehler, der Ihnen leicht unterlaufen kann — steigen Sie am besten hinauf

zum Col de Burcq (2063 m), an dessen Nordseite Sie wieder auf den 'richtigen' Pfad stoßen werden.
Obwohl Sie weitere 3 bis 3,5 Stunden benötigen werden, um die Schutzhütte Arlet zu erreichen, kündigt der Pfad, auf den Sie entweder am Col de Pau oder am Col de Burcq treffen, für diesen Tag das Ende aller Schwierigkeiten und Mühen bei der Routensuche an. Wenn Sie nach rechts abbiegen, werden Sie von einem deutlich erkennbaren Pfad um das obere Ende des Labadie-Tals geführt. Über Felsgestein und Grünflächen bringt er Sie auf den Bergkamm. Er verläßt ihn wieder am Col de la Cuarde. Anschließend geht es auf und ab bis zu einer Reihe von Kehren, die auf ein grasbewachsenes Plateau führen. Auf diesem wurde die Réfuge d'Arlet errichtet, zur Rechten liegt ein See (Höhenlage 2000 m; ca. 7 – 7,5 Std. von Ansabère).
Die *Réfuge d'Arlet* ist eine relativ modern eingerichtete Hütte, die vom PNP gebaut wurde. Sie wird vom 1.Juli bis zum 15. September bewirtschaftet. Dies schließt die Zubereitung von Mahlzeiten ein. Die Hütte besitzt 30 Schlafplätze.

Weitere Routen zur Réfuge d'Arlet

Wie auf der Karte ersichtlich bieten sich verschiedene Möglichkeiten des Zustiegs zur Hütte an.
a – von Lescun über das Labrénère-Tal und den Col de Pau
b – von Lhers, südlich von Lescun, durch das Labadie-Tal
c – von Etsaut im Aspe-Tal, was eine lange Talwanderung entlang des Belonce mit sich bringt
d – von Forges d'Abel aus, also den Hochwanderweg 3 in umgekehrter Richtung
Jede Route besitzt ihren eigenen Reiz, doch die von Ansabère aus vorgestellte ist die sogenannte 'klassische' und daher am häufigsten empfohlene.

Hochwanderweg 3
Von der Réfuge d'Arlet ins Aspe-Tal

Nach den Strapazen der vorausgegangenen Etappe ist diese Teilstrecke eine willkommene Erleichterung. Sie geht überwiegend talwärts; Sie haben also einen 'Abstiegstag' vor sich. Schwierigkeiten sind nicht zu vermerken. Das einzig vorhersehbare Problem stellt die Übernachtungsfrage am Ende des Tages dar.
Gehen Sie von der Hütte aus zum See hinunter und nehmen Sie den Pfad auf, der am linken (nördlichen) Ufer entlangläuft. Er führt zum sogenannten Cirque de Banasse, einem grünen, hübschen Amphitheater. Nachdem Sie an einigen einfachen Hütten vorbeigekommen sind — die von Caillaous liegt zur Rechten, es folgt die von Gourgue Sec an einem kleinen Teich zur Linken — steigt der Pfad leicht an, um den Col de Lapachouaou zu überqueren. Dann schlägt er einen Haken in südöstlicher Richtung und führt über den

Berghang zu einem nicht zu übersehenden Sporn, den es zu überqueren gilt. Auf der Südseite dieses Sporns geht es dann bergab in ein kleines Tal. Dort durchwaten Sie etwas unterhalb der Cabane Grosse einen still fließenden Bach. Wasserscheue dürfen auch den Steg benutzen. Der Pfad steigt dann urplötzlich an und führt über den Col Plâtrière, ehe er steil abwärts in die Schatten des Waldes von Espélunguère abfällt (2,5 Std. von der Réfuge d'Arlet).

Der Waldweg bringt Sie schließlich auf eine Straße nahe dem sattgrünen Plateau Pla d'Espélunguère, in das ein malerisch verlaufender Bach, der von den Grenzgipfeln im Südwesten zufließt, einmündet. Überqueren Sie den Bach auf einem metallenen Steg (hier zeigt ein Wegweiser die Richtung zum *Lac de Astanès* an, der gleich hinter der spanischen Grenze liegt). Folgen Sie dem Pfad ca. 400 m weit, bis ein zweiter Wegweiser Sie linkerhand um den Sansanet schickt. Der von Bäumen gesäumte Pfad führt hinauf zu einem grünen Bergsattel. In südöstlicher Richtung erreicht er eine breite Waldlichtung, kurz danach erwartet Sie ein holpriger Forstweg. Dieser Weg kann über seine früheren Begrenzungen hinausgehen, folgen Sie lieber den Markierungen, sie sind zuverlässiger.

Entlang der Markierungen am Wegesrand gelangen Sie schließlich wieder auf den ursprünglichen, viel schöneren Pfad. Er führt Sie zur Cabane d'Escouret, die sich auf wildem Weideland inmitten der malerischen Landschaft befindet. Etwas unterhalb der Hütte zeigt ein Wegweiser den Beginn der Aufstiegsroute an, die ebenfalls im Schatten des Waldes verläuft und nach Sansanet führt (1,5 Std. entfernt). Der Weg zieht sich gradlinig direkt zur Brücke über die Aspe, die an dieser Stelle ein reißender Fluß ist, und weiter zur Hauptstraße von Sansanet (ca. 4,5 Stunden von Arlet aus).

Übernachtungshinweise

Es befindet sich keine Hütte in der Nähe, allerdings ist eine solche projektiert. Sie haben die Möglichkeit, hinauf auf den Col du Somport zu steigen, der ungefähr 2,5 km entfernt liegt. Auf dessen spanischer Seite liegt ein Hotel. Allerdings ist dieser Flecken ein eher deprimierender Ort. Zum anderen besteht die Alternative, 10 km abwärts nach Urdos zu gelangen, wo es ein Hotel mit Restaurant gibt. Zelter werden gebeten, sich unauffällig zu verhalten, da sie sich innerhalb des Nationalparks befinden, wo das Zelten, zumindest innerhalb der Zone von einer Wegstunde abseits der Straße, verboten ist!

Hochwanderweg 4
Vom Aspe-Tal zur Réfuge d'Ayous

Von der Entfernung her ist dies ein weiterer kurzer und unbeschwerlicher Tag. Für den schwer bepackten Trekker, der Proviant und Campingausrüstung mit sich trägt, ist die Strecke jedoch lang genug.

Wer es vorzieht, in bewirtschafteten Hütten zu übernachten und deshalb nur leichtes Gepäck auf seinen Schultern hat, kann diese Etappe sogar gut mit dem folgenden Hochwanderweg 5 verbinden. Gehen Sie vom Parkplatz in Sansanet im Aspe-Tal (1311 m) auf der Straße aufwärts bis zu den Gebäuden, die weit verstreut auf den Wiesen liegen. Sie sind auf der Karte eingezeichnet. Etwas unterhalb des *Centre René Soubre* befindet sich ein Rastplatz und eine Anschlagtafel des PNP. Dort biegt ein mit 'Réfuge Larry' ausgeschilderter Pfad nach links ab. Folgen Sie ihm durch die Heidekraut- und Wacholdermatten, langsam werden Sie an Höhe über dem Tal gewinnen. Die Landschaft, die sich in ihrem Rücken im Süden auftut, wird Sie dazu animieren, regelmäßig zu rasten. Die Berge, die den Aspe-Cirque bilden, sind einfach atemberaubend.
Es ist eine wunderschöne, angenehme und farbenprächtige Wanderung, auf der Sie auf keinerlei Hindernisse oder Schwierigkeiten stoßen werden. Von der Straße aus gelangen Sie in einer etwa eineinhalbstündigen Wanderung zum Col de Lazaque. Etwas weiter im Osten des Col treffen Sie auf den weiterführenden Pfad. Steigen Sie im Schatten des Waldes in südöstlicher Richtung bergab in das Tal unterhalb des Pic d'Arnousse. Nach der Überquerung des Arnousse wendet sich der Pfad nach Norden und trifft auf eine kleine Hütte. Nach einer neuerlichen Bachüberquerung führt der Pfad wieder hinauf in den Wald. Er erreicht rasch höhere Gefilde.
Vom Wald aus gelangen Sie schließlich auf die offenen Hänge jenseits des Gouetsoule. In nördlicher Richtung erreichen Sie auf weitausholenden Kehren die Cabane de Gouetsoule. Am Col de Goutesoule (1845 m) wechselt der Pfad die Richtung. Der Pfad verläuft jetzt zwischen den Felsen nach Nordosten zur Réfuge Larry. Von der Straße aus benötigen Sie drei Stunden.

Anmerkung

Die Réfuge Larry ist eine einfache, kleine Schutzhütte des PNP, die Platz für sechs Personen bietet. Der durstige Wanderer findet vor der Hütte eine Wasserleitung. Die Hütte ist am Besten auf dem von Urdos kommenden Pfad erreichbar. In Urdos im Aspe-Tal starten mehrere Hochwanderwege.
An der Réfuge zeigt ein Wegweiser mit der Zeitangabe 1,5 Std. zum Col de Larry. In mehr oder weniger östlicher Richtung steigt der Weg in steilen Serpentinen zum Paß hinauf. Dieser liegt ca. 4 3/4 Std. von der Straße entfernt. Der Weg biegt am Paß nach rechts ab, gewinnt weiter an Höhe und erreicht nach einer Viertelstunde den Col d'Ayous. Dieser Paß gewährt einen Blick auf den Pic du Midi, der sich im Osten majestätisch erhebt. Folgen Sie dem Pfad, der hier Teil des GR 10, des Weitwanderweges durch die Pyrenäen, ist. Er führt zur Réfuge d'Ayous hinab (ca. 5 1/2 Std. Wanderzeit von der Straße aus).

Réfuge d'Ayous

Die *Réfuge d'Ayous* (1982 m) ist eine weitere PNP-Hütte, die äußerlich der Arlet-Hütte gleicht. Sie ist vom 15.Juni bis zum 1.Oktober bewirtschaftet. In diesem Zeitraum sind auch Mahlzeiten erhältlich. 35 Schläfplätze wurden eingerichtet. Ihre Lage über dem Lac d'Ayous ist einfach großartig, das Erlebnis des Sonnenaufgangs über dem Pic du Midi, der durch die reflektierenden Strahlen im See verdoppelt wird, ein wirklicher Höhepunkt ihres Urlaubs.
Ein Hinweis: Zelten ist in der Nähe dieser Hütte offiziell verboten.

Weitere Routen zur Réfuge d'Ayous

Am populärsten ist die Route auf dem GR 10 vom Lac de Bious-Artigues aus Nordosten kommend. Hierfür sind zwei Stunden zu veranschlagen. Ebenfalls auf dem GR 10 startet in Etsaut im Aspe-Tal ein Anstieg, der in nordwestlicher Richtung erst auf der Hauptstraße verläuft, und dann am Pont de Cebers aus dem Tal herausführt. Dieser Anstieg ist länger als der von Bious- Artigues, aber unbestritten eine herrliche Wanderung. Beide Routen laden also ein.

Hochwanderweg 5
Von der Réfuge d'Ayous zur Réfuge de Pombie

Wie schon erwähnt kann diese Etappe vom nur leicht bepackten Wanderer locker mit der oben beschriebenen Route verbunden werden. Wenn man Sie ohne Zeitdruck angeht, ist die Wanderung eine wahre Freude und gleicht eher einem müßigen Spaziergang.
Der Pic du Midi treibt den Wanderer bei jedem Schritt an. Dies ist einer Illusion zu verdanken, die sich jeder Trekker macht, wenn auftauchende Berggipfel scheinbar vor den Augen wachsen und nach und nach ihre Geheimnisse preisgeben.
Nehmen Sie an der Hütte den Pfad, der in südwestlicher Richtung langsam über die Geröllhänge ansteigt. Er passiert einige kleinere Seen und erreicht dann den Lac Bersau, der in einem rauhen, felsigen Teil der Berghänge eingebettet liegt. Entlang des Ostufers geht es zu einem schmalen Paß hinauf (2100 m). Dieser ist auch über den Pfad vom Col de Moines von Osten her zu erreichen, eine alte Streckenführung, die am Col de Somport beginnt. Steigen Sie hinab in das urwüchsige, blatternarbige Weideland unterhalb der Südseite des Pic Casterau. Folgen Sie dem Pfad, der am Lac Casterau nach Nordosten abbiegt und einen weiteren überraschenden Ausblick auf den Pic du Midi gewährt. In Serpentinen schlängelt sich der Pfad bergab. Kurz nach der Überquerung des Bious auf der rechten Seite sehen Sie zu Ihrer Rechten die Cabanes

de la Hosse. Darunter führt Sie ein tiefeingeschnittenes, rauhes 'Tal' zurück nach Süden, wo sich inmitten wuchernder Ampfersträucher eine alte Schäferhütte, die sogenannte Cabane de Cap de Pount, befindet (ca. 1 1/2 Std. von der Réfuge).
Steigen Sie die grasbewachsene Rinne aufwärts, die sich oberhalb der Hütte nach Nordosten öffnet. Wenn Sie sich am Kopfende der Rinne nach Südosten wenden, so gelangen Sie auf Weideland, auf dem eine weitere Schäferhütte, die Cabane de Peyreget, steht. Darüber erhebt sich der gewaltige Pic du Midi.
Wenn Sie sich auf einem mehr oder weniger flachen Gelände befinden und sich östlich halten, gelangen Sie zügig auf einen deutlich erkennbaren Pfad, der aus dem wunderschönen Bious-Tal zu Ihrer Linken hinzustößt. Schlagen Sie rechts den Pfad ein, der zum Lac de Peyreget hinaufsteigt. Dort verlassen Sie den Pfad wieder und wandern, nunmehr von Steinpyramiden geführt, in nordöstlicher Richtung quer über eine Geröllhalde, die aus den abgebrochenen Felszacken und Blöcken des Pic du Midi entstanden ist.
Weitere Steinpyramiden leiten Sie zum Col de Peyreget (2300 m). Dies ist ganz offensichtlich der Sattel, der den Pic du Midi im Norden mit dem Pic Peyreget im Süden verbindet. Von hier aus und etwas weiter unterhalb auf der Ostseite des Bergrückens können Sie die dichtgedrängten Gipfel in Richtung Balaïtous sowie den nahegelegenen Südcirque des Pic du Midi erkennen.
Der Pfad führt Sie in einer halben Stunde zur Réfuge de Pombie (2032 m; ca: 4 Std. von der Réfuge d'Ayous). Nähere Angaben zur *Réfuge de Pombie* finden Sie in dem folgenden Kapitel über den Pic du Midi d'Ossau.

Pic du Midi d'Ossau

Lage: Im Westen des Ossau-Tales, etwas nördlich des Col du Pourtalet.
Karte: IGN Parc National des Pyrénées Nr.1, Aspe – Ossau

Abgesehen von Gletschereis und Schneefeldern verfügt der Pic du Midi über alle klassischen Merkmale eines Hochgebirgsgipfel. Er steht einzeln und losgelöst von seinen Nachbarn. Seine großartigen Felswände recken sich schroff über den blumenübersäten Wiesen und winzigen Seen gen Himmel und verleihen ihm ein majestätisches Aussehen.

Obschon seine Höhe für die Pyrenäen eher bescheiden ausfällt, beherrscht sein einzigartiges Profil und seine eindrucksvolle Umgebung die Landschaft. Dadurch kommt ihm eine weitaus größere Bedeutung als vielen der höchsten Berge dieses Gebirgszuges zu. *Jean-Pierre*, wie er im Volksmund genannt wird, gehört zu den interessantesten Gipfeln der Pyrenäen. Der Aufstieg über seine *Voie normale* (Normalroute) ist reizvoll und zudem leicht zu bewältigen. Die ihn umgebenden Täler bieten eine herrliche Wanderroute an, die bis auf den Gipfel hinaufführt. Die verschiedenartigen Felszacken und Wände halten für all diejenigen, die an schwierigen und akrobatischen Kletterkünsten interessiert sind, Passagen aller Schwierigkeitsgrade bereit.

Bereits im sechzehnten Jahrhundert wurde ein Versuch unternommen, ihn zu erklimmen. Damals führte der Bischof Count de Candale eine Expedition auf den Berg, die in erster Linie an seiner genauen Höhe interessiert war. Der Versuch schlug fehl. Einheimische berichteten jedoch, daß sie im Sommer 1787 eine Steinpyramide auf dem Gipfel vorgefunden hätten, obwohl keinerlei schriftliche Aufzeichnung einer Ersteigung existierte. Zehn Jahre später begleitete der ortsansässige Schäfer Mathieu den Bergsteiger Guillaume Delfau bei dem ersten durch Zeugen belegten Aufstieg. Dieser wurde aus rein sportlichen Gründen und ohne jedes wissenschaftliches Interesse durchgeführt, sehr außergewöhnlich für jene Zeit.

Hütten

In der Nähe des Pic du Midi befinden sich folgende drei Hütten: im Westen die *Réfuge d'Ayous*, im Norden die *Réfuge de Bious-Artigue*, auch Réfuge Pyrenea Sports genannt, schließlich unterhalb der Südostwand des Berges die berühmte *Réfuge de Pombie*.

Die Réfuge d'Ayous, eine Hütte des PNP, ist vom 15. Juni bis zum 1. Oktober geöffnet. Sie liegt für den Wanderer günstig sowohl auf dem Hochwanderweg, als auch am Fernwanderweg der Pyrenäen, dem GR 10. Am herrlichen Lac d'Ayous gelegen ist sie mit 35 Schlafplätzen ausgestattet. Mahlzeiten werden selbstverständlich zubereitet.

Anstieg zur Réfuge d'Ayous
Route 2: Vom Lac de Bious-Artigues

Südlich des Parkplatzes am nordöstlichen Ende des Stausees Bious führt der Pfad am östlichen Ufer entlang. Er steigt dann hoch in die Mischwälder und taucht am linken Bachufer des Bious wieder im Sonnenlicht auf. Dort breiten sich die Weideflächen nach Südwesten aus. Kurz vor einem Steg über das Wasser teilt sich der Pfad. Nehmen Sie die rechte Gabel, die in südwestsüdlicher Richtung den Berghang hinaufführt und problemlos den ersten der Lacs d'Ayous, den Lac Roumassot, erreicht. Der Pfad umrundet das nördliche Ufer, steigt dann wieder an, kommt so zu einem zweiten, schließlich zu einem dritten See. Dieser größte heißt Lac Gentau. Von ihm aus ist die Réfuge d'Ayous auf einer Anhöhe westlich des Sees bereits zu erkennen (2 Stunden vom Bious-Artigues).

Die *Réfuge de Bious-Artigue* am Lac de Bious-Artigues ist Eigentum des Club Pyrenea Sport. Sie hat 45 Plätze und ist vom 1. Juni bis zum 31. Oktober bewirtschaftet. Während des gesamten Zeitraums werden komplette Menus angeboten!

Aufstieg zur Réfuge de Bious-Artigue
Route 3: Von Gabas aus

Etwas südlich des Weilers Gabas zweigt von der Landstraße Laruns – Col du Pourtalet eine Seitenstraße, die D 231, nach Südwesten ab. Sie führt vier Kilometer bergauf zum riesigen Damm des Bious-Artigues. An der Nordostseite des Sees befinden sich ein Parkplatz, ein Restaurant und die Réfuge. Die dichten Wälder der Umgebung laden zum Spaziergang ein und sind ideales Wandergebiet.

Ein Hinweis: Nördlich des Damms liegt ein offizieller Campingplatz, der *'Camping de Bious-Oumettes'*.

Die *Réfuge de Pombie* liegt unterhalb der gewaltigen Südwände des Pic du Midi auf einem Überhang, der oberhalb des winzigen Pombiesees herausragt. Die Hütte ist eine der bekannteren des CAF. Sie ist in gutem Zustand, verfügt über eine Selbstversorgerküche und wird vom 15. Juni bis zum 15. Oktober bewirtschaftet. Dann werden auch Mahlzeiten in gepflegter Atmosphäre serviert. Die Hütte ist mit 55 Schläfplätzen versehen.

Am Rande: Das Zelten in der Nähe der Hütte ist hochoffiziell auf einen Zeitraum von 48 Stunden begrenzt.

Aufstieg zur Réfuge de Pombie
Route 4: Vom Caillou de Soques ins Ossau-Tal

Das *Caillou de Soques* (auf der Karte mit 'Soques' vermerkt) ist ein einfaches Café an der Landstraße nach Pourtalet, ungefähr 9 km von Gabas entfernt. Gegenüber liegen einige riesige Findlinge. Autos können hier abgestellt werden.

Gehen Sie hinunter zum Bach im Tal und überqueren ihn auf dem Steg. Folgen Sie dann dem Pfad in die Wälder hinauf, die oberhalb des linken Bachufers liegen. Der Pfad wendet sich nach rechts und gelangt so ins Pombie-Tal, wo er stetig höher hinaufsteigt. Er kreuzt mehrmals den Bach und verläuft mit Blick auf den Pic du Midi, dessen Konturen immer mehr Gestalt annehmen, durchs Tal. Ohne Probleme erreichen Sie ungefähr zwei Stunden nach Aufbruch vom Café die Réfuge de Pombie.

Anstieg zur Réfuge de Pombie
Route 5: Aus südlicher Richtung

Autos können auf dem kleinen Parkplatz etwa eineinhalb Kilometer nördlich des Col de Pourtalet nahe dem Weideland von Aneou abgestellt werden. Verlassen Sie die Hauptstraße nach Pourtalet an der Stelle, die in der Karte mit dem Namen 'Cabana de l'Araille' ausgezeichnet ist. Die Cabana ist eine kleine Hütte an der linken Straßenseite. Ein schmaler Pfad führt die wenigen Meter zum gegenüber liegenden Bachufer hinab.

Ein Trampelpfad verläßt den Parkplatz über eine Brücke und steigt nur allmählich über weite und wogende Wiesen zu einem grün überzogenen Berghang im Norden hinauf. Er ist deutlich auszumachen. Auf dem Berghang werden Sie mit dem gesamten Massiv des Pic du Midi konfrontiert! Direkt unterhalb des Passes liegt die Pombie-Hütte (ca. 1 1/2 Std. vom Parkplatz).

Anstieg zur Réfuge de Pombie
Route 6: Von der Réfuge de Bious-Artigue

Nördlich des Parkplatzes führt ein deutlich erkennbarer Pfad in die Wälder hinauf. Bald erreicht er den Col Long de Magnabaigt. Von dort verläuft er in südlicher Richtung in das liebliche Magnabaigt-Tal. Nahe einem Wasserfall kreuzt er zum rechten Bachufer und steigt über die oberen Talebenen zum Col de Suzon. Südlich des Passes ist bereits die Hütte zu erkennen. Der Pfad überquert den Paß und hält sich anschließend unterhalb der massiven Ostwand des Pic du Midi. Dann baggert er sich durch das Geröll des *Grande Raillére* einen Weg zur Schutzhütte Pombie (ca. 3 Std. von der Hütte Bious-Artigue).

Pic du Midi d'Ossau (2885 m)
Route 7: Grand Pic, 'Route normale' über die Ostseite

Schwierigkeitsgrad: F sup.
Ausrüstung: Helme zum Schutz vor Steinschlag
Ausgangspunkt: Réfuge de Pombie (2031 m)

Durchqueren Sie von der Schutzhütte aus die Barrikade von Felsklötzen und knöcheltiefes Geröll unterhalb der Ostseite des Grand Raillère. Steigen Sie anschließend auf dem deutlich erkennbaren Pfad zu dem grasbewachsenen Bergkamm hinauf, der den Jean-Pierre mit dem Pic Saoubiste verbindet. Wenden Sie sich am Col de Suzon nach links und wandern längs der Kammhöhe, bis Sie den Fuß des Berges erreicht haben. Durch eine kurze, steile Bergrinne klettern Sie aufwärts, um dann über eine Felsplatte zu Ihrer Linken zu spazieren. In diese sind einige Löcher geschlagen worden, in denen Haken zur Erleichterung des Aufstiegs versenkt wurden. Beim Abstieg ist besondere Vorsicht geboten! Vertrauen Sie nicht allzusehr auf die Haken, manche sind nicht sonderlich korrekt angebracht! Ein deutlich erkennbarer Pfad führt mit zusätzlicher Orientierungshilfe durch Steinpyramiden rechterhand zum Fuße eines offenen Kamins hinauf, zu des-

Pic du Midi d'Ossau – Südseite

sen Rechten sich eine zerklüftete Erosionsplatte befindet. Seien Sie hier, aber auch auf der restlichen Etappe, auf der Hut, insbesondere, wenn eine Gruppe von Trekkern vor Ihnen aufsteigt. Steinschlaggefahr! Klettern Sie über die Platte aufwärts, da diese leichter zu erklimmen ist als der Kamin. Folgen Sie dann weiter den Steinpyramiden.
Kurz vor Erreichen der Nordwand kündet eine Steinpyramide den Beginn eines langen, steilen Risses an, der sich links einer zerklüfteten Felsrinne befindet. Erhöhte Steinschlaggefahr! Klettern Sie in diesem Riß bergauf, keine Angst, es wird Ihnen leicht fallen. Eventuell werden Sie ein oder zwei Haken aus vergangenen Bergsteigertagen entdekken, die Sie aber nicht in Anspruch zu nehmen brauchen.
Am Ende der Rinne steigen Sie aus ihr heraus und gelangen an einen Metallpfahl, der Ihnen die richtige Abstiegsroute, wichtig bei schlechtem Wetter oder aufkommenden Gewittern, anzeigt.
Der Aufstieg wird auf diesem Pfad weiter fortgesetzt, halblinks der Rinne führt er zur Bergkuppe empor. Er quert dabei ein unwegsames Schotterfeld, ehe der eigentliche Gipfelkamm des Süd-

cirque erreicht ist. Folgen Sie dem Kammverlauf zum Sattel, der die beiden Berggipfel miteinander verbindet. Über einen schmalen, jedoch kurzen Grat, in den sich zwei Rinnen gefräst haben, gelangen Sie an den höchsten Punkt, den *Point d'Espagne* (ca. 3 bis 3 1/2 Stunden von der Hütte entfernt).

Der Gipfel wirkt eintönig und charakterlos, was überrascht, hat man doch den Berg vorher von allen Seiten bewundert. Doch die Aussicht, vor allem nach Osten, stimmt mehr als versöhnlich.

Nochmals: Beim Abstieg ist Vorsicht geboten! Nur wer genügend Erfahrung mit dem Seil hat, sollte sich die Route durch eine der beiden Rinnen zutrauen. Gehen Sie auf der Aufstiegsroute zurück und achten Sie darauf, die unter Ihnen auf- oder absteigenden Mitwanderer nicht zu gefährden!!!

Weitere Routen

Auf dem Pic du Midi sind wahrscheinlich mehr Routen als auf irgendeinem anderen Gipfel der Pyrenäen angelegt. Abgesehen von der üblichen, oben beschriebenen Strecke setzen alle Bergbesteigungen ein gewisses Maß an Klettererfahrung voraus. Einige der verschiedenen Gipfelrouten seien hier vorgestellt:

– Die klassische Route an der Nordwand (Schwierigkeitsgrat AD), die 1896 von Henri Brulle ausfindig gemacht wurde.

– Eine äußerst schwierige Plackerei an der Nordwestwand (ED), die erstmals 1960 von de Bellefon und Sarthou gemeistert wurde.

– Die anspruchsvolle Route auf dem Nordwestpfeiler des Petit Pic (TD sup.).

– Schließlich die normale Route über den Peyreget-Grat (AD).

Diese und andere Streckenführungen über die unzähligen Pfeiler und Wände des Kletterparadieses am Pic du Midi sind im französischsprachigen Führer Oliviers beschrieben.

Route 8: Eine Bergwanderung auf dem Pic du Midi

Ausgangspunkt: Réfuge de Pombie

Auf dieser Wanderung zeigt sich die einmalige Ausstrahlungskraft Jean-Pierres. Es ist eine klassische Tour, die die verschiedenartigen Wände von mehreren Aussichtspunkten aus vorstellt. Sie führt durch wunderschöne Täler und über drei ganz und gar

Der Lac de Pombie unterhalb des Pic du Midi d'Ossau

unterschiedliche Pässe. Ein deutlich erkennbarer Pfad führt am südlichen Ufer des Lac de Pombie entlang und steigt unter der gewaltigen Südwand des Pic du Midi nach Westen an. Folgen Sie ihm zum Col de Peyreget. Ehe Sie den Paß erreichen, müssen Sie am Ufer eines kleinen Bergsees entlanglaufen. Auf der Karte macht der Pfad den Eindruck, am nördlichen Ufer zu verlaufen. Schauen Sie zurück nach Osten, werden Sie einen herrlichen Panoramablick auf die Gipfel in der Ferne genießen können.

Am Col de Peyreget öffnet sich Ihnen eine einschläfernde und öde Brachlandschaft. Gleichzeitig haben Sie zu Ihrer Rechten einen Einblick in die Mulden und Senken des Petit Pic und des Pointe d'Aragon. Überschreiten Sie den Paß. Oft sind hier Gemsen beobachtet worden. Im Anschluß geht es ein gewaltiges Geröllfeld hinauf. Verblichene Markierungen und Steinpyramiden zeigen Ihnen den richtigen Weg. Dann passieren Sie einen kleinen Bergsee an seiner 'felsigen Landenge'. Über einen Grashang gelangen Sie endlich an den größeren Lac de Peyreget. Umrunden Sie ihn am Südufer und begeben sich danach auf den gut sichtbaren

Pfad, der rechterhand wegführt. Über wellenförmiges Hügelland steigt er auf und ab durch die Wälder, um schließlich bergab ins Bious-Tal zu gelangen.
Im Tal zeigt sich Ihnen eine prächtige Landschaft mit klaren Bächen, weiten Wiesen und dunklen Wäldern. Hoch über der Baumgrenze ragt der Pic du Midi empor. Wandern Sie am rechten Ufer des Baches vor Ihnen talwärts bis zu einer Brücke. Nutzen Sie die Möglichkeit zum Uferwechsel und setzen Ihren Weg durch die Wälder fort. Dann überqueren Sie den Bach ein zweites Mal. Der Pfad wird breiter und deutlicher, er führt Sie direkt zum Bious-Artigues-See. Längs des Ostufers erreichen Sie die Parkplätze. Greifen Sie nun die schon beschriebene Route durchs Magnabaigt-Tal auf (Route 6), um über den Col de Suzon zur Réfuge de Pombie zu gelangen (ca. 6 – 7 Std.). Sollten Sie die Wanderung am Bious-Artigues-See beginnen wollen, ist diese Wanderung auch in umgekehrter Richtung zu schaffen.

Route 9: Eine ausgedehnte Wanderung am Pic du Midi

Ausgangspunkt: Réfuge de Pombie

Diese Tour ist zwar an einem Tage zu schaffen, wäre aber ein langer und ermüdender Ausflug und für manche eine Tortur. Deshalb sei angeraten, zwei Tage dafür einzuplanen, so daß genügend Zeit für Rast, Landschaft und alle anderen Verlockungen verbleibt.
Halten Sie sich nach Verlassen der Réfuge de Pombie nördlich, überqueren Sie den Col de Suzon und steigen auf dem deutlich sichtbaren Pfad durchs Magnabaigt-Tal zum Lac de Bious-Artgues ab. Es handelt sich also um Route 6 in umgekehrter Richtung. Rechnen Sie für diese Teilstrecke 2 1/4 Stunden.
(Sie können auch am Col de Suzon rechts abzweigen in Richtung Col de Pombie. Dieser liegt auf dem Bergkamm zwischen Pic Saoubiste und Pic de Pombie. Wählen Sie dann den Pfad, der in nordöstlicher Richtung zur kleinen Schutzhütte Cabane de Saoubiste führt (eine Stunde vom Col de Suzon entfernt).
Gehen Sie auf dem Pfad des Nationalparks nach Norden zur Cabane de Cherúe, dann nach Westen zum Col de Lavigne und Bious-Artigues. Die Gesamtwanderzeit von der Réfuge de Pombie sollte vier Stunden nicht überschreiten.

Folgen Sie vom Bious-Artigues aus Route 2 bis zum Lac d'Ayous und zur Schutzhütte (2 Std. von B.-A.).
Am zweiten Tag sollten Sie für den Rückweg die Route 5 wählen, wobei Sie allerdings am Col de Peyreget nach rechts (südlich) abbiegen, um den Pic Peyreget zu erklimmen. Dies ist eine einfache, steil hinauf führende Wanderung von ungefähr 25 Minuten. Auf dem Pic Peyreget werden Sie mit einer herrlichen Aussicht vor allem auf das Hochtal des Pic du Midi entlohnt. Anschließend dürfen Sie in einem langen Abstieg zur Réfuge de Pombie 'austrudeln'.

PIC du MIDI d'OSSAU

Hochroutenverbindung Vom Pic du Midi zum Balaïtous

Karte: IGN Parc National des Pyrénées Nr. 1, 'Aspe – Ossau' Maßstab 1:25.000, sowie Nr. 2, 'Balaïtous' 1:25.000

Der den Pic du Midi in östlicher Richtung verlassende Wanderer tauscht saftige Weiden gegen hohe Granitfelsen und die ersten kleineren Gebirgsgletscher ein.
Mehrere hohe, abgelegene Pässe warten auf die Überquerung, einige Passagen sind durch unwegsames Gelände zurückzulegen. In der Frühsaison wird Schnee und Eis auf den Pässen die Überschreitung erschweren. Deshalb ist es unbedingt erforderlich, sich über die Wetterlage zu informieren. Unvorbereitet ist schon mancher schwerbepackte Trekker in Schwierigkeiten geraten.
Das Zelten im Abschnitt Col d'Arrious – Larribet-Schutzhütte ist ein schwieriges Unterfangen. Die Route zwischen Col du Palas und Larribet führt sie in unwegsames Gelände, das nur erfahrenen Bergsteigern zu empfehlen ist. Eine kürzere Alternativroute, die diesen Teil der Wanderung ausläßt und so die Schutzhütte Larribet und die Nordhänge des Balaïtous umgeht, wird als Hochwanderweg 7 weiter unten vorgestellt werden. Er führt direkt über den Col du Palas zur Schutzhütte Wallon im Marcadau-Tal.

Hochwanderweg 6
Von der Réfuge de Pombie zur Réfuge d'Arremoulit

Diese Etappe beginnt östlich der Pombie-Hütte. Sie ist lang und anstrengend und endet an der Schutzhütte Larribet an der Nordseite des Balaïtous. Wer genügend Zeit zur Verfügung hat oder schwer bepackt ist, sollte die Etappe auf zwei Tage verteilen. Eine Nacht in der Réfuge d'Arremoulit am Fuß des Pic Palas ist vielversprechend. Dort haben Sie einen fantastischen Ausblick auf den Pic d'Arriel, der sich im See widerspiegelt. Wer höhere Ansprüche stellt, wird natürlich weiterwandern wollen, um nach einer achtstündigen Tour in Larribet das Abendessen zu bestellen.
Ein Hinweis: Sollten sie sich vorgenommen haben, die Variante des Hochwanderweges 7 in Angriff zu nehmen, sollte unbedingt die

Etappe in Arremoulit beendet werden, da ansonsten die folgende Etappe nicht an einem Tage zu bewältigen ist.
Nehmen Sie den Pfad, der direkt vor der Hüttentür der Réfuge de Pombie nach Osten in das abschüssige Tal hinabführt. In weiten Kehren erreichen Sie den Bach. Folgen Sie zunächst dem linken, später dem rechten Bachufer. Kurz nach der Cabane de Pucheoux gelangen sie wieder auf das linke Ufer. Sobald Sie die Wälder erreicht haben, wechselt der Pfad über einen Steg erneut die Uferseite. Durch die Wälder geht es weiter in östlicher Richtung abwärts.
Schließlich beschreibt der Pfad eine Linkskurve und fällt steil ab zum Talgrund des Haupttales, wo Sie den Brousset auf einem Steg überqueren. Begeben Sie sich auf die Straße oberhalb der Uferböschung, an deren linken Rand sich zwei Häuser befinden, die mit *Soques* auf der Karte vermerkt sind (ca. 1 3/4 Std. von der R. de Pombie). Wenn notwendig können Sie hier Vorräte und kleine Gerichte erwerben. Von hier aus nehmen Sie Route 10 bis zur Arremoulit-Schutzhütte. Sie finden die Wegbeschreibung im Kapitel Balaïtous.
Die Gesamtwanderzeit von Pombie nach Arremoulit beträgt etwa 5 1/2 Stunden. Die Réfuge d'Arremoulit liegt in einer Höhe von 2305 Metern.

Hochwanderweg 7
Von der Réfuge d'Arremoulit zur Réfuge de Larribet

Die Etappe ist nur erfahrenen Bergtrekkern zu empfehlen. Beachten Sie die Einleitung zu dieser Hochroutenverbindung, insbesondere die Variante des Hochwanderweges 7.
Begeben Sie sich von der Hütte aus in das Hängetal, das sich ostostsüdlich erstreckt. Sie erreichen es über die Granitfelsen oberhalb des Sees. Folgen Sie den Steinpyramiden zu einem kleine See und hinauf zu den unverkennbar deutlichen Konturen des Col du Palas (eine Stunde von der Hütte). Dort werden Sie den zerklüfteten Westkamm des Balaïtous und den mächtigen, jedoch öde anmutenden Geröllkessel weit unten entdecken. Mehrere Seen haben sich dort gebildet.
Steigen Sie vom Paß ab zum oberen Rand des Geröllfeldes. Nach dem kurzen Stück gehen Sie in östlicher Richtung weiter und halten sich dabei so hoch als möglich. Einige undeutliche Steinpyramiden weisen Ihnen den Weg zur steilen Felswand, die sich zwischen dem Pic Palas und dem Batcrabère erstreckt. Weitere Steinpyramiden führen Sie aufwärts zum schmalen Port de Lavedan (2615 m). Der Abstieg an der Nordostseite ist teilweise sehr gefährlich. Bunte Farbmarkierungen leiten Sie nach Osten, wobei Sie Schnee, Geröll und Felsblöcke passieren,

ehe Sie zu den Lacs de Micoulaou gelangen. Vom tiefer gelegenen Micoulaou-See aus führt der Pfad nach Nordosten zum größeren der Lacs de Batcrabère. Gehen Sie an seinem rechten Ufer entlang. Auf- und absteigend erreichen Sie die Brèche de la Garenere, von der Sie die Réfuge de Larribet erkennen können. Sanfte Grasteppiche bilden einen angenehmen Kontrast zur zurückliegenden Felslandschaft (ca. 3 1/2 Std. von der Arremoulit-Hütte; Höhe: 2070 m). Nähere Angaben zu dieser Hütte finden Sie im Kapitel Balaïtous.

Balaïtous

Lage: Östlich des Ossau-Tales und südlich des Eaux-Bonnes-Massivs, direkt auf der Grenzlinie.
Karte: IGN Parc National des Pyrénées Nr. 2, 'Balaïtous', 1:25.000

Im Herzen eines der wildesten und unnahbarsten Gebiete des ganzen Gebirgszuges liegt der Balaïtous – *dieser bedrohliche und stolze Gipfel...* ; ein riesiger Berg, der von ausgedehnten Granitkämmen eingeschlossen ist und dessen Besteigung von den ihn umgebenden niedrigeren Gipfeln erschwert wird. Als Illustration der Schwierigkeit seiner Besteigung folgendes Beispiel: Charles Packe verbrachte 1892 so viele Tage damit, einen Weg zu suchen, der es ihm ermöglichte, die Barrikade von Bergen zu durchbrechen, daß er sich schließlich zurückzog, ohne den richtigen Berg entdeckt zu haben. Erst zwei Jahre später gelang es ihm, eine Aufstiegsroute ausfindig zu machen — allerdings erst nach einer siebentägigen Wanderung *'auf und fast rund um den Berg, bevor er seine Füße ... auf seine wirkliche Spitze setzte'*.
Die erste Besteigung gelang 1825 den Landvermessern Peytier und Hossard, doch ihre damalige Route blieb für viele Jahre weitgehend unbekannt. Sogar Packe, derjenige, der sich in der Geschichte der Pyrenäen am Besten auskannte, wußte, bis er am Gipfel ankam und dort bereits eine Steinpyramide vorfand, nicht, daß der Balaïtous schon früher erklommen worden war.
Der Reiz des Balaïtous liegt in seiner Höhe und Lage — er ist der westlichste Dreitausender — aber auch in seiner Rauhheit und wilden Umgebung. Die übliche Aufstiegsroute schließt einen schwierigen Anmarsch durch eine großartige und gleichzeitig karge Landschaft ein. Es folgt eine interessante Kletterstrecke über zerklüftete Rinnen zum kahlen Gipfel, von wo aus man eine wirklich beeindruckende Fernsicht genießt.

Hütten

Am nördliche Ufer des größeren der Arremoulit-Seen und unterhalb der Westseite des Pic Palas steht die kleine *Réfuge d'Arremoulit*. Sie befindet sich auf felsigem Untergrund, der zum Zelten ungeeignet ist. Die Hütte des CAF hat 30 Plätze und ist von Mitte Juni bis Mitte Oktober bewirtschaftet. Mahlzeiten sind erhältlich.

Anstieg zur Réfuge d'Arremoulit
Route 10

Autos sollten im Ossau-Tal ca. 9 km südlich von Gabas an einer Gaststätte, der 'Caillou de Soques', abgestellt werden. Sie befindet sich an der Stelle, wo die ansonsten gradlinige N 134 einen Bach überquert und eine ellenbogenförmige Kurve macht. Das kleine Café steht auf der rechten Straßenseite. Links bestehen zwei oder drei Parkmöglichkeiten.

Gehen Sie an der alten Hütte und dem gewaltigen Findling vorbei und überqueren Sie den Bach. Begeben sie sich hinauf zu den Wäldern auf der Ostseite des Tals, wo Sie bald auf einen deutlich erkennbaren Pfad stoßen, der in das herrliche Arrious-Tal führt. Der Pfad ist planiert und gut begehbar. Wenn er aus dem Wald herauskommt, kreuzt eine Brücke den Bach und der Weg verläuft dann eine Zeitlang am rechten Bachufer. Hinter Ihnen im Westen liegt der gewaltige Pic du Midi, während vor Ihnen Berggipfel am Horizont aufragen.

Nach einiger Zeit steigt der Pfad in Kehren aufwärts und erreicht so einen vermeintlich engen Paß; ein idyllischer Ort mit flacher Grasnarbe, einem kristallklaren Bach und wunderschönen Aussichten.

Am oberen Ende des Tals, am Col d'Arrious, stoßen Sie auf eine Weggabelung. Nehmen Sie den Pfad, der rechts abbiegt und Sie schon nach 200 Metern zum winzigen Lac d'Arrious führt. Halten sie sich auf der Ostseite des Sees, wo der Pfad über einen niedrigen Hang steigt, sich nach rechts wendet und sich dann zu einem Gesims verengt, das die Nordseite des Pic du Lac d'Arrious quert. Es handelt sich um die *Passage d'Orteig*, die ungeschützt aber sicher ist. Unter Ihnen im Norden liegt der Lac d'Artouste und zu Ihrer Rechten erhebt sich die steile Felswand. Nachdem der Pfad die Passage verlassen hat, führt er von Steinpyramiden begleitet über ein holpriges und steiniges Gelände zur Hütte hinab. Sie liegt jenseits des Bachs, der aus dem See herausfließt (ca. 3 1/2 Stunden vom Caillou de Soques).

Im Nordwesten des Balaïtous befindet sich eine Hütte, die *Réfuge Ledormeur*, die nur über sechs Schlafstellen verfügt. Sie ist aber mit einem Kamin ausgestattet, was alle Wanderer zu schätzen wissen. Die Hütte wird mittlerweile kaum noch benutzt, obwohl sie einst die ursprüngliche Balaïtous-Hütte war.

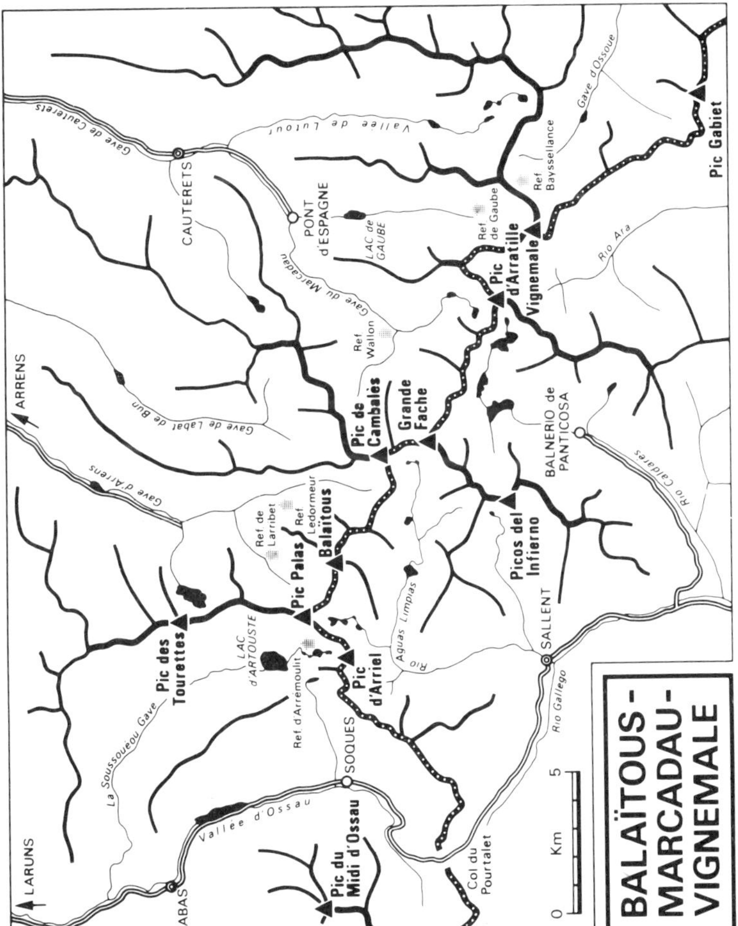
BALAÏTOUS-
MARCADAU-
VIGNEMALE
0
Km
5
LARUNS
ARRENS
GABAS
SOQUES
SALLENT
CAUTERETS
PONT d'ESPAGNE
BALNERIO de PANTICOSA
Pic du Midi d'Ossau
Pic des Tourettes
Pic d'Arriel
Pic Palas
Balaïtous
Pic de Cambalès
Grande Fache
Picos del Infierno
Pic d'Arratille
Vignemale
Pic Gabiet
Col du Pourtalet
Vallée d'Ossau
La Soussouéou Gave
LAC d'ARTOUSTE
Ref. d'Arrémoulit
Ref. de Larribet
Ref. Ledormeur
Ref. Wallon
LAC de GAUBE
Ref. de Gaube
Ref. Bayssellance
Gave d'Arrens
Gave de Labat de Bun
Gave du Marcadau
Gave de Cauterets
Vallée de Lutour
Gave d'Ossoue
Aguas Limpias
Rio
Rio Gallego
Rio Ara
Rio Caldares

Anstieg zur Réfuge Ledormeur
Route 11: Aus nördlicher Richtung

Nahe dem Dorf Arrens zweigt von der Landstraße Argeles–Gazost–Laruns eine Straße gen Süden ab, die hoch ins *Vallée d'Arrens* läuft. Sie führt vorbei an einem Stausee (an seinem Südufer befindet sich ein Campingplatz), zum Porte d'Arrens, wo sich ein großer Parkplatz und das PNP Reçeption Centre befinden. Vom Parkplatz aus geht eine Brücke über den Bach und der Trampelpfad läuft in südlicher Richtung zum Lac de Suyen. Ungefähr 200 Meter nach dem See gabelt sich der Pfad. Wählen Sie den linken Abzweig, der Sie zwei Kilometer tiefer ins Arrens-Tal hineinführt. Kurz nach einem kleinen See zur Rechten überqueren Sie den Bach auf einem schmalen Steg und gehen weiter auf dem Pfad bergauf, der Sie nach ca. 150 Metern zur Hütte bringt (ca. 2 Std. vom Porte d'Arrens). Die *Réfuge de Larribet* ist eine beliebte, gut verwaltete Hütte, die im Norden des Berges liegt und Platz für ungefähr 70 Personen bietet. Sie ist an der Stelle erbaut worden, wo sich der Stützpunkt für Peytiers und Hossards Erkundung des Balaïtous befand.

Anstieg zur Réfuge de Larribet
Route 12: Aus nordöstlicher Richtung

Folgen Sie Route 11 (oben) bis zur Weggabelung südlich des Lac de Suyen. Nehmen Sie den rechten Pfad, der deutlich gekennzeichnet ist und bei einer Schäferhütte den Bach überquert und, jetzt in westlicher Richtung, an Höhe gewinnt. Es ist eine Freude, durch das Larribet-Tal zu wandern, nach einiger Zeit allerdings kreuzt der Pfad einen flachen Felsrücken auf der linken (südlichen) Seite. Dann biegt der Pfad nach rechts, um nach einem letzten Aufstieg zur Hütte zu gelangen (ca. 2 1/2 bis 3 Std. vom Porte d'Arrens).

Balaïtous – vom Col du Palas

Balaïtous
Route 13: Westrücken, normale Route

Schwierigkeitsgrad: F. sup.
Ausrüstung: Seil, Eispickel und Eisaxt, Schutzhelm
Ausgangspunkt: Réfuge d'Arremoulit (2305 m)

Schlagen Sie beim Verlassen der Hütte eine ostostsüdliche Richtung ein und klettern Sie über unwegsames Gelände in das Hängetal unterhalb der Südwestseite des Pic Palas. Steinpyramiden führen Sie zu einem kleinen See und hinauf zum Col du Palas, der vor Ihnen liegt. Steigen Sie auf der Ostseite des Col diagonal in östlicher Richtung abwärts, bis der Arriel-See in Sichtweite rückt. Nun kann jenseits des Kessels der Weg, den man nehmen muß, ausfindig gemacht werden. Auf der anderen Seite des Kars breitet sich unterhalb einer schmalen Rinne ein schmutzigroter Wasserfall und Geröll aus. Überqueren Sie die Rinne, um da-

nach von Steinpyramiden geführt an Höhe zu gewinnen. Dabei bleiben Sie rechts eines Baches und gehen in Richtung einer Felsbresche, durch die ein Bach fließt. Queren Sie die Bresche und gehen Sie dann an der Nordseite eines kleinen Sees, dem Gourg Glace, entlang. Dies ist ein ruhiger Fleck mit vielen Blumen, der einen deutlichen Kontrast zu der chaotischen darüberliegenden Landschaft bildet.
Gehen Sie weiter in ostostsüdlicher Richtung und klettern Sie links eines Steilhangs über abschüssiges Fels- und Schneegelände. Steinpyramiden führen Sie aus dem Schnee heraus zu einer leicht begehbaren Rinne, deren rechte Wand von vorstehenden Felsabsätzen gebildet wird. Dies ist ein Teil der Schwierigkeiten, die der Balaïtous an seiner Westseite bietet, und Beginn der Besteigung. Am Fuße der Rinne befindet sich der Abri Michaud (2698 m), ein Unterschlupf, der unterhalb eines Felsvorsprunges erbaut wurde. Er hat eine Tür und ein kleines 'Fenster', aber keinerlei Einrichtung. Er könnte als Notbiwak dienlich sein.
Erklimmen Sie die Rinne behutsam, wenn eine andere Gruppe über Ihnen klettert, da sich in der Rinne viel lockeres Gestein befindet. Der Anstieg selbst ist ohne Schwierigkeiten. Am Ende der Rinne erreichen Sie den breiten Westrücken des Balaïtous. Steinpyramiden und ein kaum erkennbarer Pfad führen Sie nach rechts (östlich), wobei Sie für kurze Zeit in Richtung Kamm hochgehen und dabei an Höhe gewinnen. Doch dann, gerade wenn Sie beginnen, sich zur Leichtigkeit des Aufstiegs zu beglückwünschen, bieten Ihnen Steinpyramiden eine Auswahl verschiedener Routen. Es gibt jedoch nur wenig zu wählen, da Sie jede von ihnen über eine Rinne (Steinschlaggefahr!) und verschiedene Felsgrate, die jetzt den Bergkamm bilden, hochführen wird. Es ist leicht, den Steinpyramiden zu folgen, sie bringen Sie zu einer letzten schmalen Rinne, die manchmal mit Rauhreif überzogen ist und direkt unterhalb des kuppelartigen Gipfels endet (ca. 4 bis 4,5 Std. von der Hütte entfernt).
Die Aussicht vom Gipfel ist beachtlich, doch reizvoller als die vielen weitentfernten Gipfel ist die nähere Umgebung: die verschlungenen Grate und Pfeiler und die völlig vegetationslosen Hängetäler, *„das gewaltige Durcheinander von kahlen Kämmen und Bergspitzen, die völlig ruhig und leblos im Licht der Sonne liegen."* Vom Gipfel des Balaïtous aus bekommt man einen ersten Eindruck in die phantastische, unergründliche Landschaft, sowie Respekt vor den Pionieren, die dieses behütete Heiligtum als erste betraten.
Beim Abstieg ist Vorsicht gebo-

ten, vor allem bei Nebel, da es schwierig ist, den Steinpyramiden und den schwer erkennbaren Pfaden auf dem Westrücken zu folgen. Schützen Sie sich ebenfalls vor Steinschlag in den Rinnen. Versichern Sie sich auch, ob Sie sich auf der richtigen Route zum unteren Teil des Bergrückens und zur Rinne unterhalb des vorspringenden Waldes befinden. Es ist ein langer und ermüdender Abstieg, für den Sie bis zur Hütte ca. 3,5 Std. benötigen.

Balaïtous
Route 14: Aus nordöstlicher Richtung, Neous-Gletscher und Kamin

Schwierigkeitsgrad: PD sup.
Ausrüstung: Steigeisen, Eispickel, Seil, Schutzhelm
Ausgangspunkt: Réfuge de Larribet (2070 m)

Südlich der Réfuge de Larribet erstreckt sich das Pabat-Tal und wird durch die zusammenlaufenden Bergkämme des Garenere im Westen und dem des Fachon im Osten schmaler. Der höchste Punkt des letzteren, der in Wirklichkeit den Nordostkamm des Balaïtous bildet, ist das Cap Peytier-Hossard, das oberhalb des kleinen Pabat-Gletschers liegt. Ungefähr 700 Meter nordöstlich und etwa 400 Meter tiefer liegt der Col de Pabat. Diesen müssen Sie überqueren, um den Ausgangspunkt des Aufstiegs zu erreichen.

Nehmen Sie bei der Hütte den Pfad (Steinpyramiden), der zunächst nach Osten und dann nach Südosten führt. Über die Geröllhänge unterhalb des Fachon-Bergkamms gelangen Sie direkt unter den Felssporn, der als Pic Rouge bekannt ist. Wenden Sie sich jetzt nach rechts und überqueren Sie den Col de Pabat, von dem aus ein steiler Schnee- und Felshang zu einem kleinen Bergsee abfällt. Queren Sie den Hang nach rechts (Süden). Bleiben Sie dabei oberhalb des Sees und halten Sie sich in Richtung des Glacier de la Néous.

Darunter und darüber verläuft der langgezogene Costerillou-Kamm, auf dem sich zahlreiche Pfeiler und Spitzen postiert haben, und der von schattigen Rinnen durchzogen ist. Zur Rechten führen unwegsame Hänge zum Cap Peytier-Hossard. Zwischen dem Cap und dem Balaïtous wird der Kammm von der Brèche Peytier-Hossard durchtrennt.

Steigen Sie zum höchsten Punkt des Gletschers und gehen Sie dabei auf den zweiten Kamin in der Balaïtouswand nach der Brèche zu. Den Bergschrund zu überqueren könnte schwierig werden. Die erste Flanke ist nicht lang, aber im allgemeinen naß. Seien Sie daher vorsichtig. Erklimmen Sie sie auf der linken Seite. Bewältigen Sie dann den Überhang ebenfalls auf der linken Seite (III). Klettern sie anschließend zu einem Gesims, das das Ende der zweiten Flanke markiert. Gleich über dem Gesims geht der Kamin in eine Rinne über, in der Sie mühelos hochklettern können. Achtung, Steinschlaggefahr! Sie bringt Sie direkt zum Gipfel (ca. 4 bis 4,5 Std. von der Hütte).

Weitere Routen

Mit seinen stattlichen Graten bietet der Balaïtous viele Aufstiegsmöglichkeiten unterschiedlichster Schwierigkeitsgrade. Zu den schwierigen Routen zählt die lange Überquerung der drei Hauptkämme. Sie beginnt am Nordwestkamm, der vom großartigen Aiguille Lamanthe typisiert ist. Die Route führt über seinen Gipfel und geht dann am Crête de Costerillou längs zum zerklüfteten Crête du Diable. Dieser *Teufelsgrat* velangt viel Abseilarbeit. Die ganze Route dauert volle 12 Stunden und gilt als eine der schwierigsten der Pyrenäen.

Auf dem Costerillou-Kamm erhebt sich der Tour de Costerillou, ein eigentümlicher, 3045 Meter hoher Gipfel. Seine Nordwand erhebt sich mit einem eindrucksvollen Schwung über dem Neous-Gletscher. An dieser Wand gibt es eine Route des Schwierigkeitsgrades TD. Seine Spitze und einige Felsvorsprünge werden mit IV und V eingestuft.

Die entsprechende Ausgabe des Ollivierführers (französischsprachig), die die vielfältigen Möglichkeiten, die diese Berge dem begeisterten Bergsteigern bieten, enthält, lautet *Pyrénées Occidentales Vol.II – de la Vallée d'Ossau au Val d'Azun.*

Pic Palas (2974 m)
Route 15: Über den Westkamm

Schwierigkeitsgrat: TD inf.
Ausrüstung: Seil
Ausgangspunkt: Réfuge d'Arremoulit (2305 m)

Unter der falschen Annahme, den Balaïtous zu besteigen, gelang Peytier und Hossard 1825 die Erstbesteigung des Pic Palas. Erst kurz vor dem Gipfel, als Sie den stattlicheren Nachbarberg

sahen, bemerkten Sie ihren Irrtum. Die folgende Beschreibung folgt der Originalroute von 1825. Es ist ein herrlicher Berg, der sich kegelförmig über den drei Hauptgraten erhebt, die die Arremmoulit-Hütte überragen und herrliche Wanderungen ermöglichen.
Begeben Sie sich nach dem Verlassen der Hütte in das Tal im Osten, das sich zum Col du Palas hochzieht, wo die Aufstiegsroute auf den Balaïtous beginnt (Route 13). Wenden Sie sich nach einem kleinen Bergsee nach links, um den Lac du Palas an seinem Ostufer zu passieren. Klettern Sie in nordöstlicher Richtung über Hänge mit Granitgeröll, wobei Sie den Berg unterhalb seines steilabfallenden Westgrates umgehen. Gehen Sie dann ebenfalls unterhalb seines Nordwestgrates entlang, indem Sie sich nach rechts (Osten) in Richtung des Nordgrates wenden. In diesem können sie die Brèche des Geodesiens, einen Durchgang zur Südseite des Pic d'Artouste, sehen.
Sie erreichen die Brèche etwa zwei Stunden nach der Hütte. Biegen Sie nach rechts, um am Bergrücken entlang dem unwegsamen Geröllfeld zu klettern. Der Rücken wird schmaler und beginnt dann zu steigen. Begeben Sie sich bei einem Gratturm nach rechts (Westen), wo sich eine Leiste befindet, die den Aufstieg erleichtert. Sie gelangen wieder auf den Grat selbst, dem Sie in Kehren über weitere Felsbrocken zum Gipfel folgen (ca. 3 bis 3,5 Stunden von der Réfuge d'Arremoulit. Für die Aussicht, vor allem auf den Balaïtous, hat sich die Anstrengung gelohnt.

Hochroutenverbindung Vom Balaïtous ins Marcadau-Tal

Karte: IGN Parc National des Pyrénées Nr. 2, 'Balaïtous', 1:25.000

Zwischen dem Pic du Midi und dem Marcadau-Tal liegt die karge Region des Balaïtous, die eine fast feindselige und unwirtliche Insel bildet. Im Marcadau-Tal dagegen treffen Sie auf herrliches Weideland. Der Hochwanderweg führt auf verlockende Weise zu seinen Hochebenen, die Sie verleiten werden, eine längere Rast einzulegen. Wiedereinmal wird Zelten zur naheliegenden Entscheidung, obwohl es in der Chalet-Réfuge Wallon und der einfacheren Nachbarhütte genügend Schlafplätze gibt.

Alternativer Hochwanderweg 7
Von der Réfuge d'Arremoulit zur Réfuge Wallon

Dieser lange, achtstündige Tag bietet eine einfacher zu bewältigende Alternativroute zur nördlichen Umgehung des Balaïtous. Sie verläuft südlich dieses wilden Massivs und kehrt via Col de la Fache am oberen Ende des Marcadautals auf die Nordhänge zurück.
Nehmen Sie Route 7 bis zum Col du Palas. Steigen Sie von dort steil zum nördlichen Ende des oberen Arriel-Sees hinab. Umgehen Sie ihn an seinem Ostufer in südlicher Richtung. Halten Sie sich links des Übergangs über einem zweiten See. Begeben Sie sich auf einen Pfad, der nach Südwesten absteigt und Sie zwischen zwei kleinere Seen führt. Der Bach wird mehrmals überquert. An seinem linken Ufer gewinnt der Pfad nach dem Passieren eines dritten Sees an Höhe und kommt zu einem vierten See, dessen Nordwestufer er umrundet.
Nachdem Sie an mehreren primitiven Hütten vorbeigekommen sind, geht ein Pfad nach Süden zu einem Steg und gelangt dann auf einen breiten Weg, der in Kehren zum Stausee Respumoso führt (3 Std. von Arremoulit). Gehen Sie an seinem Nordufer entlang. In ostoststüdlicher Richtung erreichen Sie eine halbe Stunde später den Campo Plano. Dort passieren Sie die Staumauer und eine verlassene Hütte. Begeben Sie sich auf das linke Ufer des Baches, der vom Col de la Fache herunterfließt. Ein von Steinpyramiden markierter Pfad führt Sie weiter.
Den Col de la Fache überqueren Sie ca. sechs Stunden nach Beginn der Wanderung. Überschreiten Sie ihn auf einem Nationalparkpfad, der Sie hinab zu den großartigen Weideflächen des Marcadau-Tals und über den Bach zur Wallon-Hütte bringt (Höhe 1866 m; ca. 8 Std. von Arremoulit. Einzelheiten zur Hütte finden Sie im Kapitel *Marcadau*).

Hochwanderweg 8
Von der Réfuge de Larribet zur Réfuge Wallon

Bei gutem Wetter kommt diese Etappe einem gemütlichen Tagesausflug gleich. Schnee kann allerdings die Überquerung des Col de Cambales (2706 m) in ein schwieriges und gefährliches Unternehmen ausarten lassen. Ebenso kann Ihnen nebliges Wetter einen Streich spielen und den Weg schwer auffindbar machen. Dann wird ein Kompaß zum besten Freund, ein Eispickel unentbehrlich.
Verlassen Sie die Larribet-Hütte auf dem Pfad, der steil und deutlich erkennbar in das im Nordosten

gelegene Tal führt. Begeben Sie sich dort auf die linke Seite des Baches, der durch das Tal fließt. Es wird eine herrliche Wanderung, auf der Sie viele Blumen bewundern können. Durch die Wälder gelangt der Pfad etwa eine Stunde nach Verlassen der Hütte in das breitere Arrens-Tal. Es ist empfehlenswert, hier den Hauptpfad zu verlassen, um quer durchs Tal auf einen deutlich erkennbaren Pfad zu wechseln. Er kommt von links und läuft auf der niedrigeren Ebene des Arrens-Tales an der rechten Uferseite des Baches entlang. Wenden Sie sich auf diesem Pfad nach rechts, der jetzt talwärts in das Hochland im Süden steigt und mühelos von Ebene zu Ebene klettert.

Nachdem Sie einen ziemlich flachen Abschnitt hinter sich gelassen haben, verläuft der Pfad in Serpentinen. Von hieraus kann man nach rechts zu den Gletschern des Balaïtous hochsteigen (siehe Route 11).

Wandern Sie durch ein langgezogenes, felsiges, schmales und steilwandiges Tal, auf dessen Grund sich die Lacs de Remoulis verteilen. Es führt Sie beim Port de la Peyre-St. Martin an die Grenze. Sie benötigen von Larribet bis hierher fast vier Stunden.

Kurz vor dem Paß (ca. 100 m nördlich davon) geht nahe einer Hausruine ein Pfad nach Nordosten ab. Hier zeigt ein Wegweiser zum Col de Cambales (1 1/2 Std.). Wählen Sie diesen Weg, der Sie über wildes, oft schneebedecktes Gebiet führt. Ein Eispickel kann hier hilfreich sein. Ein weiterer Pfad geht nach links, sollte aber ignoriert werden. Gehen Sie in ungefähr östlicher Richtung weiter, bis Sie eine kleine Schlucht im Norden des Col de Cambales zwingt, sich nach Süden zu wenden. Sie erreichen den Col de Cambales fünf Stunden nach dem Start.

Da stets mit Schnee bedeckt, ist die Ostseite des Col mit Vorsicht zu genießen. Steigen Sie eine kurze Strecke nach Süden ab und machen Sie dann eine Nordwendung, um einen Geröllhang zu überqueren. Gehen Sie dann an einem holprigen und felsigen 'Kamm', der über kühlen Bergseen liegt, entlang. Über Felsblöcke, Geröll und gelegentliche Schneefelder kommen Sie allmählich zu den wunderschönen Bergseen in üppiger Vegetation. Der Pfad führt nahe eines Wasserfalls in das Tal und zur geräumigen Wallon-Hütte (Sieben Stunden von Larribet; Einzelheiten zur Hütte finden Sie weiter unten).

Marcadau

Lage: Im Südwesten Cauterets; erstreckt sich bis zur spanisch-französischen Grenze. Zu erreichen über die Straße von Cauterets und die Pont d'Espagne, wo Autos abgestellt werden können.
Karte: IGN Parc National des Pyrénées No. 2 'Balaïtous' 1:25.000

Zwischen den kahlen Gipfeln des Balaïtous im Westen und dem Vignemale im Südosten gelegen, ist das Marcadautal ein Wanderparadies, in dem viele herrliche Wanderungen beginnen. Es gibt Aufstiegsrouten auf die Berge, die das Tal umgeben und einige reizvolle, kurze Kletterpartien auf den Felsspitzen des Arrouy, der sich als zerklüfteter Kamm über dem stillen Lac du Pourtet erhebt. Die Wandermöglichkeiten im Marcadautal sind unerschöpflich.

Hütten

Die *Réfuge Wallon* ist ein altes, planlos gebautes Gebäude des Touring Club de France (TCF). Es hat zwei Übernachtungskategorien: zum einen das einfache, bei Bergsteigern übliche Gemeinschaftsschlafzimmer und zum anderen das 'chalet-réfuge' mit Doppelkojen im Stil der Jugendherbergen. Komplette Mahlzeiten sind erhältlich. Die Preise gleichen denen der CAF-Hütten. Die Hütte ist oft überfüllt.
Die Réfuge Wallon liegt sehr idyllisch am oberen Ende des Tals. Man hat einen herrlichen Blick auf den Grande Fache und seine Nachbarberge sowie zu den oberen Schneefeldern der Clot de la Hountwand des Vignemale, der die Gipfel des nahegelegenen Arratilletals überragt.

Anstieg zur Réfuge Wallon
Route 16. Von der Pont d'Espagne

Von Cauterets führt die N 21 c steil hinter den Badeort La Raillere und zum Tennyson, „diesem Bach von reinstem Weiß...". Sie endet an einem großen Parkplatz etwas unterhalb der Pont d'Espagne.
Anmerkung: Campen ist mit kleineren Zelten in den Wiesen jenseits des Bachs erlaubt. Es gibt allerdings keine sanitären Anlagen.
Von hier aus gibt es zwei Routen. Beide erreichen kurz vor der Halbwegszeit zur Hütte die Pont du Cayan. Der Hauptweg ist breit

und befahrbar und kreuzt am westlichen Ende des Parkplatzes zum rechten Bachufer des Marcadau. Er windet sich durch das Tal und bleibt dabei immer auf der rechten Bachseite. Kurz nach der Pont du Cayan geht er in einen schmalen Pfad über.
Als Alternative kann man den reizvollen Pfad an der linken Bachseite nehmen. Gehen Sie vom Ende des Parkplatzes aus diagonal über die Wiesen, auf denen sich Skilifte befinden. Im Gras können Sie eventuell einen vagen Pfad entdecken, der nach der ersten 'Wiese' deutlicher wird und ins Marcadautal führt. An der linken Bachseite verläuft er ziemlich flach und überquert hin und wieder einen Seitenbach. Der Blick auf die Gipfel und die Landschaft von sich windenden Bächen, Piniengruppen und sanften Weiden vor Ihnen, läßt die Wanderung zu einem Genuß werden. Sie ist eine ideale Einführung in das Gebiet. Nach ca. 3 km erreichen Sie die Pont de Cayan. Gehen Sie über die Brücke, um auf den Hauptweg zu gelangen. Der Pfad steigt jetzt unter Bäumen an und kommt dann noch einmal zum Bach. Eine primitive Brücke bringt Sie zum linken Ufer. Der Weg ist deutlich erkennbar und führt ohne Schwierigkeiten tiefer in die einfach bezaubernde Landschaft hinein. Er verläuft über flache Ebenen, Felsausläufer und hier und da im Schatten von Pinien. Nach ca. 3 km erreicht er die Réfuge Wallon, die etwas oberhalb des linken Bachufers steht. (Ca. 2 Stunden von der Pont d'Espagne)

Grande Fache (3005 m)
Route 17. Normale Route über den Col de la Fache

Schwierigkeitsgrad: F
Ausgangspunkt: Réfuge Wallon (1866 m)

Der Grande Fache erhebt sich pyramidenförmig im Südwesten der Wallonhütte. Er ist der höchste Gipfel des sogenannten Marcadaucirques. Seine Besteigung ist reizvoll, seine Gipfelaussicht herrlich.
Begeben Sie sich unterhalb der Hütte über den Steg auf die rechte Bachseite, und wenden Sie sich nach rechts. Nach ca. 500 Metern bringt Sie ein zweiter Steg ans linke Bachufer zurück. Schlagen Sie links den Pfad ein, der über Grashänge nach Westen führt. Er kommt oberhalb des linken Ufers an einem kleinen Bergsee (2291 m) vorbei und hält sich Richtung Col de la Fache. Von diesem Grenzpaß aus kann

Das Marcadautal
Von links nach rechts: Col du Marcandau, Pic Falisse, Frande Fache

man in wunderschöne spanische Täler hinabgehen und eine faszinierende Landschaft überblikken. (Ca. 2 1/2 bis 3 Stunden von der Hütte.)
Ein deutlich erkennbarer Wanderweg führt Sie südlich des Col de la Fache zum Nordrücken des Bergs hoch. Ohne nennenswerte Schwierigkeiten erreichen Sie eine halbe Stunde nach dem Paß den Gipfel. (Ca. 3 1/2 Stunden von der Réfuge Wallon.)

Weitere Routen

Zwischen dem Grande Fache und dem daneben liegenden Pic Falisse senkt sich der Kamm fast 300 Meter zum Col Falisse (2684 m) hinab. Von diesem Paß geht eine Route (AD) zum Ostkamm des Grande hoch. Eine andere Strecke (AD inf.) führt zum selben Kamm, allerdings an dessen Nordseite. Die beiden Routen laufen etwas unterhalb des Gipfels zusammen. (Die genauen Routenbeschreibungen finden Sie in dem Ollivierführer 'Pyrénées Centrales' Vol.1.)

Wanderungen im Marcadautal

In diesem Tal beginnen unzählige Wanderungen verschiedener Länge. Die folgenden, kurz skizzierten Touren sind nur ein Beispiel dafür. Alle starten an der Réfuge Wallon.

Route 18. Port du Marcadau (2541 m)

Dieser Paß im Grenzgebirge liegt südöstlich des Pic Falisse. Sie erreichen ihn nach 2 1/2 Stunden auf einem deutlich erkennbaren PNP-Pfad. Es ist eine alte Handelsroute, die die französischen Täler mit Balneario in Spanien verbindet. Dies ist ca. 2 1/2 – 3 Stunden vom Col entfernt. Unterhalb des Passes, auf der spanischen Seite, liegen unzählige Seen.

Route 19. Bergseen und Felsen im Arratilletal

Von der Wallonhütte aus gesehen erstreckt sich das Arratilletal in südöstlicher Richtung. Ein Tal voller Kontraste, die von herrlichen Grashängen der tieferen Ebenen zu felsumrandeten Bergseen am oberen Talende reichen. Dazwischen liegen der Lac d'Arratille und viele gewaltige Wasserfälle. Der Col d'Arratille (2528 m) ist ein offensichtlicher Einschnitt, der 2 3/4 Stunden von der Hütte entfernt ist. (Siehe Hochwanderweg 9.) Von hier aus können Sie die Clot de la Hountseite des Vignemale jenseits der Tiefen des Aratals sehen.

Anmerkung: Auf die Pics d'Arratille, die sich über dem Col erheben, gibt es zahlreiche Routen. Sie reichen von Schwierigkeitsgrad *Facile* bis zu PD und AD. Einzelheiten finden Sie im oben erwähnten Ollivierführer.

Route 20. Eine Seerundwanderung; von Wallon nach Wallon

Gehen Sie von der Wallonhüte talabwärts bis zur Pont du Cayan. Überqueren Sie die Brücke, und nehmen Sie dann den ansteigenden Pfad. Er führt Sie zu den Lacs de l'Embarrat hinauf, von wo aus Sie eine einzigartige Aussicht auf die Grünflächen des Marcadautals und in die verborgeneren Ekken jenseits des Rhododendrongürtels haben. Von Embarrat aus führt die Wanderung weiter zum Lac du Pourtet, der von den Aiguilles du Pic Arrouy überragt wird.

In südlicher Richtung bringt Sie ein ständiger Anstieg zum Lac Nere. Dann windet sich der Pfad zwischen Bächen und kommt schließlich zur Wallonhütte im Weideland des Marcadautals. (Die Rundwanderung dauert ca. 4 Stunden.)

Hochroutenverbindung Vom Marcadautal zum Vignemale

Karte: IGN Parc National des Pyrénées No. 2 'Balaïtous' 1:25.000

Dies ist eine klassische Wanderung, sowohl als Etappe des Hochwanderwegs als auch als eigenständige Wanderung. Es sind drei hochgelegene Pässe zu überqueren, was beträchtliche Höhenunterschiede bedeutet. Normalerweise wird die Wanderung in zwei Etappen unterteilt. Man verbringt dann eine Nacht in der Réfuge des Oulettes de Gaube unterhalb der Nordwand des Vignemale und spart sich damit den dritten Paß, den Hourquette d'Ossoue, für den zweiten Tag auf.

Hochwanderweg 9
Von der Réfuge Wallon zur Réfuge de Bayssellance

Nehmen Sie nach dem Verlassen der Hütte den Weg, der in nördlicher Richtung ins Tal führt. Überqueren Sie den Hauptbach auf einem Steg am Anfang des Arratilletals. Deutlich erkennbar verläuft die Wanderstrecke durch das Tal nach Süden, wobei man bald an das rechte Ufer des Arratille gelangt und auf Wiesen und gletscherbedeckten Felsen an Höhe gewinnt. Bäche und Wasserfälle begleiten den Weg, und die darüberliegenden Berge erscheinen höher als sie sind.

Kurz vor dem Lac d'Arratille geht der Pfad über einen Steg auf das linke Bachufer und folgt dann der Westseite des Sees. (1 3/4 Stunden von der Hütte.)

Gehen Sie südlich des Sees und unterhalb eines kleinen Bergsees auf die rechte Bachseite zurück. Folgen Sie den Wegweisern, die Sie in Serpentinen zu zerklüfteten Felsen hochbringen. Halten sich im Fall von Schneeverwehungen Richtung Süden und bleiben Sie links eines Bachlaufs, bis Sie die öde Landschaft, in der der Lac du Col d'Arratille liegt, erreichen. Überqueren Sie die Geröllhalde links des Sees, um zum darüberliegenden Col d'Arratille zu kommen.

Réfuge Wallon, Marcadautal

(2528 m; 2 1/4 Stunden von Wallon.)
Nachdem Sie diesen Paß überquert haben, folgt ein kurzer Abstecher nach Spanien. Rot-weiße Markierungen kennzeichnen den Weg nach unten, der zunächst in südöstlicher und dann in östlicher Richtung über ein unwegsames Geröllfeld verläuft. Dann steigt er (Steinpyramiden) zu dem kleinen Col des Mulets (2591 m) hoch.
Ein schmales und steiles kleines Tal führt Sie nach Osten hinab, wobei Sie langgezogene Schneefelder zu überqueren haben. Ohne Schwierigkeiten gelangen Sie zur flachen und sumpfigen Ebene, aus der sich die gewaltige Nordwand des Vignemale zu Ihrer Rechten erhebt. Halten Sie sich rechts, um auf einen deutlich erkennbaren Pfad zu gelangen, der aus dem Talgrund hochkommt und Sie zu einem Steg führt. Von hier aus können Sie die Réfuge des Oulettes de Gaube (2152 m) an der rechten Bachseite sehen. (Ca. 5 Stunden von der Réfuge Wallon. Einzelheiten zur Réfuge des Oulette de Gaube finden Sie im Vignemalekapitel.)
Die weiterführende Route zur Réfuge Bayssellance über den hochgelegenen Hourquette d'Ossoue (2734 m) wird als Route 22 weiter unten beschrieben. (Die Gesamtwanderzeit von der Réfuge Wallon zur Réfuge Bayssellance beträgt 7 1/2 Stunden.)

Vignemale

Lage: Westlich von Gavarnie; an der spanisch-französischen Grenze; von Gavarnie aus über das Vallée d'Ossoue oder von Cauterets aus über die Pont d'Espagne und das Gaubetal zu erreichen.
Karten: IGN Parc National des Pyrénées No. 2 'Balaïtous', No.3 'Gavarnie' 1:25.000

Von den Gipfeln von Gavarnie, von der Brèche de Roland oder vom Monte Perdido aus gesehen, ist der Vignemale ein gewaltiger Berg, unter dessen Gipfel sich ein riesiges Schneefeld und eine lange Gletscherzunge (Ossoue Glacier), die bis in die Tiefen des Ossouetals reicht, ausbreiten. Vom Süden, also von den duftenden Wiesen des Aratals aus gesehen, erscheint er als verworrenes Gebilde aus Terrassen und eigentümlichen Pfeilern, das keinen erkennbaren Gipfel hat. Nähert man sich ihm aber vom Lac de Gaube aus, wird man von der Erhabenheit seines Hochtals, einem gewaltigen 'Amphitheater', beeindruckt sein.
1837 bestiegen Henri Cazaux und Bernard Guillembet den höchsten Gipfel des Vignemale, den Pique Longue, über den Ossouegletscher, wobei sie beide in eine tiefe Gletscherspalte stürzten. Da sie dieses Risiko kein zweites Mal eingehen wollten, suchten sie sich einen ungefährlicheren Abstieg ins Aratal. Es war jene kurvenreiche Route, auf der Cazaux später die resolute Engländerin Anne Leister bei der ersten touristischen Besteigung führte. Seit damals ist der Vignemale ein populärer Berg. Der Ossouegletscher ist immer noch das beeindruckendste Eisfeld der Pyrenäen, hat aber von seinem Glanz verloren und birgt nicht mehr die großen Gefahren von früher in sich. Inzwischen gilt der Aufstieg über den Ossouegletscher als der einfachste. An der Nordwand des Vignemale sind jedoch Routen höherer Schwierigkeitsgrade zu bewältigen.
Das Trio der eindrucksvollen Wände, die von der Réfuge des Oulettes de Gaube aus zu sehen sind, sind der Pointe Chausenque, der Piton Carre und der Pique Longue. Zwischen dem Piton Carre und dem Pique Longue ist eine steile und auffällige Rinne eingefräst. Dies ist der gefährliche Couloir de Gaube (der obere Teil ist über 60 Grad steil). Er wurde 1889 erstmals von dem Team Brulle, Bazillac und de Monts, geführt von Celestin Passet und Bernard Salles, erklommen. Es war für die damalige Zeit ein waghalsiges Unternehmen und bis heute ist es

ein Aufstieg, der nicht zu unterschätzen ist. Die Routen an den Felswänden sind durchweg gefährlich und von unbestrittener Schwierigkeit.
Während es nicht einfach sein dürfte, den Grad von Henry Russells Leidenschaft für den Vignemale nachzuvollziehen, ist es nicht so schwierig zu verstehen, warum gerade dieser Berg das Objekt seiner Verehrung wurde. Es ist ein in jeder Hinsicht beeindruckender Gipfel und seine Besteigung, von welcher Seite auch immer, wird durch das Panorama seiner oberen Regionen sowie den sich ständig verändernden Anblick des Berges belohnt.

Hütten

Die *Réfuge Bayssellance* liegt unterhalb des Hourquette d'Ossoue – auf der Ostseite des Berges – und ist entweder vom Ossouetal oder vom Vallée de Gaube aus zu erreichen. Es ist eine alte, primitive Hütte mit ca. 50 Plätzen, gehört dem CAF und hat eine Selbstversorgerküche. Sie ist ideal gelegen für die Routen auf den Vignemale, den Petit Vignemale und den Chausenquekamm.

Vignemale – Nordseite. Von links nach rechts:
Pointe Chausenque, Piton Carre, Couloir de Gaube, Pique-Longue

Anstieg zur Réfuge Bayssellance
Route 21. Von Gavarnie aus

Nehmen Sie die Straße, die vom Ortsende Gavarnies zum Port de Boucharo führt und die Hauptstraße an der Stelle verläßt, wo sie nach links zu einer Zollgrenze geht. Nach ca. 4 km wird die Straße sehr holprig, es ist aber möglich, weitere 4 km bis zu einem kleinen Damm, an dem die Straße endet, zu fahren.
Ein gut markierter Pfad führt hinter einem kleinen See ins Tal hoch. Er verläuft an der linken Bachseite, bis er den Bach auf einem Steg überquert und dann am rechten Ufer ansteigt. Es ist ein deutlich erkennbarer Pfad, der vor fast einem Jahrhundert von Russells Grottenbautruppe geschaffen wurde. Er umläuft eine Schlucht, quert ein oder zwei Schneehänge und führt dann in Kehren zu den drei Höhlen Russells, die sich in Sichtweite des Gletschers befinden. Der Pfad geht weiter nach rechts und steigt dann linksherum zur Hütte hoch, die Sie plötzlich über sich zur Rechten sehen. (Ca. 3 1/2 Stunden vom Ende der Straße.)

Aufstieg zur Réfuge Bayssellance
Route 22. Von der Pont d'Espagne aus

Folgen Sie Route 23 (unten) bis zur Réfuge des Oulettes de Gaube. Der Pfad nimmt an der Hütte eine südöstliche Richtung und gewinnt mit den Terrassen des Hochtals, das von Bächen durchzogen wird, an Höhe. Von hier aus haben Sie einen schönen Blick auf den Couloir de Gaube. Die Wegrichtung ändert sich bald, und der Pfad verläßt die phantastischen Wände des Cirques in nördlicher Richtung. Auf Serpentinen gewinnen Sie schnell an Höhe, bis der Pfad sich gabelt. Der eine Pfad geht nach links und überquert den Col d'Arraille. Der Hauptweg leitet über ein unwegsames Geröllfeld. Direkt darüber erhebt sich der Vignemale. Der Hourquette d'Ossoue ist ohne Schwierigkeiten zu überschreiten und ca. 800 Meter tiefer liegt die Réfuge Bayssellance. (Ca. 2 – 2 1/2 Stunden von der Oulettehütte; 5 1/2 – 6 Stunden von der Pont d'Espagne.)
Im Oulettes de Gaube-Tal steht die Hütte, von der aus die Besteigungen der Nordseite begonnen werden. Es ist die gut verwaltete Réfuge des Oulettes de Gaube, die wesentlich moderner ist als die Bayssellancehütte. Die CAF-Hütte hat Platz für 50 Personen und eine Selbstversorgerküche.

Anstieg zur Réfuge des Oulettes de Gaube
Route 23. Von der Pont d'Espagne aus

Verlassen Sie Cauterets in südlicher Richtung auf der steilen und kurvenreichen N 21 c, die nach dem Badeort La Raillere rechts abbiegt und durch Wälder zur Pont d'Espagne führt, wo sich ein großer Parkplatz befindet. Der Pfad ins Gaubetal beginnt direkt an der Brücke und bringt Sie unter Pinien am rechten Bachufer nach Süden.

Knappe 2 Kilometer nach der Pont d'Espagne leitet der Pfad aus den Wäldern heraus zum Lac de Gaube, der als beliebter Picknickplatz gilt und an dessem Nordostufer sich ein Hotel-Restaurant befindet.

Nehmen Sie den Weg, der am nördlichen Ende des Sees beginnt (er läuft mit einem zweiten zusammen, der von rechts kommt und von der Pont d'Espagne aus mit der Seilbahn zu erreichen ist), und gehen Sie an seinem Westufer längs. Der Pfad ist nicht zu verfehlen, da er deutlich markiert ist und von den PNP-Behörden überwacht wird. Am südlichen Ende des Sees gelangt er an den Oulettes. An einem Wasserfall, der von den Felsen herunterschießt, überquert er ihn auf einem kleinen Steg. Ohne Schwierigkeiten zieht sich der Pfad durch das Tal, dessen Bäume nach und nach weniger werden und das somit immer öder wird. Die üppige Vegetation des Talgrundes geht in Geröll- und Schneefelder über. Dann steigen Sie auf eine Anhöhe, auf der sich eine Gletscherebene befindet, hinauf. Zu ihrer Linken steht die Réfuge des Oulettes de Gaube. (Ca. 3 – 3 1/2 Stunden von der Pont d'Espagne.)

Vignemale (Pique Longue) (3298 m)
Route 24. Ossoue Glacier, Normale Route

Schwierigkeitsgrad: F
Ausrüstung: Seil, Steigeisen, Eispickel
Ausgangspunkt: Réfuge Bayssellance

Wandern Sie von der Hütte aus auf dem Pfad, der von Gavarnie herkommt, abwärts. Kurz nach einer scharfen Rechtskurve und etwas unterhalb von Russells Höhlen führt Sie ein anderer, schmalerer Pfad über den steilen Hang unterhalb des Crête du Petit Vignemale weiter. Er gelangt über Geröll zur Endmoräne des

Gletschers. Möglicherweise liegt hier Schnee, doch die Spuren Ihrer Vorgänger und Steinpyramiden bringen Sie an eine Stelle unterhalb der Séracs, (Vorsicht! Es besteht die Gefahr einstürzender Séracs), wo die Strecke eine Rechtswendung macht, um auf dem Gletscher hochzusteigen.
Der Gletscher hat viele Spalten, die aber im allgemeinen gut überbrückt sind. Trotzdem sollten Sie die üblichen Vorsichtsmaßnahmen treffen. Sollten die Gletscherspalten jedoch offen und somit ihre Überquerung gefährlich sein (Sprechen Sie mit dem Hüttenwirt, der Ihnen aktuelle Informationen geben kann), gehen Sie über den Bergrücken weiter, der die Südgrenze des Gletschers bildet. Klettern Sie an der Gletscherseite des Crête Montferrat hoch, bis Sie das obere Becken erreichen und sicher auf die normale Route gelangen.
Auf der normalen Route gehen Sie direkt über den Gletscher, üblicherweise etwas rechts seines Zentrums, bis Sie an das flache Schneefeld des oberen Beckens kommen. Im Norden und im Nordwesten können Sie den Pointe Chausenque und den Pique Longue sehen, die von dem Sattel, an dem der Couloir de Gaube beginnt, getrennt werden. Begeben Sie sich zum Fuß des Pique Longue. Der kurze Anstieg zu den Felsspitzen bringt keine Schwierigkeiten mit sich und bald haben Sie den eigentlichen Gipfel erreicht. (Ca. 3 Stunden von der Hütte.)

Petit Vignemale (3032 m)
Route 25. Normale Route über den Hourquette d'Ossoue

Schwierigkeitsgrad: F
Ausgangspunkt: Réfuge Bayssellance

Die Besteigung des Petit Vignemale über seine Nordseite ist eine kurze, anspruchslose Wanderung. Sie vermittelt dem Wanderer aber einen Eindruck von der imposanten Erscheinung der Nordwand des Berges sowie der Gletscher, die sich unter ihm ausbreiten.
Folgen Sie dem Pfad, der von der Hüte aus zu dem Paß unterhalb des Petit Vignemale, dem Hourquette d'Ossoue, führt. Der Trampelpfad führt Sie in südlicher Richtung den Bergrücken hinauf und windet sich dann etwas links unterhalb des Rückens. Er steigt ohne Hindernisse zum Gipfel des Petit Vignemale, der ca. eine Stunde vom Paß entfernt ist. (Ca. 1 1/2 Stunden von der Hütte.)

Pointe Chausenque (3204 m)
Route 26. Normale Route über den Petit Vignemale/ Pointe Chausenquekamm

Schwierigkeitsgrad: AD inf.
Ausrüstung: Seil
Ausgangspunkt: Réfuge Bayssellance

Nehmen Sie Route 25 (oben) bis zum Gipfel des Petit Vignemale. Es ist ratsam, sich hier anzuseilen, bevor man nach links weitergeht und dann über eine kurze, vier oder fünf Meter lange Rinne absteigt. Gehen Sie einige Meter an der Nordwestseite des Kamms entlang, an der sich Fußhalterungen befinden. Klettern Sie dann auf dem eigentlichen Kamm bis zu einer kurzen, sehr steilen Flanke über dem Ossouegletscher auf der Südostseite. Nachdem Sie über diese Flanke gestiegen sind, gehen Sie auf dem Bergkamm weiter zur nächsten Flanke an der Südostseite, die länger als die vorhergehende ist. (Schwierigkeitsgrad III). Folgen Sie wieder dem Kamm, bis ein weiterer Abstieg zu bewältigen ist, diesmal auf der Nordwestseite oberhalb der Séracs des Petit Vignemalegletschers. (III sup.) Klettern Sie danach mit Hilfe von Fuß- und Handhalterungen auf der rechten Seite des Kamms längs und steigen Sie dann über einige schmale Leisten zum Col des Glaciers hinab.

Wenn Sie erst am Paß angekommen sind, liegen fast alle Schwierigkeiten hinter Ihnen. Klettern Sie nun auf dem Südhang unterhalb des Kamms weiter bis in 3130 Meter Höhe. Ab diesem Punkt verläuft der Kamm mehr nach rechts, also in nordwestlicher Richtung. Folgen Sie von hier bis zum Gipfel des Point Chausenque, der ca. 250 m entfernt und nur 65 m höher liegt. (Ca. 3 Stunden von der Hütte.)

Der Abstieg vom Pointe Chausenque zum Ossouegletscher und über den Gletscher zurück zur Hütte ist einfach.

Wenn Sie zum Gipfel des Pique Longue weitergehen wollen, steigen Sie einfach zum Ossouegletscher ab und gehen zum letzten Felskegel. Von dort aus bringt Sie eine kurze Kletterpartie in wenigen Minuten zum Gipfel.

Weitere Routen

Ein Berg in der Größenordnung des Vignemale ist von großem Interesse für abenteuerlustige Kletterer. Es gibt daher die verschiedensten Routen, die im folgenden zusammengefaßt werden.

Die ursprüngliche 'Touristenroute', die als die des Prince de la Moskowa bekannt wurde, ist eine Kletterpartie (AD inf.), der eine lange Wanderung auf den Südflanken des Aratals vorausgeht. Es ist eine Route, die ihre frühere Beliebtheit verloren hat, obwohl eine Wanderung durch das Aratal durchaus verlockend ist. (Siehe Route 27.)
An der Oulettes des Gaube-Hütte beginnen zwei Besteigungen, die nicht sonderlich schwierig sind, wie die an den Nordwänden: 1.) Die Route über den Couloir de Clot de la Hount, deren Schwierigkeit unterschiedlich eingestuft wird und auf der einige Strecken zwischen III und IV zu bewältigen sind. 2.) Die herrliche Kletterpartie auf den Arête de Gaube. Auch hierbei überquert man den Col des Ouletes. Diese Route ist relativ ungefährlich, vermittelt jedoch den Eindruck einer schwierigen Wanderung. (Ihr schwierigster Abschnitt ist mit III eingestuft.)
Die Nordseite des Pique Longue wurde 1933 zum ersten Mal bestiegen. Alle Routen (es gibt viele Strecken und Variationen) sind schwer zu bewältigen. Die Originalroute von 1933 wurde von H. Barrio und R. Bellocq ausfindig gemacht. Sie wird heute mit D sup. eingestuft und beinhaltet eine mühsame 800 Meter lange Strecke. Rechts der Originalroute befindet sich der klassische Nordpfeiler (ED), über den der Vignemale wahrscheinlich am häufigsten bestiegen wird. Künstliche Stufen erleichtern den Aufstieg, der 1965 von der Seilschaft Patrice de Bellefons zuerst ausgeführt wurde.
Zwischen dem Pique Longue und dem Pointe Chausenque ist der dreieckige Piton Carre eingekeilt, der über den Couloir de Gaube zu erreichen ist. Der daneben liegende Nordwestpfeiler des Pointe Chausenque ist eine ernsthafte Herausforderung. Der ansonsten eher einfach zu bewältigende Petit Vignemale kann über eine Reihe von Routen an seiner Nordwand sowie über seinen Nordwestpfeiler bestiegen werden.

Eine Wanderung durch das Vallée de Lutour

Ausgangspunkt: Réfuge des Oulettes de Gaube

Für diejenigen, die nach Cauterets absteigen wollen, ohne erst zur Pont d'Espagne zurückzukehren, ist diese Talwanderung eine gute Alternative zum Vallée de Gaube. Außerdem ist die Pont d'Espagne am Ende der beschriebenen Wanderung nach weiteren 3,5 km über die asphaltierte Straße leicht zu erreichen. Nehmen Sie bei der Oulettehütte den Pfad (Route 22), der nach Süden führt und sich um den Berg windet. Am Ende der Serpentinen teilt sich der Pfad. Folgen Sie dem zur Linken (Steinpyramiden), der durch Geröllfelder führt und unterhalb des Pic Arraille den Paß erreicht. Vom Paß aus haben Sie eine gute Sicht in das beeindruckende Hochtal. Folgen Sie nach der Überquerung des Col d'Arraille den Steinpyramiden über die Geröllhänge unterhalb des Nordostrückens des Pic Arraille. Steigen Sie dann in Kehren ab und queren Sie weitere über dem Tal gelegene Hänge. Nach einigen abwärts führenden Serpentinen gelangen Sie auf einen breiteren Weg, der Sie zu dem kleinen Lac d'Estom, den Sie vor sich sehen, bringt. Er führt zu einem kleinen Hotel, verläuft dann bis zu einer Brücke in der Nähe einer Ruine am linken Ufer eines Baches. Überqueren Sie den Bach auf der Brücke und gehen Sie weitere 3 km am rechten Ufer entlang. Das Tal ist sehr reizvoll, vor allem, wenn Sie die Berge, die es umgeben, betrachten. Am linken Ufer befindet sich ein Café, La Fruitière. Wenn Sie die Absicht haben, zur Pont d'Espagne weiter zu gehen, sollten Sie die Straße, die am Café endet, nehmen. Wer nach Cauterets möchte, kann auf dem Pfad am rechten Bachufer weitergehen. Er bringt Sie bei La Raillere auf die Straße nach Cauterets. (Ca. 4 – 4,5 Stunden von der Hütte bis La Raillere.)

Route 27. Wanderung durch das Aratal nach Ordesa

Ausgangspunkt: Réfuge des Oulettes de Gaube
Karten: Wie oben; zusätzlich Editoral Alpina 'Ordesa' und IGN 'Gavarnie' 1:50 000

Dies ist eine herrliche Wanderung durch ein wunderschönes, unbewohntes spanisches Tal, die den Kontrast der beiden Seiten der Pyrenäen deutlich widerspiegelt. Obwohl es ohne Frage die leichteste, schnellste bzw. naheliegendste Route von einem französischen Ausgangspunkt zum Nationalpark von Ordesa ist, ist es doch eine typische Bergwanderung. Sie ist lang, kann aber an einem Tag zurückgelegt werden. Das Aratal sollte man jedoch mit Muße durchwandern. Wenn Sie es in vollen Zügen genießen wollen, sollten Sie ein kleines Zelt und Vorräte für einige Tage mitnehmen und die Weideflächen ohne Blick auf die Uhr durchstreifen.

Überqueren Sie nach Verlassen der Hütte das Gletscherfeld und gehen Sie in südwestlicher Richtung auf das Geröllfeld am Fuß des Pic des Oulettes zu. Nehmen Sie den Pfad, der von hier aus links hinauf führt. Wenn Sie zu dem Bach gelangen, der von dem Hängetal auf der linken Seite herabfließt, gehen Sie an seinem Lauf entlang,. bis Sie bald zu Steinpyramiden und einem kaum erkennbaren Pfad gelangen. Er führt zum Col des Oulettes hoch, zu dessen Linken sich der Arête de Gaube erhebt. Von hier haben Sie eine großartige Sicht in alle Richtungen. (Ca. 1,5 – 2 Stunden von der Hütte.)

Auf der französischen Nationalparkkarte sieht es aus, als ob ein Wanderweg von der Westseite des Passes zum linken Ufer eines Baches führt. Lassen Sie sich nicht in die Irre führen. Steigen Sie vom Paß zum Bach, der durch eine Rinne fließt, hinab und begeben Sie sich an sein rechtes Ufer. Der Abstieg durch die Rinne ist nicht schwierig, obwohl sie streckenweise sehr steil ist. An ihrem Ende gehen Sie nach links und queren zunächst ein Geröllfeld und dann eine Wiese. Wenn Sie nun nach Süden weitergehen, liegt ein unberührtes Tal vor Ihnen, das darauf wartet, entdeckt zu werden. Es ist fast eine Überraschung, wenn Sie dann und wann eine Steinpyramide oder vage Spuren, die auf Menschen deuten, sehen.

Bleiben Sie am linken Araufer. Eine Zeitlang windet sich ein kaum erkennbarer Pfad um Felsvorsprünge und über kleine Hänge oberhalb des Ara. Hin und wieder überqueren Sie einen Seitenbach und kommen an überhängenden Felsgärten vorbei, die im Sprühnebel blühen. Dann verlieren Sie an Höhe, gelangen in das Talbett und erreichen so eine kleine abgegrenzte Fläche. Dort teilt sich der Bach in zwei Läufe, die sich stark voneinander unterscheiden. Die 'Einkesselung' wird im Süden von einer natürlichen Fels- und Steinbarrikade geschaffen.

Es ist ein ideales Gebiet zum Campen und kann weiter unten nicht schöner sein. Der restliche und größere Teil des Tales erstreckt sich auf der linken Bachseite. Der Bach fließt durch weite Weideflächen unterhalb der Südwest- und Südseite des Vignemale, steigt und fällt über kleine Hügel und läuft durch eine steile Schlucht, bis er schließlich die Baumgrenze erreicht.

Ca. 2 km vor Burajuelo und nachdem Sie etwa 2 km durch Mischwälder gewandert sind, gelangt der Pfad auf die Straße, die am Port de Gavarnie auf die von Gavarnie trifft. (Diese Straße wurde zu Napoleons Zeiten geplant, wurde aber bis heute nur bis zur blaugestrichenen Brücke gebaut. Der Bau des französischen Abschnittes dauerte fast ein Jahrzehnt. Vielleicht wird der spanische Teil in einer kürzeren Zeitspanne fertiggestellt.) Die Straße führt an das rechte Ufer des jetzt anschwellenden Baches und durch den kleinen Weiler Burajuelo (drei Gebäude und eine holperige Brücke). Kurz danach tritt sie in den Schatten der Wälder am Fuß der vom Wasser geschaffenen Felsschlucht. Nach weiteren 6 km erreicht die Straße die Brücke mit dem großartig klingenden Namen Puente de los Navarros. Der Ara fließt hier in der Nähe von Torla nach rechts. (Direkt vor dem Dorf, hinter dem Hotel Ordesa, befindet sich ein Campingplatz.) Zur Linken erstreckt sich die farbenprächtige Felsschlucht des Nationalparks von Ordesa. (Die Wanderzeit vom Col des Oulettes bis zur Brücke Puente de los Navarros beträgt fünf Stunden.)

Route 28. Mehrtägige Rundwanderung

Karten: siehe Route 27

Diese ausgedehnte Wanderung ist eine längere Alternative zu Route 27 und führt Sie zu einigen der schönsten Berge des Gebirgszugs. Außerdem verläuft sie durch herrliche Täler und überquert den wahrscheinlich bekanntesten Paß der Pyrenäen. Die Rundwanderung kann auf Hüttenübernachtungen und Campen aufgebaut werden. Was allerdings nicht möglich ist, — es sei denn, man ist ein rasender Supermann —, sie ausschließlich mit Hüttenübernachtungen durchzuführen. Schlagen Sie für die gesamte Beschreibung der verschiedenen Etappen die Routen nach, deren Nummern in Klammern angegeben sind.

Réfuge des Oulettes de Gaube – Col des Oulettes – Aratal – Ordesaschlucht (27) – Refugio de Goriz (39) – Brèche de Roland – Réfuge des Sarradets (40 in umgekehrter Richtung) – Gavarnie – Réfuge Bayssellance (21) – Réfuge des Oulettes de Gaube (22 in umgekehrter Richtung).

(Rechnen Sie mit einer Gesamtwanderzeit von vier bis fünf Tagen. Vorräte sind in Torla und Gavarnie erhältlich.)

Hochroutenverbindung Vom Vignemale nach Gavarnie

Karte: IGN Parc National des Pyrénées Nr. 3 'Gavarnie' 1: 25 000

Die 'offizielle' Hochroute umgeht Gavarnie, indem sie östlich des Vignemale zum Grenzkamm hinauf und an ihm längs zur Brèche de Roland-Hütte (Réfuge des Sarradets) führt. Von dort aus verläuft sie über den Hourquette d'Alans ins Aspetal und weiter nach Héas. Wer jedoch eine Hochwanderung durch die in diesem Führer enthaltenen Massive machen möchte, en route gehen will und erwartet, daß die Route zu Ortschaften führt, die mit der Bahn von Paris aus zu erreichen sind und in denen man die Möglichkeit hat, seine Vorräte aufzustocken und/oder andere Ausrüstungsgegenstände besorgen kann, sollte die folgende Etappe wählen. Es ist ein leicht zu bewältigender Tagesmarsch hinab nach Gavarnie.

Hochwanderweg 10
Von der Réfuge de Bayssellance nach Gavarnie

Der Weg von der Bayssellancehütte in das Tal ist schon sehr alt und wird oft benutzt. Er führt durch eine flache Rinne in südöstlicher Richtung abwärts und kommt bald in Sichtweite des Gipfels des Ossouegletschers. Lassen Sie den Weg, der zum Gletscher führt, liegen und gehen Sie weiter, um nach den drei Höhlen Russellls an Höhe zu verlieren. Kurz danach kommen Sie an der alten Gletschermoräne vorbei, umrunden einen Vorsprung und betreten einen kleinen Kessel, durch den mehrere Bäche fließen. Hier und überall auf dem Pfad liegt oft während des ganzen Sommers Schnee in großen Mengen. Beim Überqueren dieser Schneefelder ist Vorsicht geboten.

Der Pfad läuft auf eine hohe Felswand zu, während der Bach weit unten zur Linken fließt. Dann fällt er ab und kommt schließlich zu einer langen, flachen Ebene, auf der sich der Ossouedamm befindet, der seinen See am Ostufer staut. Überqueren Sie den Bach auf einem Steg und begeben Sie sich an das linke Seeufer, wodurch Sie die sumpfigste Fläche des Moors umgehen. Den Damm erreichen Sie nach ca. zwei Stunden, nachdem Sie die Hütte verlassen haben. Unterhalb des Damms führt ein unwegsamer Pfad nach Gavarnie. Nach einiger Zeit wird er begehbarer und leitet ohne besondere Schwierigkeiten durch das langgestreckte Ossouetal zum Nordende

des Dorfes. (Ca. vier Stunden von der Réfuge Bayssellance nach Gavarnie.)
In Gavarnie gibt es einige Hotels verschiedener Kategorien und traditionellere Gästehäuser. Ein Campingplatz befindet sich am rechten Ufer des Gave de Pau im Süden des Dorfes. Die Réfuge des Espuguettes liegt weitere zwei Wanderstunden entfernt auf dem Berghang im Osten.

Alternativer Hochwanderweg 10
Réfuge de Bayssellance – Réfuge des Sarradets

Diese Etappe ist lang und mühsam und bei schlechten Wetter nicht zu empfehlen. Sollte dies der Fall sein, nehmen Sie den Hochwanderweg 10 bis Gavarnie und dann Route 30 zur Réfuge des Sarradets über Echelle des Sarradets oder Route 29 direkt zur Réfuge des Espuguettes.
Folgen Sie Hochwanderweg 10 bis zu dem Weg, der unterhalb des Ossouedamms beginnt und begeben Sie sich dann über einen Steg ans rechte Bachufer. Folgen Sie dem Markierungen, die Sie in südlicher Richtung über die Wiesen führen. Der Weg führt hinauf zu einer Ebene, durch die sich Bäche winden, und zur Cabane de Lourdes, die zur Rechten liegt. Überqueren Sie südlich unterhalb der Hütte einen weiteren Bach auf einem Steg und schlagen Sie links den Weg ein, der den Hang umrundet. 1,5 Stunden nach dem Damm erreichen Sie das kleine Vallée de Sausse-dessus. Dort steht in Bachnähe die Cabane de Sausse-dessus (1900 m). Sie ist nur als Notunterkunft geeignet.
Verlassen Sie den PNP-Pfad und gehen Sie in südlicher Richtung am Bach entlang. Überqueren Sie ihn und steigen Sie über Grashänge in Hauptrichtung Pic des Ligades, der sich im Südosten erhebt. In einer Höhe von 2433 m erreichen Sie den Bergrücken südlich unterhalb des Pic des Ligades. Biegen Sie nach rechts und klettern den Bergrücken hinauf, was problemlos zu bewältigen ist und eine herrliche Aussicht ermöglicht. Besteigen Sie anschließend den Pic de Saint André (2608 m). Begeben Sie sich nun hinab zu einem kleinen Paß auf dem Grenzkamm und wandern Sie anschließend in südöstlicher Richtung am Kamm längs, wobei Sie mal an Höhe gewinnen, mal verlieren. So erreichen Sie den Port de Gavarnie – auch Col de Boucharo (2270 m) genannt – ein Straßenpaß, an dem Autos geparkt werden können. (Ca. sieben Stunden von der Réfuge Bayssellance.)
Der Pfad von der Schotterstraße zur Brèche de Roland-Hütte ist gut ausgetreten. Es besteht jedoch Steinschlaggefahr und darüberhinaus ist er oft verschneit. Nach einer langen und ermüdenden Tageswanderung, vor allem, wenn Sie einen schweren Rucksack tragen, sollten Sie sich diese Gefahren vergegenwärtigen. Folgen Sie dem Pfad, der in östlicher Richtung unterhalb der Nordseite des Le Taillon verläuft. Zunächst ist

er ziemlich flach und steigt dann hoch zum Col des Sarradets, unterhalb dessen die Hütte liegt. (Ca. acht Stunden von der Réfuge de Bayssellane. Einzelheiten zur Hütte finden Sie im Kapitel über Gavarnie.)

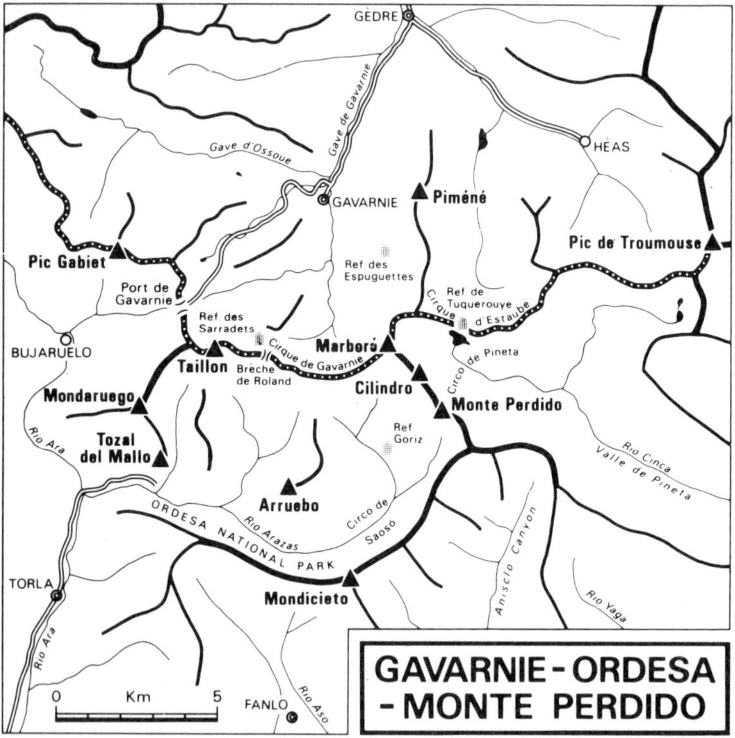

GAVARNIE - ORDESA - MONTE PERDIDO

Gavarnie

Lage: Südlich von Lourdes; bei den Quellflüssen des Gave de Pau
Karte: IGN Parc National des Pyrénées Nr.3 'Gavarnie' 1:25 000

Der Cirque de Gavarnie ist zweifellos die bekannteste Erscheinung der Pyrenäen. Während des ganzen Sommers kommen touristische Pilgergruppen von beachtlichem Ausmaß. Das Dorf am Anfang der Straße ist voll damit beschäftigt, die durchreisenden Besucher zu betreuen und die Ankömmlinge auf vermieteten Eseln, Ponys oder Maultieren zum Ende der Straße zu führen, von wo aus man einen vollkommeneren Blick in den Cirque und seinen Wasserfall hat.

Gavarnies Ruf erklärt sich durch die eindrucksvollen Wände seines Amphitheaters, die sich in einem Schwung über 3000 m über dem Talgrund erheben. Die Wände bestehen aus drei Felsreihen, die von zwei horizontalen Rängen aus Schnee und Eis unterteilt werden. Während der trockeneren Jahreszeit, von Juli bis September, sind auf ihnen zahlreiche Kletterpartien möglich, die jetzt auch im Winter Aufmerksamkeit erregen. Der obere Kamm bildet gleichzeitig die Grenze und verfügt über eine Reihe von Gipfeln, die über 3000 m hoch sind. Von Gavarnie aus gesehen sind es folgende Gipfel: die beiden Astazougipfel (3071 m und 3012 m), der höhere Pic du Marboré (3248 m) und die drei Pics de la Cascade (3161 m, 3095 m und 3073 m), die sich über einem Wasserfall, dessen Quelle jenseits der Grenze liegt, erheben. Dann kommt ein ziemlich flacher Abschnitt, der vom Tour du Marboré (3009 m) beendet wird. Westlich davon liegt der Casque du Marboré (3006 m) und dahinter die Brèche de Roland (von Gavarnie aus nicht zu sehen), die ein Tor nach Spanien bildet. Unterhalb und oberhalb der Brèche erhebt sich der eigentümliche pyramidenförmige Taillon (3144m).

Gavarnie ist für Bergbesteigungen aller Schwierigkeitsgrade ideal gelegen. Der durchschnittliche Bergsteiger, für den die Gipfel selbst wichtiger sind als spezifische Aufstiegsprobleme und schwierig zu bewältigende Hindernisse, kann zwischen einer Vielzahl von Gipfeln und Routen wählen. Der Wanderer kann sich an den Seitentälern erfreuen oder über die verschiedensten Routen zur Grenze gehen, wo er zu völlig andersartigen Grünflächen gelangt... Der weniger aktive Liebhaber schöner Landschaften, dessen Wünsche sich schon mit einem Glas Bier im Schatten eines großen Sonnenschirmes erfüllen lassen und der mit einer herrlichen Aussicht ohne vorangegangene Mühen zufrieden ist, findet in den Cafés des Dorfes genügend Gelegenheiten dazu.

Hütten

Die Gegend um Gavarnie verfügt über zwei Hütten: die *Réfuge des Espuguettes*, die letzte Errungenschaft des Nationalparks, die auf dem Plateau de Pailla östlich oberhalb des Tales steht und die sehr populäre *Réfuge des Sarradets* (CAF) unterhalb der Brèche de Roland. Am Südende des Dorfes, am rechten Ufer des Gave de Pau, befindet sich ein Campingplatz mit sanitären Anlagen.

Anstieg zur Réfuge des Espuguettes Route 29

Verlassen Sie Gavarnie auf dem Weg, der zum 'cirque' führt. Nach ca. 1 km geht der Weg über eine Steinbrücke, der Pont de Nadeau, zum rechten Bachufer. Auf der anderen Seite angelangt, nehmen Sie den Pfad, der in östlicher Richtung am Ufer eines flacheren Baches, der möglicherweise auch ausgetrocknet sein kann, verläuft. Dieser Pfad steigt zu den Weiden des Plateau de Pailla, auf dem eine Hütte steht, hoch. Der Pfad führt zu der Hütte, gewinnt anschließend in einer Nordwende an Höhe und kommt dann in südöstlicher Richtung zur Hütte zurück. (Ca. zwei Stunden von Gavarnie aus.) Die Réfuge des Espuguettes hat 56 Betten, ist gut ausgestattet und bietet ein herrliches Panorama.

Anstieg zur Réfuge des Sarradets Route 30. Über das Vallée de Pouey Aspe

Folgen Sie von der Kirche Gavarnies aus dem Pfad, der auf den Cirque zuläuft und auf den Westhängen über dem Tal an Höhe gewinnt. Der Blick auf die Terrace des Entortes, eine abschüssige Weidefläche am Anfang des Tales, durch das der Tourettes fließt, wird immer schöner. Nehmen Sie den Pfad, der Sie in südwestlicher Richtung ins Tal bringt. Gleich nach der Stelle, an der ein Seitenbach, der von der Südseite des Tales herfließt, einmündet, überqueren Sie den Hauptbach. Darauf steigen Sie in Serpentinen zu den unteren Grashängen. Wenn Sie in östlicher Richtung über ein Geröllfeld gehen, verschwindet der Pfad streckenweise und steigt dann auf der rechten Bachseite nochmals steil an. Nachdem er an Höhe gewonnen hat, gelangt er zu einem an-

Cirque de Gavarnie

deren, deutlich erkennbareren Pfad, der von rechts kommt. Schlagen Sie diesen links ein und gehen Sie über Schnee- und Geröllfelder unterhalb der Nordseite des Taillon zum Col des Sarradets, von dem aus man die eigentümlichen Falten des Cirque deutlich erkennen kann. Die Hütte liegt etwas unterhalb des Passes. (Ca. 3,5 Stunden von Gavarnie.)

Die Brèche de Roland-Hütte (2587 m) ist eine der bekanntesten des Gebirges und immer voll belegt. Sie bietet 60 Plätze und wird im Sommer bewirtschaftet. Mahlzeiten sind erhältlich.

Anstieg zur Réfuge des Sarradets
Route 31. Vom Port de Gavarnie (Port de Boucharo)

Stellen Sie Ihr Auto auf dem Parkplatz beim Paß ab und folgen Sie dem neugeschaffenen Pfad, der unterhalb des Taillon deutlich erkennbar nach Osten führt. Für ca. 2 km steigt der Pfad langsam das Tal hinauf. Danach wird er steiler und trifft auf einen schmaleren Pfad, der direkt vom Vallée de Pouey Aspe heraufkommt. (Siehe Route 30.) Kurz darauf erreichen Sie die Réfuge des Sarradets. (Ca 1,5 Stunden vom Paß aus.)

Anstieg zur Réfuge des Sarradets
Route 32. Über Echelle des Sarradets

Dieser Anstieg dauert etwas länger als der über das Pouey Aspe-Tal, vermittelt aber dafür einen umfassenderen Eindruck von den Wänden des Cirque. Dieser Hüttenanstieg gleicht eher denen in den Alpen als in den Pyrenäen. Wenn Sie früh aufbrechen, müssen Sie damit rechnen, inmitten der berittenen Prozessionen, des Geschreis und allem drum und dran zu wandern. Nehmen Sie bis zum Hotel de Cirque den Weg, der von Gavarnie aus in südlicher Richtung auf den Cirque zuläuft. Kurz nach dem Hotel geht ein Pfad nach rechts hinab, überquert den Bach auf einer Brücke und leitet zum südwestlichen Grund des Cirques. Steigen Sie über die gut ausgetretenen Felsstufen, die Sie zu Grashängen bringen. Gehen Sie dann durch das steil ansteigende Tal, das im Süden von den Felswänden des Pic des Sarradets eingegrenzt ist. Machen Sie hier Rast, um den prächtigen Blick über den Cirque zum Marboré und auf das funkelnde Band des Grande Cascade zu genießen. Ohne Schwierigkeiten steigt der Pfad west-

Cirque de Gavarnie. Links der 'Grande Cascade'

wärts durch das Sarradetal. Dann wendet er sich nach links und führt durch ein 'Tor' aus Fels. Anschließend erklimmt er eine Reihe von Terrassen, die Sie zur Hütte bringen. (Drei bis vier Stunden von Gavarnie)

Pic du Marboré (3248 m)
Route 33: Normalroute via Brèche de Roland

Schwierigkeitsgrad: F sup.
Ausgangspunkt: Réfuge des Sarradets (2587 m)

Der Marboré ist der höchste der Gipfel des Cirque de Gavarnie, diese Route führt Sie durch eine eindrucksvoll dramatische Landschaft. Klettern Sie nach Verlassen der Hütte durch die Brèche de Roland nach Spanien hinüber. Wenden Sie sich nach rechts und folgen Sie dem abwärtsverlaufenden Pfad unterhalb der Wände des Le Casque. Überqueren Sie das Gelände mit den Stahlstangen und steigen Sie ab, bis Sie den Col des Isards — den nicht zu verwechselnden Sattel zur Linken — sehen. Überschreiten Sie ihn, möglicherweise ist er schneebedeckt, und folgen Sie dem Pfad zu der breiten Terrasse, die östlich des Passes über die Südhänge des Tour de Marboré ragt. Gehen Sie weiter, bis eine Steinpyramide Sie zu einem kurzen Kamin zur Linken führt. Erklimmen Sie den Kamin ohne Probleme an seiner linken Wand! An der Öffnung gelangt er an eine Terrasse. Wenden Sie sich nach rechts und gehen Sie in östlicher Richtung über die Terrasse. Dann begeben Sie sich nach links zum Kamm des Cirque de Gavarnie, dem Sie bis zum Col de la Cascade, der direkt vor L'Epaule liegt, folgen.

Steinpyramiden kennzeichnen einen Pfad, der nach Osten auf den Cilindro zuläuft. Folgen Sie ihm, wenden Sie sich aber ungefähr nach der halben Wegstrecke zwischen dem Col und der Südseite des Cilindro nach links. Gehen Sie längs des Hanges, der von Geröll und Schneefeldern bedeckt ist. Steigen Sie dann die kahlen Südhänge de Pic du Marboré in nordnordwestlicher Richtung hinauf. Der Gipfel ist ohne Schwierigkeiten zu erreichen. Von hieraus können Sie eine weite und abwechslungsreiche Landschaft überblicken (ca. 3,5 Stunden von der Hütte).

Tour du Marboré (3009 m)
Route 34: Normale Route über die Brèche de Roland

Schwierigkeitsgrat: F
Ausgangspunkt: Réfuge des Sarradets

Der Tour du Marboré ist in der Silhouette des Cirque eher ein Klotz als ein Gipfel. Die Wanderung beginnt man normalerweise an der Brèche-Hütte, sie kann aber auch als Ausflug von Gavarnie selbst unternommen werden.

Nehmen sie wie für die Besteigung des Pic du Marboré Route 33 zur Hand. Biegen Sie jedoch dort, wo der Pfad im Osten des Tour am Rande des Cirque eintrifft, links ab. Gehen Sie am Felskamm längs nach Osten. Ständig ansteigend führt Sie der Weg mit Leichtigkeit auf den Gipfel (ca. 2,5 Std. von der Hütte).

Casque du Marboré
Route 35: über die Brèche de Roland

Schwierigkeitsgrad: F
Ausgangspunkt: Réfuge des Sarradets

Im Casque liegt die Brèche de Roland, die seine linke (südöstliche) Wand bildet. Die Besteigung über diese Route ist eine der leichtesten auf die Dreitausender, die von der Sarradets-Hütte angegangen werden.
Gehen Sie nach Verlassen der Hütte durch die Brèche de Roland und folgen Sie Route 33. Nachdem Sie an der Südwand des Casque längs gegangen sind und auf die Hänge zwischen ihm und dem Tour du Marboré gelangt sind, wenden Sie sich nach links. Klettern Sie unterhalb des Gipfels über unwegsame Schnee- und Geröllfelder. Über Felsen kommen Sie schließlich zum Gipfel, der zu Ihrer Rechten liegt (ca. 2 Std. von der Hütte).

Pic du Taillon
Route 36: Üblicher Weg über die Brèche de Roland

Ausgangspunkt: Réfuge des Sarradets

Der Pic du Taillon ist angeblich der am leichtesten zu bewältigende Dreitausender der Pyrenäen. Seine Besteigung über die beschriebene Route ist kaum schwieriger als eine Bergwanderung in höheren Regionen. Aufgrund der herrlichen Gipfelaussicht ist sie in jedem Falle empfehlenswert. Sie zählt zu den schönsten in diesem Teil des Gebirges.
Steigen Sie zur Brèche hinauf und durchklettern Sie sie auf dem schmalen Pfad an Ihrer Rechten, der zur sog. 'falschen' Brèche führt. Dies ist eine unverkennbar deutliche Spalte in der steilen Wand, die von einem einzigen Pfeiler, *Doigt* genannt, begrenzt wird. Begeben Sie sich auf die nördliche Seite der Spalte und halten Sie sich erneut in westlicher Richtung. Der Weg leitet am problemlosen Ostkamm zum Gipfel. (Ca. 2 Std. von der Hütte).
Die Aussicht ist ungehindert von den Bergen der Umgebung. Der Vignemale beherrscht die Szenerie im Nordwesten, sein Gletscher funkelt im Sonnenlicht. Im Osten zeichnen sich deutlich die Gipfel des Cirque de Gavarnie ab und sowohl der Cilindro, als auch die Gipfel der Monte Perdido machen einen überwältigenden Eindruck.

Piméné
Route 37: Normalanstieg aus südlicher Richtung

Schwierigkeitsgrad: F
Ausgangspunkt: Réfuge des Espuguettes (2027 m)

Der Piméné ist ein weiterer leicht zu bewältigender Gipfel, der ein herrliches Panorama ermöglicht. Obwohl er im Vergleich zu den Gipfeln des Cirque de Gavarnie eher unscheinbar ist, lohnt es sich doch, ihn zu besteigen. Von seiner Spitze aus hat man nicht nur einen großartigen Ausblick auf den Cirque de Gavarnie, auch der Cirque d'Estaube und der Monte Perdido liegen in Sichtweite. Außerdem gleißt die Sonne am Horizont über Spanien auf den ausgedehnten Schnee- und Eisfeldern.

Der Pfad führt in östlicher Richtung von der Hütte zum Bergrükken. An einer Weggabelung nehmen Sie den Pfad, der nach links, d.h. Nordwesten abgeht. In Serpentinen gelangen Sie auf den Bergkamm. Begeben Sie sich auf seine Ostseite, unterhalb der das Estaube-Tal liegt. Setzen Sie Ihren Weg in nördlicher Richtung unterhalb der Kammhöhe fort. Bald ist der Petit Piméné (2667 m) erreicht, dessen Nordkamm die Besteigung des Gipfels des Piméné ermöglicht. (2 Std. von der Réfuge des Espuguettes).

Weitere Routen

Wie schon erwähnt, bieten die Felswände des Cirque de Gavarnie zahlreiche Herausforderungen für unternehmungslustige Felsspezialisten und Freeclimber. An der Nordseite des Tour du Marboré ist eine schwierige 400 Meter lange Kletterpartie vom Schwierigkeitsgrat ED zu bewältigen. Sie wurde erstmals im September 1956 von Dufourmantelle und Jean Ravier durchgeführt. Sechzehn Jahre später folgte die erste Winterbesteigung.

Der Taillot, dieser herrliche Aussichtspunkt und leicht zu erklimmende Pyramide ermöglicht an seiner Nordwand einen großartigen und gleichzeitg anspruchsvollen Winteraufstieg. Der Pic du Marboré auf der anderen Seite des Cirque kann von mehreren Flanken aus bestiegen werden. Eine lange Kletterpartie (1600 m) führt längs des Grand Cascade, um dann über den Arete Passet den Gipfel zu erreichen. Diese Route wird allgemein mit D sup.

eingestuft. Allerdings sind einige Steilabfälle vom Leistungsniveau IV zu bewältigen. Wenn das Wetter mitspielt, hält der Couloir Nord eine herrliche Eiswanderung bereit.
Die Gipfel des Astazou haben ihre eigenen spezifischen Fels- und Eisproblematiken, vor allem aber der Couloir Swan. Er ist nach Françis Swan (ein Freund Russels) benannt, der ihn, von Henri Passet geführt, zum ersten Male erklomm. Der Couloir Swan liegt auf der Astazouwand zwischen dem Grand und dem Petit Pic. Der beste Ausgangspunkt für diese Besteigung ist die Espuguettes-Hütte.
Hinter der Réfuge des Sarradets erhebt sich der Pic des Sarradets (2741 m). An Sommerabenden kann man ganze Gruppen über seine Felsen schwärmen sehen. Nirgendwo sonst in den Pyrenäen sind soviele Kletterer zu beobachten. Die Routen sind bis zu 150 Meter lang und vom Schwierigkeitsgrad her sehr unterschiedlich.
In Robert Olliviers Führer finden Sie detaillierte Routenbeschreibungen auf die Gipfel von Gavarnie.

Route 38: Eine Grenzüberschreitung von Gavarnie ins Pineta-Tal via Brèche de Tuquerouye

Ausgangspunkt: Réfuge des Espuguettes
Ausrüstung: Eispickel, Steigeisen, Seil
Karten: wie oben, zusätzlich jedoch die Editorial Alpina, 'Ordesa' 1:40.000

Die im folgenden beschriebene Route kann als eigenständige Wanderung durchgeführt werden, aber auch als Teil einer Rundwanderung um die Gavarnie-Gipfel mit anderen Routen verknüpft werden. Schließlich bietet sie sich als erste Etappe einer ausgedehnten Pyrenäenwanderung an.
Sie führt sie in eine außergewöhnlich schöne Gebirgslandschaft. Streckenweise fordert sie viel Energie und Kräfte, ermöglicht dafür aber phantastische Rundblicke. Sie steigt ca. 700 Meter bergauf und 1500 Meter talwärts hinab. Üblicherweise wird die Route durch eine Übernachtung in der spartanisch ausgestatteten Réfuge de Tuquerouye unterbrochen.
Wählen Sie den Pfad, der in östlicher Richtung von der Schutzhütte wegführt. Es ist der gleiche Pfad, auf dem Sie die Besteigung des Piméné beginnen. An der Gabelung halten Sie sich jedoch auf

dem Pfad zu Ihrer Rechten, der sich unterhalb des Pic Rouge de Pailla windet, dann nach links aufsteigt und den Hourquette d'Alans (2430 m) überquert. Auf der Ostseite des Passes verliert der Pfad an Höhe, biegt aber an der Gabelung nach rechts (Süden) ab und steigt nach und nach an der Westwand des Cirque d'Estaube hinauf.

Steinpyramiden leiten Sie zu der Stelle, an der ein unscheinbarer Pfad nach rechts zu einer breiten Rinne an der Ostseite des Bonne de Tuquerouye hinaufsteigt. Für den Aufstieg durch die Rinne, die zum Gipfel hin steiler wird, benötigen Sie Steigeisen. Nach ungefähr 300 Metern öffnet sich die Rinne zur Brèche de Tuquerouye, wo die kleine Hütte steht.

Die Aussicht von der Brèche ist eine angemessene Belohnung für die anstrengende Kraxelei, die der Aufstieg mit sich brachte. Darüber erhebt sich der Monte Perdido, dessen Eisstürze und Felsreihen die Landschaft beherrschen. Sie befinden sich auf der Route, die Ramond auf seinen frühen Erkundungstouren entdeckte und 1797 mit der Erstüberschreitung der Brèche krönte. Auch die Hütte, so einfach sie erscheinen mag, stellt eine Verbindung zur Vergangenheit her. Sie wurde 1890 vom CAF errichtet und war die erste Berghütte in den Pyrenäen.

Steigen Sie vom Paß zum Westufer des zumeist halbzugefrorenen Lac Glacé (span. Lago Helado de Marmoré) hinab. Wenden Sie sich dann nach links und folgen Sie den angedeuteten Steinpyramiden in südlicher Richtung über das Geröllfeld. Etwa einen Kilometer vom See entfernt macht der Pfad auf den Terrassen des Balcon de Pineta eine scharfe Linkskurve und steigt in Serpentinen auf den Terrassen der Westseite des Circo de Pineta ab. (Ca. 7 – 8 Std. von der Réfuge des Espuguettes bis zum oberen Ende des Pineta-Tales, je nach Zustand der Rinne, die zur Brèche de Tuquerouye führt).

Ordesa

Lage: In Spanien, südlich des Cirque de Gavarnie
Karte: Editorial Alpina 'Parc National del Vallee de Ordesa' 1:40.000

Die Felsschlucht, die von dem wilden Arazas südwestlich des Monte Perdido geschaffen wurde, zählt zu den Glanzlichtern der Pyrenäen. Der tiefere Abschnitt ist unter einem majestätischen Wald von Pinien, Silbertannen und Buchen verborgen. Ihre weiten Wiesen sind von einer Vielzahl alpiner Pflanzen überflutet. Die Schluchtwände sind ein natürlicher Nistplatz für Nachtigallen, Lämmergeier, Alpensegler, wilde Felstauben und viele andere Vögel.
Die großartigste Erscheinung ist jedoch die Bergstruktur: wildgefärbte, burgartige Felsen, aufstrebende Wände und dunkle, geheimnisvolle Schluchten, ockerfarbene, anziehende Amphitheater und kahle, eisame Bergspitzen, die an die Dolomiten erinnern. Es ist ein Wanderparadies und eine Versuchung für alle, die die Herausforderung vertikaler Wände lieben. *„Läge der Arezas in den Alpen, wäre er aufgrund der einzigartigen und kontrastreichen Schönheit seiner Bäume und Felsen und seiner Klettermöglichkeiten zu einem Zentrum geworden!"* Dies schrieb 1913 ein führender englischer Bergsteiger nach seinem Aufenthalt in Ordesa. Heute bestehen nur wenig mehr Klettermöglichkeiten als vor sechzig Jahren, was jedoch ein Verdienst des Nationalparks ist. Die Felsen sind weiterhin unberührt und die Wälder, obwohl sich einige Kilometer Fußpfad in ihnen verbergen, scheinen ebenso unangetastet. Die Zugeständnisse an den Tourismus wurden streng begrenzt. Obwohl bereits Ramond die Schönheit des Arazas-Tales entdeckte, mußte Charles Packe sie in den frühen sechziger Jahren des neunzehnten Jahrhunderts wiederentdecken. Packe war kein Mann von großen Worten, es ist jedoch nicht schwer, seine Begeisterung über den Abstieg aus der Schlucht aus den Zeilen herauszulesen: *„... wirklich großartig ist die Wanderung ins Tal hinab. Zuerst sahen wir mehrere Wasserfälle,... dann kamen die majestätischen Wände, ... die sich über den Wäldern erhoben, die rötlichen Gipfel und Bastionen, die wie Burgzinnen tausend Meter hoch über die Bäume ragten und schneebedeckt waren."* Angesichts des Ansturms, dem diese Berge und Täler in den letzten Jahren ausgesetzt sind, ist es erstaunlich, wie unberührt das Tal des Arazas heute noch erscheint.

Hütten

In der Nähe von Ordesa befindet sich nur eine Hütte, diese ist als Ausgangspunkt für Kletterpartien an den Schluchtwänden ungeeignet. Die *Refugio de Goriz* (2170 m) liegt in einer öden Landschaft am Fuße der Südwestabhänge des Monte Perdido und oberhalb des Circo de Soaso. Die Hütte wurde 1963 vom FEM eröffnet und ist gewöhnlich Ausgangspunkt für Besteigungen des Perdido, des Cilindro, des Marboré, etc.

Anmerkung

Zelten ist im Nationalpark von Ordesa verboten und in der Nähe der Goriz-Hütte (französisch Réfuge de Gaulis) schwierig. Die Übernachtungsmöglichkeiten sind daher ziemlich beschränkt. In Torla, das vom Parkplatz von Ordesa aus gesehen 10 km talwärts liegt, sind jedoch verschiedene Gästehäuser, Pensionen und Hotels, sowie ein empfehlenswerter Campingplatz vorhanden. Er liegt eineinhalb Kilometer oberhalb des Dorfes hinter dem Hotel Ordesa.

Anstieg zur Refugio de Goriz
Route 39: Durch die Felsschlucht von Ordesa

Vom Poutalet-Paß, den man üblicherweise auswählt, wenn man von Frankreich einreist, gelangt man oberhalb Brotos auf die C 138. Sie verläuft oberhalb des Ara talaufwärts und führt über Torla nach Ordesa. Die Straße steigt durch die unteren Wälder an und endet an einem Parkplatz. Hier befindet sich ein Restaurant, das bei spanischen Urlaubern sehr beliebt ist.

Vom östlichen Ende des Parkplatzes verläuft ein deutlich erkennbarer Pfad durch duftendes Gestrüpp und Buschwerk, Grasflächen tauchen auf. Er bleibt am rechten Flußufer, meist jedoch etwas von ihm entfernt und läuft durch die Mischwälder auf eine dunkle Schlucht zu. Zur Linken liegt die turmähnliche Fraucata-Flanke des Monte Arruebo, die den Anfang des Circo de Cotatuero markiert. Dahinter sieht man das fast halluzinierende Profil des Tozal del Mallo. Jenseits der Schlucht breitet sich der lange Wall der Sierra de las Cutas abgeflacht in beide Richtungen aus.

Setzen Sie Ihren Weg auf dem

Ordesa von Torla aus gesehen; Blick auf den Mondarruego (2848 m)

Pfad fort, der die Wälder in östlicher Richtung ansteigt und in Hörnähe der Wasserfälle verläuft. Sie sind nur selten zu sehen, am Ende des Steilanstiegs wartet auf Sie jedoch das Spektakel des Gipfelfalls der Cascada Frachinal. Es sind großartige Fälle, die für die Landschaftsverformung bis weit unten ins westlich verlaufende Tal verantwortlich sind. Die Aussicht auf Wälder und Täler ist von hier oben mehr als nur Belohnung für den Aufstieg. Der Pfad steigt noch etwas an und gelangt dann aus dem Wald heraus auf die Ebenen der oberen Talterrassen.

Über friedlich liegendes Alm- und Weideland erreichen Sie eine Felslandschaft, über die der Pfad links einer herrlichen Gruppe von Wasserfällen, den Las Gradas, hinaufsteigt. Der Bach stürzt hier über breite Stufen, die von Moos und Pinien gesäumt werden. Der höchste Punkt dieses Abschnitts sind die letzten Wiesen unterhalb des Circo de Soaso, über die sich wuchtig der Perdido links des Sum de Ramond erhebt. Am oberen Talende überquert der Pfad einen Bach und steigt in steilen Serpentinen zur Kalksteinwand des Cirque hinauf. Nachdem er schnell an Höhe gewonnen hat, nimmt der Pfad eine nördliche

Richtung ein, die vom Cirque wegführt, gelangt aber schließlich in nordwestlicher Richtung doch zur Hütte. (Ca. 3 1/2 bis 4 Stunden vom Parkplatz)

Anstieg zur Refugio de Goriz
Route 40: Von der Réfuge des Sarradets via Brèche de Roland

Dies ist die übliche Aufstiegsroute zur Gorizhütte und wird von vielen Sommergästen in diesem Teil der Pyrenäen gewählt. Sie führt vorbei am Eingang der Eishöhle, die von Norbert Casteret entdeckt wurde und seinen Namen trägt (vgl. Sie auch den Klassiker 'Zehn Jahre unter der Erde' zu dem Thema der Speläologie). Die Landschaft, durch die die Route verläuft, mutet jedoch oftmals trostlos und öde an. Weiter unten wird sie dann allerdings ansprechender.

Klettern Sie von der Hütte aus in südlicher Richtung zum kleinen Glacier de la Brèche hinauf, durchqueren die Brèche de Roland und begeben sich nach links auf den abwärtsführenden Pfad, der auf die Wand des Casque zuläuft. Der Pfad verengt sich nach kurzer Zeit und führt direkt zur Wand, wo ein Stahlseil bei dem schwierigen Abstieg behilflich ist. Sie überqueren anschließend einen steilen Geröllhang, ehe in östlicher Richtung ein Schlachtfeld aus Kalksteinbrocken auftaucht. Den Col des Isards lassen Sie dabei links liegen. Der Pfad (Steinpyramiden) kommt kurz danach am unteren Eingang der Grotte Casteret, die Sie linkerhand einsehen können, vorbei.

Der Weg umkurvt die Hänge des Pico Anonimo in südöstlicher Richtung. Zu seiner Rechten erhebt sich der Gipfel des Circo de Cotatuero, unterhalb dessen Ordesa liegt. Nachdem Sie den Collado del Descargador passiert haben, gelangen Sie in die große, wüstenartige Öde der Plana de San Ferlus. Überqueren Sie den Bach, der in den Cotatuero mündet und steigen Sie wieder hinauf zum Cuello de Millaris (2467 m). Gehen Sie jetzt auf dem Pfad, der unterhalb der weißen Kalksteinfelsen des Faja Luenga verläuft und Sie zu den Hängen des Cilindro und Perdido bringt. Die Goriz-Hütte ist rasch in Sichtweite. (2,5 Std. von der Réfuge des Sarradets).

Wanderweg von Gavarnie nach Ordesa
Route 41: Über den Port de Gavarnie (Port Boucharo)

Fahren Sie auf der gebührenpflichtigen Straße, die am Nordende des Dorfes beginnt, zum Port de Gavarnie. Am Paß befindet sich ein Parkplatz.
Sind Sie zu Fuß unterwegs, verlassen Sie Gavarnie auf dem Pfad, der an der Kirche beginnt und zunächst in südlicher Richtung auf den Westhängen des steilen Berghanges verläuft. Von dem Grashügel am Beginn des Tales, auf dem der Tourette herabfließt, haben Sie einen großartigen Blick auf den Cirque de Gavarnie. Setzen Sie Ihren Weg nach rechts ins Vallée de Pouey Aspe fort und bleiben Sie am rechten Ufer des Baches, der durch das Tal fließt. So gelangen Sie allmählich aufwärts zum Port de Gavarnie (ca. 3 Stunden von Gavarnie bis zum Paß).
Der Pfad steigt ohne Schwierigkeiten in westlicher Richtung auf die spanische Seite hinab. Wandern Sie durch ein breites Tal, durch das der Lapoza fließt und folgen Sie ihm zunächst am rechten Ufer, nach 2 km dann dem linken. Nach weiteren 3 km erreichen Sie den Ara, den Sie über die alte, holprige Brücke bei Bujaruelo überqueren (San Nicolas de Bujaruelo). Hier stoßen Sie auf den vom Col des Oulettes kommenden Weg (siehe Route 27; vom Port de Gavarnie bis zum Parkplatz in Ordesa sind es 4 bis 4,5 Std.).

Circo de Cotatuero
Route 42: Aufstieg von Ordesa

Schwierigkeitsgrat: PD
Ausgangspunkt: Parkplatz im Nationalpark Ordesa

Gehen Sie vom Parkplatz aus auf dem Hauptpfad, der durch das Gestrüpp führt, talaufwärts. Kurz vor dem von links kommenden Cotatuero biegt ein Pfad nach links ab und leitet unter Bäumen hinauf zum Cirque. Folgen Sie diesem Pfad, der über dem rechten Bachufer an Höhe gewinnt und eine Zeitlang durch die Wälder verläuft. Über leicht zu bewältigende Felsen gelangen Sie dann zu einem breiten Gesims. Durch einen einfachen Kamin klettern Sie zu einem weiteren flachen Gesims, auf dem Sie rechts entlanglaufen. Oben gelangen Sie an eine Stelle, an der einige Eisenhaken angebracht wurden, die das Erklimmen einer zweiten

Terrasse, die Sie horizontal überqueren müssen, erleichtern. Hierbei helfen wieder alte, diesmal aber sichere Haken, die sich dort seit fast einem Jahrhundert befinden.

Es ist ein dramatischer Aufstieg inmitten einer imposanten Umgebung. Der Pfad führt fast bis zur Quelle des wunderschönen Wasserfalls. Von dieser majestätischen Position aus haben Sie eine außergewöhnlich schöne Aussicht. Schon allein des Panoramas wegen lohnen die Mühen des Aufstiegs (rechnen Sie mit 2 bis 2 1/2 Stunden vom Parkplatz aus).

Faja de Pelay
Route 43

Eine reizvolle Bergwanderung, die an der Südwand der Felsschlucht entlangläuft.
Ausgangspunkt: Parkplatz im Nationalpark Ordesa

Überqueren Sie kurz nach dem Ende der Straße den Arazas auf einem Steg und folgen Sie dem Pfad, der auf die steile Südwand des Tals zuläuft. Den Hauptpfad, der am Bach entlang verläuft, lassen Sie bitte außer acht. Von unten sieht es so aus, als könne man die Wand nicht ohne spezielle Bergsteigerkenntnisse oder Ausrüstung erklimmen. Doch der Pfad steigt in steilen Serpentinen aufwärts und kommt fast 600 Meter über dem Bach an einem Gesims zum Vorschein (er trifft hier auf einen anderen, von rechts von der 'Brücke der Männer von Navarra' kommenden).

Wenden Sie sich nach links und folgen Sie dem Pfad längs dieser dramatischen Überquerung, wobei Sie in ca. 1900 Metern Höhe unterhalb der letzten Gipfel der Wand bleiben. Die Aussicht ist durchweg atemberaubend. Jenseits des Tals schauen Sie in den Circo de Cotatuero, talwärts blikken Sie auf den eindrucksvollen Tozal del Mallo. Die Talsenken sind vor allem im Frühherbst farbenprächtig. Die Wanderung setzt sich erst nach Osten, dann nach Nordosten fort, wobei sich die Grenzgipfel des Cirque de Gavarnie über das gestaltlose Gebiet der Kalksteinöden von Tabacol erheben. Darüber zieht sich der Monte Perdido über dem massiven Sum de Ramond gen Himmel.

Diese phantastische Überquerung der Felsschlucht ist ca. 8 km lang. Nach zwei bis drei Kilometern, vom oberen Talende aus berechnet, beginnt der Pfad seinen steten Abstieg und endet in den flachen Niederungen und Wiesen — ein Paradies nicht nur für Botaniker — unterhalb des Cirque. Kehren Sie talwärts auf dem Pfad, der am rechten Ufer des Arazas entlangführt, zum Parkplatz zurück, was eine herrliche, eigenständige Wanderung ist (übrigens die Umkehrung der Wanderung von Route 39). Insgesamt müssen Sie mit fünf bis sechs Stunden Wanderzeit rechnen.

Felsklettern mit und ohne Seil

Die gewaltigen Felsen, die die Schluchtwände formen, sind nicht völlig erkundet. Zweifellos kann ein Entdeckerteam sinnvolle Ferien damit verbringen, neue Aufstiegsmöglichkeiten auf jede erdenkliche Wand zu suchen. Die gewaltige Wand des Mondarruego (2848 m), die bis zu den unteren Ebenen des Ara-Tals herabreicht, verfügt über eine sehr anspruchsvolle vierhundert Meter lange Passage, während der Tozal des Mallo einige Streckenführungen an seiner Südflanke aufweist. Diese Wand wurde erstmals 1950 bezwungen und hat sowohl bei den spanischen wie französischen Bergsteigern große Aufmerksamkeit erregt. Doug Scott, Ray Gillies, und Dave Marriott meisterten die erste britische Besteigung, allerdings von einem anderen Ausgangspunkt als dem der ‘spanischen’ Route. Alle Strecken auf der Wand wurden mit ED eingestuft, über dem westlichen Zugang des Circo de Cotatuero erhebt sich der Punta Gallinero, ein weiterer hochstrebender Turm des Schwierigkeitsgrades ED. Doch dies sind nur einige Wände, die die Aufmerksamkeit führender Bergsteiger und Freeclimber auf sich gezogen haben. Ordesa ist ein Kalksteingebiet mit einem gewaltigen Sportpotential, das in den Pyrenäen seinesgleichen sucht.

Monte Perdido

Lage: Am Ende der Felsschlucht von Ordesa, oberhalb des Circo de Soaso; auch über das Pineta-Tal zu erreichen.

Karte: Editorial Alpina 'Parque Nacional del Valle de Ordesa', 1:40.000

Der Monte Perdido ist der 'verlorene' Berg der Pyrenäen. Es ist ein gewaltiges Kalksteinmassiv, der dritthöchste Berg des gesamten Gebirgszuges. Trotz seiner beachtlichen Ausmaße ist er von den Wiesen der oberen Region der Felsschlucht von Ordesa aus betrachtet ein einzelner, unscheinbarer Gipfel. Seine Nordostseite, die sich über dem Pineta-Tal erhebt, wirkt völlig anders. Von dort sieht man den wuchtigen Perdido in seinem besten Licht. Gletscherbänke werden von Reihen funkelnder Seracs und zerfurchten Felsrippen unterbrochen, die zum herrlichen Gipfel hinaufführen. Der Aufstieg von Norden hält das Versprechen einer solchen Szenerie.
Der Perdido hat keine großen Felswände und sein Gletscher hat von seinem früheren Glanz und der Größe her beträchtlich eingebüßt. Er ist aber noch immer ein Berg, der reizvolle Routen verschiedenen Standards anbietet. Es gibt eine schöne, vom Schwierigkeitsgrad her unterschiedliche Strecke von 900 Metern Länge an seiner Nordseite. Über die steilen Felshänge des Ostkamms gibt es eine erst kürzlich entdeckte Besteigungsvariante, die mit D sup. eingestuft ist.
Ramond de Carbonniere sah während seiner Expedition im Jahre 1787 als Erster den verlorenen Gesellen. Zehn Jahre später unternahm er zwei weitere Versuche, die scheiterten. Der Aufstieg schlug fehl. Als er im Jahre 1802 zurückkehrte, beauftragte er die beiden Einheimischen Laurens und Rondou, eine Route ausfindig zu machen. Sie schafften es in ihrem Übermut tatsächlich, den Gipfel zu stürmen, und wiederholten die Tour nur Tage später in Begleitung Ramonds.

Monte Perdido (3355 m)
Route 44: Vom Südwesten

Schwierigkeitsgrad: F
Ausrüstung: Steigeisen, Eispickel
Ausgangspunkt: Refugio de Goriz, die Anstiegsrouten zur Hütte finden Sie weiter oben (Routen 39 und 40). Zelten bringt Probleme mit sich.

Monte Perdido – Nordost-Seite

Steigen Sie von der Hütte aus in nördlicher Richtung aufwärts und halten Sie sich am linken Ufer des Goriz. Klettern Sie über grüne Terrassen und Felsbänder (Wegmarkierung durch Steinpyramiden), die auf die Schneefelder und Felshänge zulaufen. Ohne Schwierigkeiten erreichen Sie einen kleinen, teilweise zugefrorenen Bergsee, den Lago Helado, der direkt unterhalb der Steilwand des Cilindro liegt. Von hier aus sieht der Monte Perdido völlig anders aus und zeigt seine Überlegenheit über die Nachbarberge.

Gehen Sie rechts (südöstlich) vom See weg und in Richtung des steilen Schneeabhangs. Bleiben Sie dabei etwas rechts vom Zentrum des Hangs, wo eine breite, offene Rinne vom Gipfel herunterläuft. Wenn wenig Schnee liegt, nehmen Sie die schönere Route auf dem Pfad am rechten Seeufer. Diese Rinne wird zum Gipfel hin immer steiler und endet an einem breiten Sattel, von dem ein schneebedeckter Kamm (teils mit Geröll bedeckt) rechts bergaufführt. Über diesen Kamm gelangen Sie direkt zum Gipfel (ca. 3,5 bis 4 Std. von der Hütte). Den Gipfel schmückt ein großes Kreuz. Die Aussichten sind großartig und dennoch sehr unterschiedlich. Gleich im Südosten ziehen die Felsspitzen des Sum de Ramond das Auge auf die herrlichen Tiefen des Pineta-Tals und weiter zu den entfernten Schneefeldern des Posets. Der Schatten der Anisclos-Schlucht zeichnet sich im Süden deutlich ab. Die Hochebenen der Schlucht von Ordesa sind weit unten im Süden deutlich sichtbar. Die Kalksteinwüste des Hochlandes zwischen Ordesa und den Grenzgipfeln ist fast so deprimierend wie die Wüste Gobi. Die französischen Gipfel hingegen leuchten im Nordwesten angeführt vom alles überragenden Vignemale in allen Farben und Nuancen.

Monte Perdido
Route 45: von Norden

Schwierigkeitsgrad: PD
Ein langer, aber lohnender Aufstieg!
Ausrüstung: Steigeisen, Eispickel, Seil
Ausgangspunkt: Campingfläche im Pineta-Tal. Es gibt keinen offiziellen Zeltplatz. In den weiten, flachen Wiesen am Ende des Tales, fast direkt gegenüber dem Hotel Parador auf der rechten Seite des Cinca, ist Zelten jedoch offiziell gestattet.

Ein befahrbarer Weg, der nicht auf der Editorial Alpina-Landkarte eingetragen ist, führt am rechten Flußufer talwärts. Folgen Sie ihm ca. 45 Minuten, ehe an einem prächtig gelegenen Wasserfall eine Brücke zu überqueren ist. Etwa 200 Meter weiter zeigt eine Steinpyramide auf der linken Straßenseite den Beginn des Pfades an. Dieser Pfad ist zunächst ziemlich schmal, verbreitert sich aber zusehends, wenn er aus den Wäldern und dem dichten Farnkraut herausläuft. Er führt nun hinauf zum Zentrum der Wand des Circo de Pineta — was von unten betrachtet kaum zu glauben ist — und ermöglicht außergewöhnliche Panoramablicke. Er ist von Steinpyramiden markiert und gut auszumachen. In Serpentinen steigt er über grasbewachsene Hänge und schmale Terrassen, ehe er schließlich zu ödem Gelände kommt, auf dem Gletscherschutt des Monte Perdido abgelagert ist. Von hier aus können Sie die großartige Nordostseite mit den Seracbarrikaden, Felsbastionen und Schneefeldern in Augenschein nehmen.
Die Silhouette zeigt den Gipfel des Perdido über seinem Gletscher. Der Nordkamm senkt sich zu einem tiefen U-förmigen

Quasi-Paß und steigt wieder an, bevor er zu einem breiten Sattel unterhalb der Südostseite des Cilindro abfällt. Diesen Sattel müssen Sie erreichen. Folgen Sie jedoch zuvor den Steinpyramiden in nordwestlicher Richtung zum Ende des Hängetales. Wenn Sie eine verfallene Hütte unterhalb eines versteckt liegenden Sees, dessen Bachabfluß nach rechts wegströmt, erreicht haben, stehen Sie dem Perdido gegenüber und können die Felsrippen, die den unteren Gletscher stützen, bewundern. Am rechten Ende der Serie von Seracs sehen Sie eine nach links hochführende Rinne. Überqueren Sie den Schneehang und erklimmen Sie diese schmale Rinne, was ein Leichtes ist. Dann steigen Sie über Schnee bergan zu der nächsten Felsreihe, wo Sie durch eine weitere Rinne (fast schon ein Kamin) ebenso ohne Schwierigkeiten hinaufgelangen. Das einzige Problem können Eis und Schnee darstellen, die den Ausstieg aus der Rinne erheblich erschweren. Oberhalb der Rinne zieht sich das Schneefeld zum Sattel hoch, der schließlich über ein großes Geröllfeld erreicht wird.

Von diesem Sattel aus steigen Sie nach Nordwesten, erst über Geröll, dann über Platten mit Geröllrändern, auf den zugefrorenen Bergsee zu. Sie sind am Lago Helad. Begeben Sie sich bei erstbester Gelegenheit vom Fels auf den Schnee. Verlieren Sie dabei so wenig als nötig an Höhe. Halten Sie sich links in Richtung des deutlich erkennbaren Gipfels, so daß Sie auf die Route, die von der Goriz-Hütte herkommt, stoßen (Route 44). Sie benötigen 7 Stunden vom Pineta-Tal. Rechnen Sie mit fünf Stunden für den Abstieg auf gleicher Route!

Route 46: Mehrtägiger Rundwanderweg

Ausrüstung: Eispickel, Steigeisen, Seil
Schwierigkeitsgrad: Die Tour enthält Kletterpartien bis zum Schwierigkeitsgrad PD.
Ausgangspunkt: Campingfläche im Pineta-Tal
Karten: wie oben; zusätzlich empfiehlt sich die IGN Parc National des Pyrénées Nr. 3, ‘Gavarnie’ 1:25.000

Dies ist eine anstrengende Rundwanderung, die weit hinaufführt und gutes Wetter für sämtliche Etappen voraussetzt. Es ist möglich, sie ohne Zelt durchzuführen, da sich alle Zielendpunkte an Hütten befinden.

Tourverlauf

Pineta-Tal – Cuello des Cilindro – Lago Helado (45) – Refugio de Goriz (44 in umgekehrter Richtung vom Lago Helado aus) – Brèche de Roland – Réfuge des Sarradets (40 in umgekehrter Richtung) – Gavarnie (32 in umgekehrter Richtung) – Réfuge des Espuguettes (29) – Hourquette d'Alans – Réfuge de Tuquerouye – Pineta-Tal (38). Rechnen Sie für die Wanderung mit vier bis fünf Tagen. Vorräte sind in Gavarnie erhältlich.

Hochroutenverbindung Von Gavarnie nach Barroude

Karten: IGN Parc National des Pyrénées Nr. 3, Gavernie, 1:25.000; IGN PNP, 'Vielle – Aure' 1:50.000

Die Wanderung von Gavarnie zu den Höhen und den duftenden Tälern des Posets und des Maladetta-Massivs ist eine Expedition von unendlicher Vielfalt. Sie überquert hohe Pässe, durchläuft öde Landstriche und führt auf gefährlichen Kämmen entlang, die man sich nur bei beständig gutem Wetter zumuten sollte. Da nicht am Ende jeder Etappe Übernachtungsmöglichkeiten bestehen, muß entweder ein Zelt oder eine Biwakausrüstung mitgeführt werden. Abgesehen von dem kleinen Weiler Héas kommt man auf der fünftägigen Wanderung von Gavarnie nach Benasque in kein weiteres Dorf. Die Moral ist klar: Schätzen Sie Ihre Fähigkeiten und die der Gruppe richtig ein und nehmen Sie genügend Proviant mit.
Die beiden ersten Etappen führen Sie in die wunderschöne Gegend um Barroude, wo die kleine Hütte des PNP auf Sie wartet.

Hochwanderweg 11
Von Gavarnie nach Héas

Gehen Sie von Gavarnie aus Richtung Cirque und nehmen Sie kurz nach dem Campingplatz am rechten Bachufer den Pfad, der steil über den Berghang zur Réfuge des Espuguettes hiaufsteigt (ca. 2 Std. von Gavarnie). Die detaillierte Routenbeschreibung finden Sie im Kapitel Gavarnie (Route 29) weiter vorn im Buch.
Hinter der Hütte gewinnt der Pfad rasch an Höhe, wobei er sich in einer mehr oder weniger östlichen Richtung schlängelt. Lassen Sie den Pfad, der nach links zum Piméné aufsteigt, außer acht. Gehen

Sie stattdessen nach Südosten weiter, um den herrlichen Hourquette d'Alans (2430 m), der die Täler von Gavarnie und Estaube trennt, zu überschreiten. Steigen Sie in Serpentinen ins Estaube-Tal hinab und halten Sie sich dabei am linken Bachufer in nördlicher Richtung.
Am Ende des unwegsamen Weidelandes erreichen Sie einen funkelnd blauen See, der vom gewaltigen Gloriette-Staudamm gestaut wird. Überqueren Sie den Damm und gehen zum darunterliegenden Parkplatz. Der Weg windet sich hinab zur Landstraße Gèdre–Héas, in die Sie rechts einschlagen und nach Héas wandern (ca. 7 Std. von Gavarnie).
Héas (1500 m) bietet kaum Übernachtungsmöglichkeiten. In dem Café 'La Réfuge' sind eventuell einige Zimmer zu mieten. Trekker können die Erlaubnis erhalten, im Heu einer Scheune nahe eines weiteren Cafés, des 'La Chaumiére' zu schlafen. Auch dort werden in den Sommermonaten Zimmer vermietet, aber auch frühmorgens 'das Heu gewendet'.

Alternativer Hochwanderweg 11
Von der Réfuge des Sarradets nach Héas

Wer Gavarnie umgehen und auf der Hochroute bleiben möchte, sollte die im folgenden beschriebene Route nehmen. Sie trifft auf dem Pfad, der zur Réfuge des Espuguettes führt, auf den Hochwanderweg 11 (siehe oben).
Ein Hinweis: Bei nassem Wetter oder bei Schnee können bestimmte Strecken des Abstiegs von der Hütte zum Talgrund des Cirque gefährlich werden. Daher ist Vorsicht und Umsicht geboten.
Ein seit dem letzten Jahrhundert benutzter Trampelpfad führt in östlicher Richtung von der Hütte weg und gelangt mit Hilfe von Steinpyramiden in das kleine Tal unterhalb der Felszacken des Pic des Sarradets. Steinpyramiden und Wegweiser sind es auch, die den Weg weiter über die Talschulter und dann links abwärts weisen. Der Pfad steigt und fällt, bis er den Rücken eines kleinen Sporns erreicht, der 20 Minuten von der Hütte entfernt liegt.
Steigen Sie weiter, während die Wände des Cirque um Sie herum immer gewaltiger werden und der Grand Cascade majestätisch über Ihnen erscheint. Nachdem Sie ein unwegsames und geröllbedecktes Tal durchquert haben, steigt der Weg steil über Felsen abwärts und führt dann über Gras leicht hinauf, ehe ein weiterer steiler und felsiger Abstieg folgt. Mit einem schweren Rucksack werden Sie auf diesem Abschnitt Ihre liebe Mühe haben.
Weiter in östlicher Richtung verlaufend gelangt der Pfad an einen Couloir, an dessen linker Seite Sie absteigen, wobei Sie einer Reihe von Kehren zu folgen haben (eine Stunde von der Hütte). Mit dem Grande Cascade im Blickfeld haben Sie noch einen steilen Abstieg zu bewältigen. Der Weg wird gefahrvoller. Sobald er Grasflächen

überquert, wird er breiter und verläuft dann mehr rechts. Der letzte Abstieg dieses Abschnittes gebietet durchweg Vorsicht, lockeres Geröll und Gestein kann ihn für Schwerbepackte zur Qual werden lassen.
Unterhalb des Echelle des Sarradets windet sich der Pfad jetzt ohne Schwierigkeiten über Geröll und gelangt zum Hotel de Cirque, wo die Ponyspur aus Gavarnie endet. (2 Std. von der Réfuge des Sarradets; Erfrischungen sind erhältlich).
Neben dem Hotel führt ein Pfad nach Nordosten hinauf und umgeht dabei die Ponyspur. Dieser Pfad des PNP (Nr. 182 a) leitet quer über grüne Hänge, verläuft dann entlang einer Felswand, in die er eingeschlagen wurde, um schließlich im Schatten der Wälder weiterzuführen. Kurz hinter einem Ferienhaus (1784 m) erreicht er den aus Gavarnie heraufkommenden Pfad. Biegen Sie nach rechts auf ihn ab und steigen Sie zur Réfuge des Espuguettes. (Ca. 3 1/2 Std vom Réfuge des Sarradets).
Die Fortsetzung der Wanderung nach Héas entspricht dem Hochwanderweg 11. Die Gesamtwanderzeit von der Réfuge des Sarradets nach Héas beträgt 8 – 8,5 Std.

Hochwanderweg 12
Von Héas zur Réfuge de Barroude

Dies ist eine herrliche Tageswanderung, die Sie durch eine vielfältige Landschaft führt und an der kleinen Hütte des PNP im Schatten der gewaltigen Wand des Barroude endet. In der Frühsaison kann es durch Schnee bei der Überquerung des Hourquette de Héas (2608 m) und des Hourquette de Chermentas (2439 m) zu Schwierigkeiten kommen.
Wandern Sie von Héas aus auf der Straße, die nach Südosten Richtung Cirque de Troumouse führt und gleich hinter einer alten Kapelle einen Parkplatz erreicht. An der linken Straßenseite beginnt ein Pfad, der zum Hourquette de Héas hinaufführt. Ein Wegweiser zeigt Ihnen 3 1/2 Std. Distanz an. Der Pfad steigt am rechten Ufer des Aguila steil den Hang hinauf. Sobald das Gelände flacher wird, sehen Sie eine rustikale Schäferhütte, die als Cabana de l'Aguila auf der Karte verzeichnet ist. Sie liegt am rechten Bachufer. Danach leitet der Pfad vom Bach weg, kehrt in der Nähe eines wunderschön sprudelnden Wasserfalls zu ihm zurück und führt dann nach Süden fort.
Die Streckenführung ist deutlich erkennbar. Sie verläuft meist auf einem Trampelpfad, wird manchmal aber auch von Steinpyramiden markiert. In Kehren steigt die Route den grasbewachsenen Montagne des Aiguillous hinauf, führt schließlich durch eine schmale Rinne, um in der Nähe einer weiteren Schäferhütte, die am Aiguillous steht, anzukommen. Überqueren Sie den Bach rechts der Hütte. Halten Sie sich in ostnördlicher Richtung und gehen Sie über eine breite Senke.
Es sieht so aus, als wäre es un-

möglich, eine Aufstiegsmöglichkeit auf die Berge, die das Tal umgeben, zu finden. Doch der Pfad beginnt sich auf den Osthängen in langen, ausladenden Kehren bergauf zu arbeiten. Sie haben eine herrliche Aussicht zurück nach Westen, wo sich der Vignemale am Horizont abzeichnet und der Ossoue-Gletscher unter der Sonne schmilzt. In der Nähe des Passes wurde der Pfad ähnlich wie ein Gesims aus dem Fels geschlagen. Überrascht und erleichtert erreichen Sie den Hourquette de Héas. Dieser Felspaß ist der Beginn einiger zerklüfteter Kämme. Sie haben einen reizvollen Blick hinab in das tiefe Tal, durch das der Badet unter der hohen Wand des Gipfels des Pic de Campbieil fließt. Die gesamte Landschaft im Norden gehört zum Neouvielle-Massiv, einem wilden und anziehenden Naturreservat.

Steigen Sie in Serpentinen vom Paß ab. Halten Sie sich nach Norden, bis Sie auf einen anderen Pfad stoßen, der von links kommt. Lassen Sie diesen außer acht und wenden Sie sich nach rechts (1980 mit Hourquette de Chermentas ausgeschildert), wobei Sie weiter an Höhe einbüßen, jetzt jedoch langsamer. Der Pfad quert den Berghang in südöstlicher Richtung, bevor er wieder ansteigt und zum nächsten Paß, dem Hourquette de Chermentas (2439 m) leitet. Hier zeigt sich Ihnen eine unerwartete Aussicht.

Steigen Sie in engen Serpentinen über Geröll ab und wenden Sie sich nach rechts, um direkt unterhalb der gewaltigen Felszacken, die die Ostwand des Pic des Aiguillous bilden, entlang zu gehen. Der Pfad klettert über Geröll weiter zu einem schmalen Paß hinauf. Er läuft jetzt unterhalb der langen Felsflanke des Barroude entlang und stößt auf einen anderen Pfad, der links vom Plan d'Aragnouet heraufkommt. Gehen Sie weiter und halten Sie sich dabei auf den Grasflächen, auf denen abgelagertes Geröll und zeitweise auch Schnee liegt, in südöstlicher Richtung. Hier und da kommen Sie an kleinen Bergsee vorbei. Der große Lac de Barroude befindet sich auf einem grasbewachsenen Vorsprung links des Pfades (ca. 6 Std. von Héas aus).

Einzelheiten zur Réfuge de Barroude entnehmen Sie bitte dem Kapitel Barroude.

Barroude

Lage: Im Norden Gavarnies und gleichzeitig östliche Begrenzung des Cirque de Troumouse. Die Region befindet sich in Frankreich, wobei die spanisch-französiche Grenze gleichzeitig die südlichen Ausläufer bildet. Der Bereich ist nur über sehr lange Anstiegsrouten zu erreichen.
Karten: IGN Parc National des Pyrénées Nr. 3, 'Gavarnie', 1:25.000; IGN PNP, 'Vielle – Aure' 1:50.000

Die Landschaft Barroude wird von der riesigen Barroude-Wand beherrscht, die gleichzeitig die Ostwand des Cirque de Troumouse darstellt. Der See zieht sich unterhalb der Wand entlang und die alte Gletscherzunge streckt sich ihm vom Pic de Troumouse entgegen. Auf diesem steht die Hütte, hinter der ein weiterer Bergsee liegt. Dahinter erstrecken sich die Nordosttäler inmitten eines Durcheinanders von zusammenlaufenden Kämmen.
Im Süden, über dem aus Tonschiefer bestehenden Port de Barroude, liegt der prächtige spanische Cirque de Barrosa. Darunter dehnen sich scheinbar undurchdringliche Tiefen aus, zu denen das gewundene Tal des Barrosa, der in den Cinca mündet, gehört. Spanien scheint weit entfernt von diesen Hochebenen zu liegen. Es ist eine Landschaft, die wie geschaffen für Trekker ist. Ebenso gibt es Herausforderungen für den Felskletterer. Und es ist ein Land für Träumer, in dem die Zeit stillsteht. Es ist ein Ort, an dem man sich ausruhen und die Einsamkeit sowie die unverfälschte Einfachheit der Berge in sich aufnehmen sollte.

Hütten

Die einzige Hütte der Gegend wurde 1974 von der Verwaltung des Nationalparks erbaut und steht am Lac de Barroude. Die Réfuge de Barroude besitzt etwa 20 Schlafstellen in einem gemeinsamen Zimmer. Von Juli bis Ende September ist sie bewirtschaftet. Mahlzeiten sind erhältlich. Es ist eine komfortable kleine Hütte (2377 m) inmitten einer idyllischen Berglandschaft.

Anstieg zur Réfuge de Barroude Route 47: Von Héas über den Hourquette de Héas und den Hourquette de Chermentas

Die Route, die auch eine Etappe des Hochwanderweges ist, ist der kürzeste Anstieg aus dem Westen. Die Routenbeschreibung finden Sie unter Hochwanderweg 12 (sechsstündige Wanderung).

Anstieg zur Réfuge de Barroude Route 48: Vom Cirque de Troumouse über den Col de la Sède und den Col de la Gela

Dies ist eine schwierige Route, die nur selten auf Pfaden verläuft. Sie sollte nur von erfahrenen Bergsteigern und bei beständig gutem Wetter unternommen werden. Sie geht vom Parkplatz am Ende der Straße zum Troumouse auf dem markierten Pfad zu den Lacs des Aires und der Cabane des Aires (2132 m). Den Col de la Sède im Nordosten erreichen Sie über eine Reihe von schrägen Bändern in der Kalksteinwand.

Gehen Sie von hier aus (3 Std. nach dem Aufbruch) am leicht zu bewältigenden Kamm nach Südosten. Verlassen Sie den Kamm kurz vor dem Pic de Gerbats nach links. Gehen Sie dann auf einer ziemlich flachen Strecke über Geröll und eventuell auch Schnee nach Osten zum Col de la Gela. Von dort haben Sie einen herrlichen Blick auf die Wand, die sich nach Süden erstreckt, sowie auf den weit unten liegenden See.

Setzen Sie Ihren Weg nach Nordosten Richtung Pic des Aiguillous fort. Gehen Sie aber unterhalb seines Gipfels vorbei, um nördlich von ihm wieder auf den Kamm zu gelangen. Von hier aus folgen Sie dem Kamm bis zum Hourquette de Héas. Die weiterführende Route nach Barroude finden Sie unter Hochwanderweg 12 (rechnen Sie mit 8 Stunden).

Anstieg zur Réfuge de la Barroude
Route 49: Von Aragnouet im Aure-Tal

Dies ist die übliche und kürzeste Anstiegsroute. Sie schließt eine Wanderung durch das imposante Tal des Gela ein.
Etwa 2 km westlich von Aragnouet im Neste d'Aure-Tal, auf dem Weg zum Bielsa-Tunnel, geht der Pfad des PNP nahe einer scharfen Haarnadelkurve in ca. 1400 Metern Höhe von der Straße ab. Er steigt das Gela-Tal hinein und verläuft in südwestlicher Richtung am linken Bachufer. Sie werden keinerlei Probleme haben. Bei einer Brücke über den Bach, etwa drei Kilometer nach dem Einstieg in das Tal, zweigt ein weiterer Pfad rechts zum Hourquette de Chermentas ab. Lassen Sie diesen außer acht und gehen Sie nun am rechten Bachufer gen Süden.
Kurz danach gabelt sich der Pfad erneut. Derjenige, der nach Süden führt, wird den Port Vieux erreichen. Biegen Sie nach rechts ab, überqueren Sie den Bach und wandern Sie auf dem Pfad, bis Sie auf den im Hochwanderweg 12 beschriebenen Weg stoßen. Biegen Sie nach links auf diesen ein, um zur Réfuge de Barroude zu gelangen (ca. 3,5 Std. von Aragnouet).

Route 50: Rundwanderung Barroude – Port Vieux – Barroude – ein Tagesausflug

Diese Rundwanderung ist ein herrlicher Tagesausflug ohne große Schwierigkeiten. Sie führt über einige Gipfel (Soum de Barroude, 2674 m, sowie Pic de Port-Vieux, 2723 m), geht am Grenzkamm entlang und gewährt wunderschöne Ausblicke.
Gehen Sie von der Hütte aus zum Bach hinab, der vom nördlichen Ende des Lac de Barroude dorthin gelangt ist. Nehmen Sie den Pfad, der in südlicher Richtung zum Port de Barroude (2534 m) hinaufführt. Von dort haben Sie eine ungewöhnlich schöne Sicht auf den Cirque de Barroude im Nordwesten und auf den westlichen Teil des Cirque de Barrosa im Süden (ca. 40 Min. von der Hütte).
Folgen Sie dem breiten Grenzkamm nach Osten zum nahen Gipfel des Soum de Barroude. Auch hier ist die Aussicht wunderschön. Gehen Sie dann gen Norden zum Pic de Port-Vieux. Steigen Sie von seinem Gipfel aus über steile Grashänge auf die spanische Seite (Osten) ab, da

Lac de Barroude, Pic de Gerbat (2904 m) und die Steilwand von Barroude

der Kamm selbst einige gefahrvolle Tücken bereithält. Wenn Sie ca. 200 Meter abgestiegen sind, gehen Sie wieder Richtung Kamm, halten sich aber dabei auf einem horizontalen Kurs. Wieder auf dem Kamm angelangt folgen Sie ihm bis zum Port-Vieux.
Wenden Sie sich nach links und steigen Sie auf dem steilen Pfad auf der französischen Seite ab, bis er sich gabelt. Gehen Sie nach links (Südwesten) und queren Sie unwegsame Geröllfelder, wobei Sie Steinpyramiden und bunte Farbmarkierungen unterstützen. Allmählich gewinnen sie an Höhe und erreichen einen grasbewachsenen Sporn, den Pène Male, im Norden des Pic de Port-Vieux. Der Weg geht jetzt auf den Westhängen des Berges nach Südwesten. Er ist anstrengend, da er an manchen Stellen eng und ungeschützt liegt und zum Teil auf schmalen Gesimsen verläuft. Er führt direkt zum Bach, der aus dem Lac de Barroude herausfließt und zur Hütte. Rechnen Sie für die Rundwanderung mit etwa fünf Stunden.

Weitere Routen

Die Barroudewand erstreckt sich über fast 4 km vom Pic de Troumouse im Süden zum Pic des Aiguillous im Norden. Ihre Hauptgipfel sind: Pic de Troumouse (3085 m), Point (3028 m), Pic Heid (3022 m), Petit Pic Blanc (2957 m), Pic de Gerbats (2904 m), sowie der Pic des Aiguillous (auch Pic de la Gela, 2851 m).

Der Pic de Troumouse wurde erstmals 1825 von französischen Landvermessern bestiegen. Die *Voie normale* vom Port de Barroude aus ist mit PD eingestuft und dauert ungefähr 3 Stunden.

Doch überall auf der Wand haben die Gebrüder Ravier während der fünfziger und sechziger Jahre den Löwenanteil der Pionierarbeit geleistet. Ihre Routen reichen vom Zentralpfeiler (Petit Pic Blanc) mit dem Schwierigkeitsgrat AD sup. bis zur Seewand (Point), die mit ED eingestuft ist. Abschnitte von Härte V und VI warten auf die mutigen Steiger.

Einzelheiten zu diesen und anderen Routen hält wie immer Herr Ollivier bereit. Sie sind im zweiten Band seines Standardwerkes zu finden.

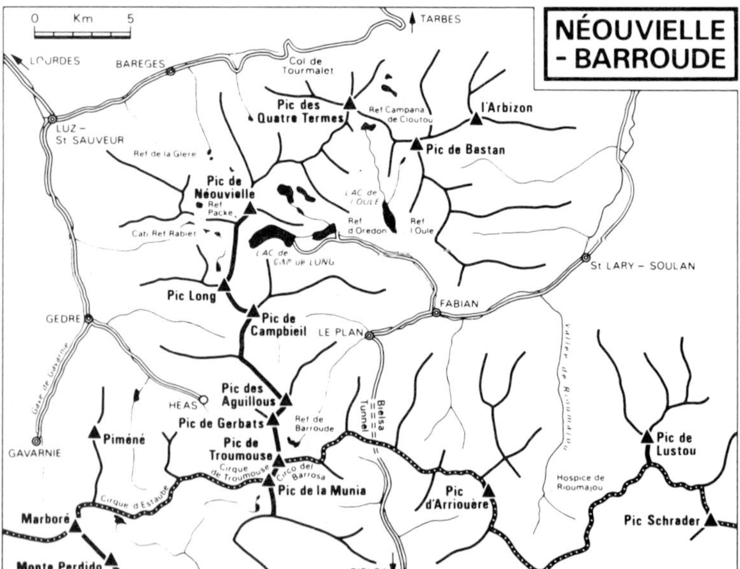

Néouvielle

Lage: ausschließlich in Frankreich, im Norden der Gavarnie- und Barrouderegion. Das Tal der Gave de Pau begrenzt das Gebirge im Westen, das Bastan-Tal und die Tourmaletstraße bilden die nördliche Begrenzung. Im Osten markiert das langestreckte Vallée de la Neste d'Aure die Grenze.

Karte: IGN Parc National des Pyrénées Nr. 4 'Néouvielle' 1:25.000

Das Néouvielle-Massiv erstreckt sich über weite Hochlandgebiete aus Granit. Überall findet man Bergseen in unterschiedlichsten Größen. Zahlreiche interessante Berggipfel tauchen auf. Außer einer Reihe wunderschöner Täler darf das wichtige Naturreservat entlang des Nationalparks nicht unerwähnt bleiben. Dieses Gebiet liegt abseits vom Grenzgebirge. Leicht erreichbar ist diese Gegend allerdings nur von Süd-Osten über eine lange gewundene Straße. Das sollte allerdings kein Hinderungsgrund sein, denn die Region ist wirlich zu empfehlen.
Bereits 1787 bestiegen die Kartographen Vidal und Reboul den ersten 3.000er, den Turon de Néouvielle. Während seines selbstgewählten Exils in Barèges erkundete Ramond Abschnitte der Region und startete den Versuch, den Pic de Néouvielle zu besteigen, jedoch ohne Erfolg. Dafür glückte de Chausenque 1847 der Aufstieg. Der Pic Long ganz in der Nähe — höchste Bergspitze der Pyrenäen, die sich auf französischem Boden befindet — wurde schon sehr früh vom Duc de Nemours und seinem Führer Marc de Sesquet bezwungen. Über zwei Jahrhunderte stellte das Néouvielle-Massiv eine Herausforderung für Pyrenäisten dar, und unzählige, schwierige Kletterpartien wurden bewältigt. Doch auch der durchschnittliche Bergsteiger und Wanderer findet genügend angemessene Touren.

Hütten

Mehrere Hütten mit unterschiedlichster Ausstattung verteilen sich über die Region. Viele sind nur sehr spartanisch ausgestattet, wie die *Réfuge Packe* oder die *Cabane-Réfuge du Lac de Rabiet* mitten im Gebirge. Andere wiederum entsprechen eher einfachen Hotels als Berghütten, wie das *Chalet-Hotel d'Oredon* und das *Réfuge-Hotel de la Glève*. Zwischen diesen beiden Klassifizierungen findet man Unterkünfte wie die *Réfuge de Bastan* und die *Chalet-Réfuge de l'Oule*.

Anstieg zum Chalet-Hotel d'Oredon (1850 m)
Route 51. Vom Vallée de la Neste d'Aure

Die Hütte kann mit dem Auto angefahren werden. Zur Errichtung einiger Dämme haben die Elektrizitätswerke hier eine Straße bauen lassen. Bei Fabian fahren Sie nach Norden und verlassen beim Hinweisschild Lac de Long das Vallée d'Aure. Nach zwölf Kilometern biegen Sie rechts auf die Straße nach Lac d'Aubert. Nicht weit entfernt, am Ende des Lac d'Oredon, liegt das Chalet-Hotel d'Oredon. Im Besitz der TCF, verfügt das Chalet-Hotel über 40 Schlafplätze. Durch angemessene Preise, einem von Mitte Juni bis September geöffneten Restaurant, bietet diese Unterkunft einen angenehmen Ausgangspunkt für zahlreiche Exkursionen.

Anmerkung: Campen ist im Nordwesten der Hütte und am Südende des Lac d'Aubert erlaubt.

Anstieg zur Chalet-Réfuge de l'Oule (1819 m)
Route 52. Vom Vallée de la Neste d'Aure

Fahren Sie sechs Kilometer auf der Straße von Fabian, die in Route 51 erwähnt wird. Dann macht die Straße eine scharfe Kurve, bereits die zweite auf dieser Strecke. Kurz hinter der Kurve, wo die Straße nach links weitergeht, können Sie rechts, nahe einer Brücke, eine Wiese sehen. Hier befindet sich eine PNP-Anschlagtafel, und Autos dürfen dort geparkt werden.

Folgen Sie dem Weg über die Brücke, anschließend biegt er nach rechts und steigt stetig oberhalb des Tales in östlicher Richtung an. Dieser angenehme Anstieg bietet reizvolle Ausblicke, vorbei an blumenüberwachsenen Felsen, die links entlang des Weges eine Wand bilden. Im Schatten von Pinien erreichen Sie das Tal mit dem Lac de l'Oule. Bald taucht der riesige Damm des Sees vor Ihnen auf. Der Weg führt auf ihn zu und am anderen Ende können Sie die Chalet-Réfuge de l'Oule unterhalb des Dammes sehen. (Ca. 45 Min. von der Straße aus.)

Die Hütte, im Besitz der Commune von St. Lary-Soulan, ist ein günstiger Ausgangspunkt. Sie wird vom 15. Juni bis 15. September bewirtschaftet. Hauptmahlzeiten können eingenommen werden und 30 Schlafplätze stehen zur Verfügung.

Anmerkung: Die *Cabane de la Lude* (1818 m) am Nordende des Lac de l'Oule ist nur ein simpler Unterschlupf.

Anstieg zur Réfuge de Bastan (2250 m)
Route 53. Von der Chalet-Réfuge de l'Oule

Gehen Sie von der Réfuge, die unterhalb des Dammes liegt, an einem der Ufer des Lac de l'Oule entlang in Richtung Norden, bis Sie die Cabane de la Lude erreichen. Biegen Sie rechts auf den Weg, der jetzt nach Osten führt. Vom Ende des Sees gelangen Sie nach 20 Min. zur Cabane de Bastan. Von hier aus verläuft der Weg nach Norden und steigt ein Tal hinauf. Umschlossen wird dieses Tal von dem langen Bergkamm, der den See im Osten begrenzt und dem südlichen Bergkamm, der von der Westseite des Pic de Bastan herabführt. Der Weg schlängelt sich zunächst am Westufer eines Gebirgssees weiter, dem Lac Inférieur, dann am Ostufer eines zweiten, aber kleineren Sees und setzt sich entlang des Lac de Milieu fort. Am Nordufer des Sees steht die Réfuge de Bastan. (Ca. 2 3/4 Std. ab der Chalet-Réfuge de l'Oule.)
Die Réfuge de Bastan, im Besitz der PTT, verfügt über 20 Schlafplätze. Während der Saison (Mitte Juni – Ende September), wenn die Hütte bewirtschaftet wird, ist auch Proviant erhältlich. Der leichte Anstieg und die nur 3 1/2 Stunden entfernt liegende Straße bieten gute Bedingungen als Ausgangspunkt für Touren in dieser Region. Die Hütte eignet sich aber auch als Zwischenstop während einer Wanderung in diesem Gebiet.

Anstieg zur Réfuge Campana de Cloutou (2225 m)
Route 54. Ab Réfuge de Bastan

Von der Hütte folgen Sie dem Weg in Richtung Norden und erreichen nach 10 Min. den Lac Supérieur, der sich unterhalb des Talkopfes befindet. Der Weg biegt links vom See ab und teilt sich dann. Nehmen Sie den linken Abzweig (Norden) und klettern Sie zum Col de Bastanet (2607 m) hinauf. Er liegt auf halber Strecke zwischen dem Pic de Bastan und dem Pic de Portarras. Steigen Sie auf die nördliche Seite des Bergkamms hinab und setzen Sie Ihren Weg nach Norden fort, vorbei an Tümpeln und Bergseen in zerklüfteter Landschaft. Östlich des Lac du Campana treffen Sie auf die Hütte. (Ca. 2 Std. ab Réfuge de Bastan.) 1971 erbaut, befindet sich die Réfuge Campana de Cloutou im Besitz der CAF. Es gibt ca. 25 Schlafplätze. Die Hütte kann auch vom modernen Skigebiet La Mongie in ca. 3 Std. von Norden aus angelaufen werden.

Route 55. Tour entlang der Néouvielle-Seen (Dreitagestour)

Start: Chalet-Réfuge de l'Oule

Hierbei handelt es sich nur um eine der möglichen Touren im Néouvielle-Gebiet. Auf der Karte sehen Sie die vielen Alternativen und Varianten. Bei Bedarf kann die lange Tour am zweiten Tag durch eine Übernachtung in der einfachen Hütte Cabane d'Aygues-Cluses unterbrochen werden. Nehmen Sie Proviant für die erste Nacht in der Campana de Cloutou mit und falls Sie hier einen Stop planen, auch für Aygues-Cluses.

Folgen Sie zunächst den Routen 53 und 54 bis zur *Campana de Cloutou* und lassen Sie sich genug Zeit, um die reizvolle Umgebung zu genießen. (Gesamtwanderzeit am ersten Tag: ca. 5 Std.)

Die Tour am zweiten Tag ist länger und führt wieder nach Süden. Gehen Sie den Weg vom ersten Tag bis zum Lac de la Hourquette (2405 m) zurück. Hier wenden Sie sich nach rechts (Westen) und erreichen den Paß Hourquette de Caderolles. Der folgende Abstieg führt Sie im Westen zum Lac de Port-Bielh. Laufen Sie am Südufer des Sees entlang und gehen Sie dann nach Süden auf die linke Seite des Baches, der dem See entspringt. Dieser Weg führt Sie in der Mitte an zwei Bergseen vorbei und macht dann eine scharfe Rechtskurve. Klettern Sie nun in nordwestlicher Richtung, um den Hourquette Nere zu erreichen. Queren Sie auf die Westseite, und steigen Sie zu einem weiteren Bergsee, dem Lac d'Agalops, hinab. Jetzt biegen Sie nach links zu einem anderen See, an dessen Westufer die kleine Cabane d'Aygues-Cluses (2150 m) mit 6 Schlafplätzen liegt. (Ca. 3 1/2 Std. vom Start entfernt.)

Von der kleinen Hütte aus folgen Sie dem GR 10 in Richtung Süden. Der Weg führt zunächst zum Lac de Madamète und auf den Col de Madamète mit Blick auf die größeren Seen von Aubert und Aumar. Der Pic de Néouvielle befindet sich im Südwesten. Sie steigen am nördlichen Ende des Lac d'Aumar abwärts und bleiben an seinem Westufer, um so die Straße hinunter zum *Chalet-Hotel d'Oredon* zu erreichen. (Ca. 6 Std. ab Campana de Cloutou.)

Am dritten Tag geht es mit einem Morgenspaziergang über den Trekker-Weg zurück zur Chalet-Réfuge de l'Oule. Sie queren den Col d'Estoudou (2260 m) im Osten des Lac d'Oredon und steigen zum Lac de l'Oule hinab. Laufen Sie nach Süden am Westufer

Das Néouvielle-Massiv

des Sees entlang, bis Sie den Damm erreichen. Überqueren Sie ihn und steigen Sie zur Hütte ab. (Ca. 2 Std. bis zur Hütte.)

Route 56. Rundwanderweg am Lac de l'Oule (Familienausflug)

Start: Couplan-Tal

Diese leichte Wanderung ist besonders Erwachsenen mit jüngeren Kindern zu empfehlen. Man sollte einen klaren Sommertag wählen, damit die Ausblicke entsprechend gut sind.
Folgen Sie der Route 52 vom Parkplatz im Tal bis zum See. Über einen ausgezeichneten Pfad können Sie am Westufer entlangspazieren mit ausgezeichneten Blicken nach Norden. Am nördlichsten Punkt des Sees biegen Sie nach rechts und passieren die Cabane de la Lude. Überqueren Sie den Weg am Ostufer bis zum Damm. Am Ende des Sees angekommen, gehen Sie

über den Damm. Talabwärts führt der Weg durch Pinien zurück. (Rechnen Sie etwas mehr als 2 Std. für diesen Rundwanderweg.)

Anstieg zur Réfuge de la Glève (2100 m)
Route 57. Von Barèges im Bastan-Tal

Die Hütte befindet sich im Nordwesten des Pic de Néouvielle, und es sind eher Wanderer als Bergsteiger, die sie als Ausgangspunkt wählen. Die folgende Route ist die kürzest mögliche Strecke und enthält den Gang durch das Vallée de la Glève. Um in das Tal zu gelangen, muß man die Straße südlich von Barèges nehmen, die später als Pfad in Serpentinen durch die Wälder aufsteigt. (Viele Skianlagen auf den Hängen.) Dieser Pfad tritt südöstlich von Barèges ins Tal und verläuft am linken Bachufer, um dann ohne Umwege zur Réfuge oberhalb am Nordwestufer des Lac de la Glève zu führen. (Ca. 3 1/4 Std. ab Barèges.)

Das große Réfuge-Hotel gleicht mehr einem Hotel als einer Hütte. Die Preise entsprechen dem angebotenen Service. 50 Schlafplätze und warme Duschen stehen zur Verfügung, Hauptmahlzeiten werden angeboten. Von hieraus kann man einige Touren quer ins Gelände starten, aber auch mehrere Wanderungen zu den Seen.

Anstieg zur Réfuge Packe (2509 m)
Route 58. Von Norden, Réfuge de la Glève

Gehen Sie vom Réfuge-Hotel nach Süden auf den PNP. Dieser Pfad steigt oberhalb der Bergseen an, quert dann einen Bach, der von links kommt und überquert schließlich leicht abfallend die steile Hügelseite. Kurz nachdem ein anderer Pfad von rechts auf ihn trifft, gehen Sie auf das rechte Bachufer des Boulou. Suchen Sie sich einen Weg die Westhänge des Tals hinauf. Über Serpentinen gewinnen Sie bis oberhalb des Lac du Pourtet leicht an Höhe. Wenden Sie sich hier zum Col de Rabiet im Süden, denn dort liegt die Réfuge Packe. (Ca. 2 1/2 Std. von la Glève.)

Mit 6 Schlafplätzen bietet die Hütte nur das Notwendigste. Benannt wurde sie nach Charles Packe, der 1893 dem CAF 1000 Francs spendete, damit die Réfuges aufrecht erhalten und gebaut werden konnten. Die Hüte liegt 2 1/3 Kilometer westlich des Pic de

Néouvielle, bietet Bergsteigern aber keinen besonderen Anreiz, sie als Ausgangspunkt zu wählen.

Zur Cabane-Réfuge de Lac de Rabiet (2199 m)
Route 59. Ab Réfuge Packe

Eine andere einfache, aber solide Hütte mit 6 Schlafplätzen liegt ca. 100 m östlich des Lac de Rabiet. Sie gleicht eher einer Notunterkunft als einem Ausgangsort für Kletterpartien.
Wenn Sie die Réfuge Packe verlassen, passieren Sie den Col de Rabiet. Steigen Sie nun steil nach Südosten ab, in Richtung Lac de Coueyla. Kurz vor dem Bergsee müssen Sie scharf nach rechts biegen, dann abwärts, um die Hütte vor dem Lac de Rabiet zu erreichen. (Ca. 1/2 Std. von Hütte zu Hütte.)

Anmerkung: Alle anderen Anstiege sowohl zur Réfuge Packe als auch zur Cabane-Réfuge du Lac de Rabiet führen über wesentlich längere Strecken. Der Anstieg von Pragnères im Tal der Gave de Pau dauert ca. 6 Stunden. Fast die ganze Tour geht durch den PNP und endet mit einer Kletterpartie, Schwierigkeitsgrad PD. Ein anderer Anstieg, ebenfalls über 6 Stunden, beginnt in Luz, quert den Col de Pierrefitte (2466 m) westlich des Lac de Rabiet. Dies wären komplette Einzeltouren.

Pic Long (3192 m)
Route 60. Via Hourquette du Pic Long

Schwierigkeitsgrad: F
Ausrüstung: Seil und Steigeisen
Start: Lac de Cap de Long

Folgen Sie der Straße am Südufer des Lac de Cap de Long am oberen Ende des Couplan-Tals bis sie nicht mehr weiterführt. Folgen Sie nun etwas oberhalb dem PNP-Weg, der südwestlich des Sees verläuft. Der Weg führt abwärts und trifft auf einen Bach, der aus einem Tal im Süden fließt. Sind Sie in das Tal gelangt, setzen Sie Ihren Weg am linken Bachufer fort. Steinpyramiden weisen die Richtung über Geröll und Steinterrassen.
Sobald Sie das Ende einer langen Moräne erreicht haben, müssen Sie sich selber den Weg zum kleinen Gletscher Pays Baché unter-

halb der Ostwand des Pic Long suchen. Darüber verläuft der Verbindungskamm zwischen Pic Long und Pic Badet. Sie können links des kegelartigen Pic Long ein Spalte im Kamm ausmachen. Es handelt sich um den Hourquette des Pic Long. Diesen Punkt peilt man bei der Gletscherüberquerung an. Auf dem Gletscher gelangen Sie über einen 30 Meter tiefen Kamin zum Hourquette (3099 m). Obwohl steil, ist es nicht schwer diesen Abschnitt zu bewältigen (Grad II). Am oberen Ende des Kamins gehen Sie nach rechts und treffen auf ein Gesims, das links zur Südseite führt. Folgen Sie ihm. Um den Gipfel zu erreichen, müssen Sie nicht ganz 100 m eine Felsrinne hinauf klettern. Man rechnet ca. 4 1/2 – 5 Stunden ab Lac de Cap de Long bis zum Gipfel. Der Aufstieg lohnt sich allein schon wegen der guten Ausblicke.

Anmerkung: Die Ostwand erhebt sich rechts der Route 60 aus dem Gletscher und bietet eine Anzahl von Touren an, z.B. mit Schwierigkeitsgraden AD sup. oder D. An der steil vom Lac Tourrat aufragenden Nordwand wurden mehrere schwierige Strecken über 600 m Stein und Eis erzwungen. Diese Kombination macht die Wand zu einer der herausforderndsten in den Pyrenäen. Der 'direkte' Weg, Schwierigkeitsgrad TD inf., erfordert eine 7- 8-stündige Kletterpartie.

Pic Badet (3160 m)
Route 61. Nord-West-Grat (arète)

Schwierigkeitsgrad: PD
Ausrüstung: Seil, Steigeisen
Start: Lac de Cap de Long

Der Pic Badet, durch einen kurzen abfallenden Rücken mit dem Pic Long verbunden, kann ebenfalls während der vorangegangenen Tour erklettert werden. Ebenso gut läßt sich eine Tagestour daraus machen, denn die Aussichten vom Gipfel sind schon einmalig. Gehen Sie wie in Route 60 beschrieben bis zum Kamin Hourquette de Pic de Long. Hier wenden Sie sich nach rechts und folgen dem stellenweise unterbrochenen Bergrücken entlang kleiner Grattürme zum Gipfel. (Kalkulieren Sie hierfür 1/2 Std. ab Hourquette de Pic Long ein.)

Anmerkung: Die Normalstrecke, *voie normale*, wird mit Schwierigkeitsgrad F ausgezeichnet. Sie verläuft unterhalb des Gipfels und erreicht ihn vom Südost-Kamm. Eine vierstündige Route vom Lac de Cap de Long.

Pic de Campbieil (3173 m)
Route 62. Via Hourquette de Cap de Long

Schwierigkeitsgrad: F
Start: Lac de Cap de Long
Zusätzlich empfohlene Karte: IGN Parc National des Pyrénées Nr. 3, 'Gavarnie' 1:25.000

Diesen riesigen Berg, den man wegen seines weiten und beeindruckenden Gipfelpanoramas rühmt, wird gewiß nicht deshalb erwähnt, weil der Anstieg schwer ist. Es handelt sich verglichen mit dem Le Taillon in der Tat um einen der einfachsten 3.000er Gipfel.

Folgen Sie Route 60 bis zu dem Tal, das im Westen durch den langgestreckten Arète de Cap de Long und im Osten durch den Crète des Alharisses begrenzt wird. Jenseits des Pays Baché-Gletschers gehen Sie weiter und steigen bis zu einem Ende oberhalb eines kleinen Bergsees auf. Sie erreichen den breiten Sattel, auf der Karte als Hourquette de Cap de Long (2902 m) verzeichnet, aber auch unter Hourquette Badet bekannt. Hier gehen Sie nach links und klettern zu einem Punkt in 3157 m Höhe hinauf. An dieser Stelle macht der Kamm eine Wendung in nord-südlicher Richtung. Sie folgen ihm jetzt nach Norden und gelangen auf den Gipfel des Pic de Campbieil (ca. 5 Std. ab Lac de Cap de Long). Durch seine Lage und Höhe erstreckt sich die Aussichtsmöglichkeit über das gesamte Gebiet der Hochpyrenäen, vom Pic d'Anie im Westen bis zu den Höhen Andorras im Osten.

Alternativen

Ebenso kann man von den Seen (Cap de Long, Oredon, Aumer und Aubert) aus, die über eine Straße erreichbar sind, mehrere Gipfel erklimmen. Zum Pic de Néouvielle (3091 m) führen vom Lac d'Aubert zahlreiche leicht zu bewältigende Wege, aber auch einige schwierige Kletterpartien. Der Pic des Trois Conseillers (3039 m) hält an seinem nördlichen Grat (arète) interessante Touren bereit. Eine AD-Kletterstrecke führt an seiner Südwand, die aus dem Lac de Cap de Long emporragt, hinauf. Die hohen Bergpässe laden den Wanderer auch zur Erkundung der inneren Bergwelt ein.

Weitere detailliertere Beschreibungen von Routen finden Sie im Ollivierführer: ‚Pyrénées Centrales' Vol. II

Hochroutenverbindung Barroude zum Posets

Karten: IGN 'Vielle – Aure' 1:50.000 und Editorial Alpina, 'Posets' 1:25.000

Zwar gibt es zwischen dem Barroude- und dem Posets-Massiv keine hohen Gipfel, doch durch seine wirklich schönen Täler besitzt der Grenzkamm einen gewissen Reiz. Auf jeden Fall verdient dieser Abschnitt ernst genommen zu werden. Die Lebensmittel sollten zumindest bis Viadós reichen, das zwei bis drei Tage entfernt liegt.

Hochwanderweg 13
Réfuge de Barroude bis Rioumajou

Bevor Sie zu dieser Tour aufbrechen, müssen Sie sicher sein, daß das Wetter einige Zeit konstant bleibt. Die Route folgt mehrere Stunden lang einem ungeschützten Hügelkamm, fast ohne Unterschlupfmöglichkeiten für den Fall, daß Sturm aufkommen sollte. Bergwanderern mit nur wenig Erfahrung wird von der Tour abgeraten. Brechen Sie so früh wie möglich auf und denken Sie daran, es besteht keine Gewißheit, ob Sie abends eine Unterkunft vorfinden werden. Sie müssen vermutlich campen oder biwaken. Nehmen Sie ausreichend Wasser mit, denn der Weg bis zur nächsten Wasserquelle ist weit.

Steigen Sie zum Bach, der aus dem Ostende des Lac de Barroude fließt, hinab und überqueren Sie ihn. Nehmen Sie jetzt den linken der zwei markierten Wege. (Über den rechten Weg gelangt man zum Port de Barroude.) Die Wegmarkierungen führen nach Norden, Sie gewinnen stetig an Höhe und queren die steile Hangseite über enge Terrassen. Auf diesem Weg erreichen Sie den grasbewachsenen Sporn, der nördlich des Pic de Port Vieux vorspringt. Über seine Ostseite steigt man ab, entlang einer Reihe von nicht deutlich erkennbaren Steinpyramiden und über verwittertes Geröll. Auf ca. 2280 m Höhe erreichen Sie einen Maultierpfad, der nach links ansteigt. Wenden Sie sich hier nach rechts, und erklettern Sie den Paß des Port Vieux (2378 m), ca. 1 3/4 Std. von der Hütte entfernt.

Es ist unnötig hier den Wegmarkierungen zu folgen, die links steil den Bergkamm hinaufweisen. Stattdessen halten Sie sich lieber nach Osten und gehen über steile, grasbewachsene Hänge. Geben Sie acht, falls der Boden durch Regen oder Tau feucht und aufgeweicht ist, denn die Hänge können sich für Unvorsichtige als geradezu heimtückisch herausstellen.

Während Sie nun die spanischen Hänge überqueren, müssen Sie

langsam an Höhe gewinnen, um nördlich vom Port de Bielsa wieder den Kamm zu erreichen. Sie gelangen an einen engen Paß, umgeben von zerklüfteten Felsen.
Steigen Sie über diesen Paß abwärts und überqueren Sie die steile Bergseite auf Gras und Steinen unterhalb des Pic de Massioules Richtung Ost-Süd-Ost.
Verlieren Sie nicht zu sehr an Höhe und halten Sie auf einen rot-gelbgrünen Metallpfosten (es gibt mehrere davon) auf einem abfallenden Vorsprung zu. Haben Sie den Vorsprung erreicht, klettern Sie auf einem markierten Weg nach Norden, ein weiteres Mal in Richtung Kamm. Jetzt gehen Sie nach Osten zum Pic de Bataillance, den man 3 1/2 – 4 Stunden nach dem Start erreicht hat. Es folgt ein angenehmer Abschnitt auf dem Kamm, hin und wieder mit kleinen Kletterpartien. Die Route verläuft jetzt vorwiegend auf dem Kamm, und in Südost-Richtung glaubt man bis ans Ende der Welt zu sehen. Erreicht man den Port de Héchempy (2450 m), flößt der Gedanke, die häßliche Pyramide des Pic de Marty Caberrou überqueren zu müssen, Angst ein. Glücklicherweise gehört er nicht zur Route.
Ihren Weg setzen Sie in Richtung Gipfel fort, umrunden auf dem Kamm zwei Felsblöcke und bleiben südlich von ihnen. Nach ca. 2500 m verlassen Sie den Kamm und gehen nach links (Nordost) auf die französische Seite. Folgen Sie einer Reihe Schafswege über Gras, dann Geröll, um aufsteigend eine Felsrippe zu überwinden, hinter der Sie über weiteres Geröll zu einem kleinen, niedrigen Plateau südlich des Pic de la Hount absteigen. (Ca. 5 Std. vom Barroude.)
Anmerkung: Östlich des Plateaus sehen Sie einen Bach, der zum ersten Mal seit Barroude die Möglichkeit eröffnet, Wasser nachzufüllen. Denken Sie daran, daß Sie erst nach weiteren 4 – 5 Std. das Heiligtum des Rioumajou-Tals erreichen werden. Bleibt das Wetter beständig, kann man am Bach durchaus einen Platz finden, um ein Zelt auf dem grasbewachsenen Sporn aufzuschlagen, der in das Moudang-Tal weiter unten weist. Auf diese Weise wird aus der Unternehmung ganz sicher eine Zweitagestour.
Über einen leichten Abstieg im Osten des Plateaus setzt man den Weg fort. Unterhalb, an Felsgürteln vorbei, steigt die Route nochmals über Wege an und führt Sie am Port de Moudang wieder auf den Kamm zurück. Gehen Sie die Geröllfelder auf der Südseite des Kamms hinauf. Sie erreichen so einen nicht klar erkennbaren Paß unterhalb des Pic de Lia Südkamms. (Ca. 6 1/2 Std. von der Hütte.) Dieser kleine Paßeinschnitt gibt den Blick auf die vor Ihnen liegende Strecke frei, sowie in die Tiefen des Rioumajou. Außerdem können Sie auf den gewaltigen Posets blicken, der weit entfernt hinter der nächsten Bergkette liegt. Wenn Sie zurück blicken, scheint der schnee- und eisbedeckte Monte Perdido zwischen einer Anordnung von dichtgedrängten Bergspitzen herüber.
Steigen Sie vorsichtig in Richtung Nord-Ost vom Paß herab. Sie müssen über stark verwitterten Schiefer laufen, gefolgt von zerborstenen kleinen ‘Bergspitzen’, die auf

Geröll hinabführen. Die ersten 50 Meter sind die schwierigsten. Am Fuß des steilen Abstiegs sehen Sie Wegmarkierungen, über die Sie direkt einen steinigen Sporn erklettern und überqueren, der entlang einer Mulde mit Fels und Geröll führt. Grasbewachsene Abhänge lösen das leicht zu Knöchelverstauchungen führende Gestein ab. Jetzt weisen gelegentlich auffindbare orangefarbene Kleckse den Weg.
Obwohl Sie die hohen Bergrücken hinter sich gelassen haben und der Weg ins Tal durch üppige Vegetation führt, wird die Strecke nicht einfacher. Vermeiden Sie auf alle Fälle jeden direkten Abstieg ins Tal, denn freiliegende, große Felsen können sich als unüberwindbare Hindernisse erweisen. Stattdessen sollten Sie Richtung Süd-Osten gehen und auf die wenigen Markierungen achten. Der Weg verliert jetzt diagonal über Grasflächen mit Wacholder und Alpenrosen an Höhe und trifft auf eine plötzlich auftauchende Ebene, die stellenweise sumpfig und mit Baumwollgras bewachsen ist. In 2100 m Höhe taucht auf dem Kamm eine Gruppe Pinien auf. (Sehr angenehm, wieder unter Bäumen zu wandern, immerhin die ersten seit Héas!) Laufen Sie nach Süden in das durch den Pic de l'Espade geformte Tal, auf eine Ebene zu, von der nach rechts ein Bach abfließt. Das Tal verläßt man Richtung Süd-Ost und geht direkt auf das alte Gebäude im Nordosten zu, Hospice de Rioumajou (zulässige Zeit ca. 9 – 10 Std. ab Réfuge de Barroude.).
Die letzten Jahre war das Hospiz geschlossen, leider, denn es stellt eine gute Verbindung zur Geschichte der Pyrenäenerschließung dar. So bleibt nur die Möglichkeit, das Zelt aufzuschlagen. Zumindest hat man bei der Fülle idyllischer Plätze kein Problem eine passende Mulde zu finden.

Hochwanderweg 14
Rioumajou zur Refugio de Viadós

Diese Etappe ist wirklich ein Vergnügen. Nachdem man sich erbarmungslos aus dem Rioumajou-Tal geschleppt hat, gibt der Port de Caouerère eine hervorragende Einführung in die Westseite des riesigen Posets-Massivs. Steigt man an einem strahlenden Sommernachmittag ins Cinqueta de la Pez-Tal hinab, scheint man ins Land der Träume zu wandern. Der Weiler von Viadós am Tagesende ist fast ein Höhepunkt, und an die Nacht im Schatten des Posets wird man sich immer erinnern.

Von Rioumajou aus sind mehrere Pässe zu erreichen. Aber unsere Route vom Hof des Hospiz ist rotmarkiert. Sie verläuft nach Süden am linken Bachufer entlang, quert einen Nebenbach, der von Westen kommt und führt durch eine talaufwärts stehende Baumgruppe. Überqueren Sie an der Brücke den Hauptbach, und klettern Sie nach Osten. Bei den Bäumen oberhalb des linken Millarioux-Ufers, der in einem schmalen Tal fließt, gewinnen Sie steil ansteigend an Höhe.

Ungefähr 1 1/4 Stunden von Rioumajou entfernt, teilt sich der Weg. Ignorieren Sie den rechts abgehenden Pfad, und begeben Sie sich zum Bach hinab, überqueren Sie ihn und klettern Sie dann südöstlich auf ein grasbewachsenes Steilufer zu, zu dessen beiden Seiten ein Bach fließt. Schwache Farbmarkierungen und gelegentlich ein Wegweiser geben die Richtung an. Allerdings verliert man die Markierungen leicht aus den Augen. Bleiben Sie an der Schlucht, durch die zu Ihrer Linken der Caouerère fließt. Nach mühsamem Klettern zwischen Büschen und Bäumen gelangen Sie zu einem langen, endlosen Geröllvorsprung. Sie sehen einen Pfad, der hinaufführt, über den man direkt den Port de Caouerère (2526 m) erreicht. Man rechnet für diese Strecke mit etwas über drei Stunden vom Hospiz aus.

Dieser Weg ist nicht sehr aufregend, doch entschädigen die Ausblicke für den Aufstieg. Im Süd-Osten erstreckt sich Spanien vor Ihnen, mit sonnengetauchten Tälern und Bergketten, die das Auge unvermeidbar auf den Posets lenken.

Der Abstieg nach Ost-Südost über Abhänge, um die tiefen Bachbetten von Frühlingsbächen herum, droht anfangs recht langweilig zu sein. Doch bald tauchen grasbewachsene Hügel und weite Flächen mit Alpenrosen auf. Der nicht klar ausmachbare Weg führt durch Wälder und verliert in Richtung Cinqueta de la Pez an Höhe. Wieder kann man den Pfad leicht aus den Augen verlieren. Suchen Sie sich also einen Weg zum Haupttal hinunter, um dann nahe der Bachbiegung eine Ebene mit einem Regenmanometer zu erreichen. Hier kann man den Weg entlang des rechten Bachufers wieder aufnehmen. (4 1/2 Std. ab Rioumajou.)

Der Weg steigt oberhalb vom Bach an, führt an einer Schäferhütte vorbei und setzt sich über einen Vorsprung bis zu einem Seitenbach fort. Diesen Bach muß man durchqueren, bevor der Pfad wieder in in den Schatten der Bäume zurückkehrt. Folgen Sie dem rechten Ufer des Cinqueta bis zu einem breiten Waldweg. Wandern Sie weiter bergabwärts bis zu einer Brücke mit Wasserfall zu Ihrer Linken. Passieren Sie die Brücke und bleiben Sie links auf dem Pfad, der Sie nach Viadós leitet. Die *Refugio de Viadós* befindet sich auf einem grasbewachsenen Steilhang oberhalb des Weilers (Höhe 1760 m) und ist nach ca. 6 1/2 Stunden von Rioumajou aus erreicht. (Hüttendetails folgen im nachstehenden Abschnitt 'Posets'.)

Hochwanderweg 15
Refugio de Viadós ins Estós-Tal

Die ‘offizielle’ Hochroute führt von Viadós talaufwärts und über den Col d’Aygues-Tortes nach Frankreich zurück. Doch in diesem Führer, der vorwiegend die Massive von Westen nach Osten verbindet, würde die Strecke logischerweise über den Puerto de Gistain (2572 m) in das schöne Estós-Tal hinab führen. Eine schwierige 5stündige Wanderung. Aber durchaus sehr reizvoll. Im Abschnitt ‘Posets’ wird sie genauer beschrieben (Route 67).

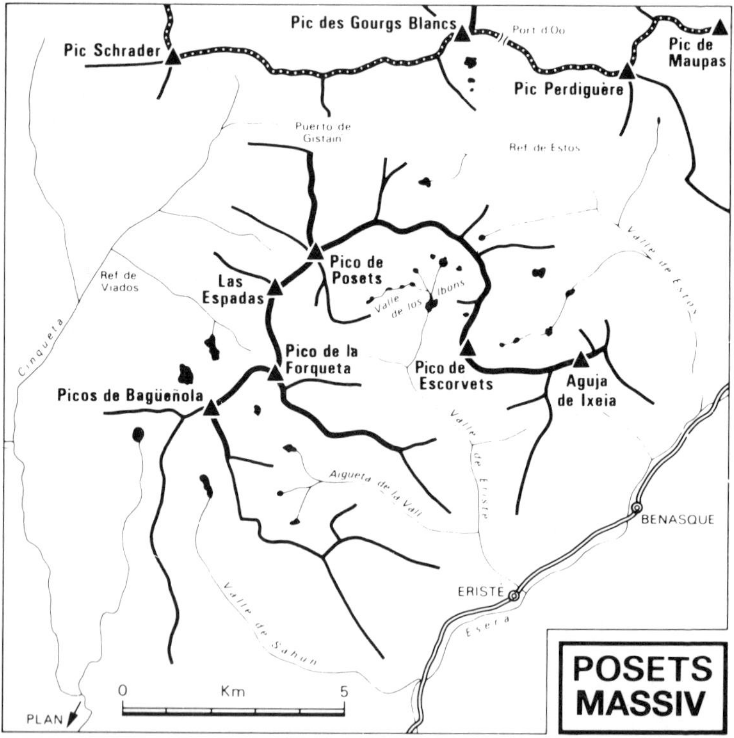

Posets

Lage: südlich der Wasserscheide, im Westen begrenzt durch das Cinqueta-Tal und im Osten durch das tiefe, farbenprächtige Esera-Tal.
Karte: Editorial Alpina 'Posets' 1:25.000

Das Posets-Massiv erstreckt sich über ein weites Gebiet reizvoller Landschaft. Hohe Bergkämme und Vertiefungen mit vereisten Schneefeldern sowie herausragende Bergspitzen kennzeichnen diese Region. Außerdem bieten das ansteigende, granitartige Hochland und seine umliegenden Täler, die zu den schönsten überhaupt in den Pyrenäen gehören, und die unzähligen glitzernden Bergseen zusätzlich in dieser wenig bekannten wilden Bergwelt eine ungeahnte Dimension der Ruhe.

Wahrscheinlich überrascht es Sie, daß ein derartig reizvolles Massiv kaum angepriesen wird.

Den Höhepunkt bildet der Pico de Posets (Punta de Llardana), der zweithöchste Berg der Bergkette. Doch all die vielen anderen Kletter- und Wandermöglichkeiten, die es zu entdecken gilt, halten für diejenigen, die sich auf diese Region konzentrieren, unzählige Belohnungen bereit. Auch der Botaniker wird von der Artenvielfalt in den geradezu 'duftenden' Tälern und den scheinbar weniger einladenden Höhen beeindruckt sein.

Am 6. August 1856 wurde der Pico de Posets erstmalig von H. Halkett und seinen Führern Redonnet und Barrau bezwungen. Zufälligerweise war Redonnet auch bei der Erstbesteigung des Aneto dabei, während Pierre Barrau aus einer Familie von Pyrenäenführern stammte, die Mitte des 19. Jahrhunderts besonders in der Posets/Maladetta-Region aktiv war. Später tauchte dann Russell auf, dessen Aktivitäten entweder allein oder mit Firmin Barrau zur Entdeckung neuer Routen im Massiv führten. Auch Packe wurde durch die „majestätische Einsamkeit der riesigen Felsen, den wenigen Schnee und die gefrorenen Teiche" angezogen und genoß viele Tage und Nächte in dieser Abgeschiedenheit. Er vollbrachte den dritten Aufstieg zum Posets und fand später eine eigene Route.

Hütten

Zwei Hütten gibt es im Massiv: die *Refugio de Viadós* befindet sich im Westen oberhalb von Viadós und ist in Privatbesitz. Die *Refugio de*

Estós, ein Gebäude der F.E.M., liegt ideal hoch oben auf einem Steilhang des Estós-Tales. Diese große Hütte wurde kürzlich wieder aufgebaut und renoviert. Sie hat 180 Schlafplätze. Während der Saison können komplette Mahlzeiten eingenommen werden. Für Selbstversorger steht eine gut ausgerüstete Küche zum Aufbereiten eigener Mahlzeiten zur Verfügung.

Anstieg zur Refugio de Viadós (Chalet Gistain) Route 63. Durch das Cinqueta-Tal

Mit dem Wagen kann man am Cinqueta (biegen Sie bei Salinas von der Bielsa-Straße ab) bis zu den Ruinen des Hospital de Gistain fahren. Vom Straßenende führt ein deutlich erkennbarer, breiter Pfad in nordöstlicher Richtung durch die Wälder. Haben Sie die Stelle erreicht, an der zwei Bäche zusammentreffen, wechseln Sie an das rechte Ufer des Cinqueta de Años Cruces über, der von rechts kommt. Der Pfad steigt zu einer Gruppe zusammengedrängter, verwitterter Hütten an, sie bilden das Dorf Viadós. Die Refugio de Viadós liegt über dem Dorf. (Ca. 1 Std. vom Straßende am Hospital de Gistain.) Geöffnet ist die Refugio von Anfang Juli bis Mitte September. Mahlzeiten sind erhältlich. Im Hauptgebäude stehen 40 Schlafplätze zur Verfügung. Die nahe Zusatzhütte in wunderschöner Lage bringt zusätzlich 6 Kojen auf.

Anstieg zur Réfuge de Viadós Route 64. Ab Eriste im Esera-Tal

Das Dorf Eriste liegt ca. drei Kilometer unterhalb von Benasque im Esera-Tal. Kein schöner Platz, der durch das Elektrizitätswerk noch unattraktiver geworden ist. Doch das Tal, das hinter dem Dorf das Gebirge teilt, führt in Gegenden, die wirklich attraktiv sind.

Gehen Sie ab Eriste den Pfad am rechten Bachufer, der von Nordwesten kommt, entlang. Sie bleiben ca. zwei Kilometer auf der rechten Uferseite und kurz bevor von links ein anderer Bach hinzutrifft, wechseln Sie an einer Brücke auf die linke Seite über. Hier steigt der Weg erst eine Weile steil an und pendelt sich auf Hochtalniveau aus. Reiche Wiesenlandschaft bietet ideale Campingmöglichkeiten. (Ca. 2 1/2 – 3 Std. von Eriste.)

Überqueren Sie die Wiesen. Steinpyramiden weisen den Weg

Posets-Massiv: der obere Talbereich des Estos-Tals mit mit dem Aguja de la Paul zur Linken

nach Nordwesten. Ein weiterer Bach kommt von Norden und hat bald den Hauptbach erreicht. Der Weg führt jetzt zum linken Ufer und teilt sich dann. Sie nehmen den rechten Abzweig, der westwärts unterhalb der Südkette des Posets den Lago Llardaneta erreicht. Zunächst gehen Sie um das Nordufer des Sees herum und klettern über steinige Hänge zum Col de Eriste. Dieser Paß liegt im Südwesten des Sees, nur 30 Meter unterhalb des Pico de la Forqueta.

Haben Sie den Paß durchquert, steigen Sie zur Nordspitze eines anderen, größeren Sees hinab, dem Lago de Millares. Ein Pfad führt Sie abwärts ins Cinqueta-Tal und zu den Hütten von Viadós. (Ca. 7 bis 8 Std. von Eriste nach Viadós.)

Anstieg zur Refugio de Estós
Route 65. Ab Benasque

Verlassen Sie Benasque talaufwärts und laufen Sie drei Kilometer auf einer breiten Straße bis Sie den Esera an seinem rechten Ufer kreuzt. (Kurz vorher sehen Sie links unten eine alte bucklige Brücke, die 800 Jahre alte Pont de Cubere.) Über die neue Autobrücke geht links eine Seitenstraße ab, auf der man ein langes Gebäude am Eingang zum Estós-Tal erreicht. Hier kann man parken.

Nehmen Sie den Pfad, der auf der linken Uferseite eine enge Schlucht hinaufführt. Es geht oberhalb an einem gestauten Bergsee vorbei und bald über den Bach, dann steigt der Pfad allmählich im Schatten der Bäume an. Der Wald öffnet sich zu sanftem Wiesengelände hin. Es werden Blicke ins Tal und seine einrahmenden Berge frei. Wieder im Wald, entfernt sich der Weg vom Bach, schlängelt sich in die Nähe eines Wasserfalles und steigt nochmals nordwestlich an. Er erreicht auf Hochtalniveau großflächige Wiesen und wunderschönes, weites Land breitet sich wie ein Band vor Ihnen aus.

Überqueren Sie den Estós bei den Schäferhütten von Turmo und folgen Sie dem Weg, der jetzt oberhalb des linken Ufers ansteigt. Er führt über begrünte Hänge in und aus dem Wald heraus, um schließlich aufwärts zur Estós-Hütte zu gelangen, die auf einem erhöhten Hügel liegt. (Ca. 3 1/2 – 4 Std. ab Talbeginn).

Anstieg zur Refugio de Estós
Route 66. Ab Lac d'Oô

Karte: IGN 'Bagnères de Luchon' 1:50.000

Auf der N 618 verlassen Sie Luchon. Die Straße klettert nach Westen auf den Col de Peyresourde zu. Doch nach 9 km zweigt links eine mit Oô ausgeschilderte Nebenstraße ab. Hinter dem Dorf geht die Straße Richtung Süden bis zu den Granges d'Astan weiter. Hier kann man parken.

Ein deutlicher Weg, der nicht näher beschrieben werden muß, geht von den Bauernhöfen ab und erstreckt sich bis zum Lac d'Oô, der ca. zwei Kilometer entfernt im Süden liegt. Für Touristen, die von Luchon kommen, ist der See ein beliebtes Wanderziel. Ein reizvoller Ort mit gradezu dramatisch hoher Berglandschaft.

Sie bildet den Hintergrund für den mittleren Teil eines kleinen Wasserfalles.
Der Weg zum Port d'Oô zieht sich am Ostufer des Sees entlang und klettert durch einen flachen 'Korridor' unterhalb der Hänge des Cap des Hounts-Secs, erklimmt schließlich den Bergsattel, auf dem ca. 200 m rechts das Refugio d'Espingo steht. (Ca. 2 1/2 – 3 Std. ab Granges d'Astan.) Die Hütte, im Besitz der CAF, liegt auf 1960 m Höhe und verfügt über 60 Schlafplätze.
Sie gehen den Weg bis zum Lac Saussat, dann weiter an seinem Westufer entlang. Leicht in südwestliche Richtung schwenkend, sehen Sie eine Brücke, die den Bach überquert. Verlassen Sie kurz vor dieser Brücke den Hauptpfad, und laufen Sie über ansteigende Grashügel nach Westen (rechts), um schließlich freiliegende Felsen zu erklettern. Jetzt erleichtern Steinpyramiden die Routenfindung. Der Weg biegt nach links und verläuft unterhalb der imposanten Wand des Pic des Spijoles auf unwegsamen und felsigen Gelände. Die Steinpyramiden weisen stetig aufwärts, dann abwärts zu einem kleinen See oberhalb des großen Lac Glacé. Bewegen Sie sich in südwestlicher Richtung vom See fort. Der Weg schlängelt sich über Terrassen nackten Gesteins, die das Südufer des Lac Glacé begrenzen.
Halten Sie südöstlich auf den kleinen Gletscher Seil de la Baque zu, so treffen Sie auf einen weiteren kleinen See, der teilweise zugefroren ist. Steinpyramiden weisen den Anstieg zum Port d'Oô, den Sie im Südwesten ausmachen können.
Vom Port steigt man abwärts in wildes, unwegsames Gelände. Zunächst hält man sich unterhalb des eigentlichen Paßes links, dann rechts, südwärts, jetzt können Sie den Lagos de Gias zu Ihrer Rechten sehen. Allerdings bewegen Sie sich nicht auf den See zu, sondern laufen in Bogenform erst nach links, dann nach rechts, bis Sie einen Bach erreichen, der aus den Seen fließt. Begeben Sie sich auf sein rechtes Ufer, von dort führt ein Pfad direkt zur Estós-Hütte. (Zufälligerweise überquert dieser Pfad ebenfalls einen der anderen hohen Grenzpäße, den Puerto de Gias.)
(Für die Überquerung müssen Sie mit ca. 8 – 9 Std. rechnen, von den Granges d'Astan bis zur Refugio de Estós.)

Pico de Posets (3375 m)
Route 67. Normale Route via Coma de La Paul

Schwierigkeitsgrad: F
Ausrüstung: Seil, Eisaxt, Steigeisen und Schutzhelm
Start: Refugio de Estós (1835 m)

Wenn Sie die Hütte verlassen, steigen Sie bis zum Talgrund hinab und überqueren dann den Bach bei einer Behelfsbrücke. Folgen Sie nun dem Pfad am rechten Ufer. Ca. einen Kilometer von der Hütte entfernt biegt der Weg links vom Fluß ab und gewinnt, die Hangseite aufwärts, Richtung Tal im Westen, an Höhe. Er windet sich unterhalb der Zwillingsgipfel Aguja de La Paul und Tuca de La Paul entlang und stößt auf das tiefer liegende Gelände des Coma de La Paul-Tales.

Problemlos geht es durch das Tal. Sie müssen sich allerdings in der Mitte halten, um auf den Schneesattel des Collado de La Paul am Talende zu gelangen. Der Gletscher, über den man den Paß erreicht, ist relativ steil, aber nicht weiter problematisch. Steigeisen helfen jedoch erheblich beim Aufstieg.

Sind Sie am Paß angekommen, passieren Sie ihn zur Südseite hin auf den Glacier de Posets zu. Halten Sie sich rechts. (Schneewege existieren zu fast allen Jahreszeiten.) Sie treffen auf die Posets-Ostwand, die man über eine Art Kamin oder schmale Schlucht erklimmt. Der Anstieg ist eigentlich nicht so schwierig als vielmehr durch Steinschlag gefährdet. Achten Sie deswegen auf andere Wandergruppen. Der Kamin öffnet sich zum Nordkamm des Berges. Nehmen Sie den linken Kamm, und klettern Sie zum Gipfel. (Ca. 5 1/2 – 6 Std. ab Estós-Hütte.)

Aufgrund seiner Höhe und zentralen Lage innerhalb der Bergkette bietet der Posets-Gipfel wahrscheinlich den besten Ausblick über die Pyrenäen. Herrlich sieht der riesige, massive Maladetta im Osten aus, während die vielen dicht zusammengedrängten Gipfel im Westen vom Monte Perdido dominiert werden, und in der Ferne mehr nach Norden hin erscheint der Vignemale. Die französischen Ebenen sehen wie getrübte Gewässer aus, die spanischen Sierras wie das Wirrwarr einer unergründbaren Masse. Zwischen Norden und Süden erstrekken sich mehr Berge und Täler, als je ein Mensch Zeit haben wird zu ergründen. Doch direkt unterhalb liegt ein reizvolles Gebiet, das Ihnen eine Ahnung von lohnenden Exkursionen vermittelt.

Posets-Massiv, vom Westen gesehen

Pico de Posets
Route 68. Süd-Ost-Grat (Arète)

Schwierigkeitsgrad: AD inf.
Ausrüstung: Seil, Eisaxt, Steigeisen, Schutzhelm
Start: Refugio de Estós

Der Süd-Ost-Grat ist der kurze Kamm, dem der Bergwanderer gegenübersteht, nachdem der Collado de La Paul bewältigt ist. Diese interessante Route stellt eine Alternative zum vorangegangenen Standardaufstieg über den Ostwandkamin dar. Zusätzlich gilt sie als durchführbare Abstiegsstrecke, die, folgt man der normalen Route 67, eine interessante Überquerung des Gipfels verspricht.

Ausgehend vom Collado de La Paul (Route 67) überquert man den Gletscher und sucht die steile, klar erkennbare Aufstiegsrinne, die direkt vom Eis auf den Kamm führt. Oben an der Rinne wenden Sie sich nach rechts und erklettern eine Reihe von Vorgipfeln, die einige heikle Schritte abverlangen (zwei Sicherungspflöcke). Darüber hinaus hält der Kamm keine weiteren, wirklichen Schwierigkeiten bereit, abgesehen von Steinschlag, einer typischen Erscheinung in diesem Gebirge. So erreicht man über den Kamm ohne weitere Schwierigkeiten den Gipfel. (Ca. 6 Std. ab Estós-Hütte.)

Pico de Posets
Route 69. Via Valle de Bardamina

Schwierigkeitsgrad: F
Ausrüstung: Seil, Eisaxt, Steigeisen, Schutzhelm
Start: Refugio de Estós

Diese Route, eine Variante der Nr. 67, gehört zu den vielen von Russell erkundeten Strecken, die er in den sogenannten 'glücklichen Tagen' der Pyrenäenerschließung gegen Ende des 19. Jahrhunderts entdeckte. Steigen Sie zum Bach unterhalb der Estós-Hütte ab und überqueren Sie ihn an der Brücke. Gehen Sie auf einem Pfad weiter, der den Hügel Richtung Süden im Zickzack hinaufführt. (Auf der Editorial Alpina-Karte nicht eingezeichnet.) Er windet sich nach rechts über Wiesengelände, führt durch Wald und zum Kar des Valle de Bardamina. Sie gelangen an einen einsam gelegenen See, der in diesem Becken eingeschlossen liegt. Umrunden Sie sein Nordufer, und klettern Sie südwestlich auf den Sattelhang des Bergkamms zu, der zwischen Pico de Bardamina und Aguja de La Paul verläuft.

Vom Sattel sehen Sie den Coma de La Paul unter sich liegen. Queren Sie in Richtung oberes Gletscherende und achten Sie darauf, nicht an Höhe zu verlieren. Auf dem Gletscher angekommen, folgen Sie der vorangegangenen Route 67. (Ca. 5 1/2 – 6 Std. von der Estós-Hütte zum Gipfel.)

Pico de Posets
Route 70. Von Westen via Glacier de Llardana

Schwierigkeitsgrad: F
Ausrüstung: Steigeisen, Eisaxt, Schutzhelm
Start: Refugio de Viadós (1800 m)

Von der Refugio de Viadós folgt man dem Weg, der in nordöstlicher Richtung oberhalb des rechten Bachufers abgeht. Ca. einen Kilometer von der Hütte entfernt, quert man auf einer Brücke den Bach an der Stelle, wo er mit dem Llardana zusammentrifft. Der Llardana fließt aus dem Tal unterhalb des riesigen Posets. Zu diesem Tal führt der Weg hinauf und gewinnt über dem linken Ufer des Lit de Llardana bis zur Cabana del Clot, einer verwitterten Hütte, an Höhe.
Passieren Sie die Cabana und halten Sie nach rechts durch Bäume hindurch, wobei Sie sich vom Bach entfernen. Steigen Sie weiter in südöstlicher Richtung auf. Bald ist der Pfad verschwunden. Sie müssen mehr nach Osten gehen, der Baumbestand dünnt hier aus. Bewegen Sie sich dort auf den Hauptbach zu, wo er aus dem Gletscher auftaucht. Gehen Sie unterhalb der Nord-West-Wand des Pic de Las Espadas entlang, und versuchen Sie den Nordkamm auf dem einfachsten Weg zu erreichen. Die Kammspitze liegt ca. 50 Meter tiefer als der Gipfel. Wenn Sie sich nach rechts wenden und einen letzten Hang hinauf gehen, haben Sie den Gipfel erreicht. (Ca. 6 Std. ab Refugio de Viadós.)

Andere Routen

Aufgrund der Tatsache, daß das Posets-Massiv allgemein wenig bekannt ist, gibt es zum Hauptgipfel eine überraschend große Zahl von Routen und Varianten. Fast alle sind lang und verlangen umständliche Anstiege. Der Bergspezialist wird wenig Attraktives finden. Aber für normale Bergwanderer gibt es ausreichende Möglichkeiten, die einen ausgedehnten Aufenthalt rechtfertigen. Sie befinden sich in wildem Gelände, südwestlich der tieferliegenden Gebiete des Estós-Tales.

Route 71. Wandertour vom Cinqueta zum Estós-Tal

Start: Refugio de Viadós

Diese Wanderung ist die angenehmste Strecke zwischen der Viadós-Hütte und der Refugio de Estós. Sie kann auch als eigenständige Tour in Angriff genommen werden, bei der die Erhabenheit der Massiv-Nordhänge klar zu Tage tritt.
Verlassen Sie die Refugio de Viadós über den Pfad, der oberhalb des rechten Ufer des Cinqueta de Añes Cruces in nordöstliche

Richtung führt. Das Tal verengt sich und ca. drei Kilometer von der Hütte entfernt taucht von Osten ein Bach auf, der in den Hauptbach fließt. Ignorieren Sie den Pfad, der zum Grenzkamm verläuft. Überqueren Sie den Cinqueta, bevor er mit dem Gistain zusammentrifft, und klettern Sie nach Osten auf den deutlich sichtbaren Sattel des Puerto de Gistain. Der in 2572 m Höhe gelegene Paß bietet absolut widersprüchliche Aussichten, das satte Grün des Estós kontrastiert mit der nackten Härte des Hochgebirges.

Steil geht es über rauhes Gelände unterhalb des Passes abwärts. Weiter über Schneefelder und Geröll, bis man schließlich den kleinen Bach Estós sieht. Bleiben Sie von Anfang an auf seiner linken Seite und durchwaten Sie wann immer nötig die zahlreichen Nebenbäche, die von dem Grenzkamm herabfließen. Für eine Weile taucht die Estós-Hütte auf einem herrlichen Steilhang auf. Sie erreicht man über einen gut auszumachenden Weg. (Ca. 4 1/2 – 5 Std. ab Refugio de Viadós.)

Route 72. Mehrtägiger Rundweg im Posets-Massiv

Start: Wiesen von Sallent im Valle de Eriste

Diese Rundtour im Posets-Massiv ist geprägt durch viele Kletterpartien und Höhenunterschiede, denn Paß um Paß muß erstiegen und Täler durchquert werden. Ein Zelt ist Grundvoraussetzung, es sei denn, Sie wollen auf dem Weg biwaken. Beide Hütten, Estós und Viadós, können als Übernachtungsmöglichkeit angelaufen werden. Aber mit einem leichten Zelt werden Sie wesentlich unabhängiger sein.

Wiesen von Sallent (1915 m) – Valle de los Ibons – Collado de la Piano – Lago de Perramo – Estós-Tal – Refugio de Estós (nicht beschrieben) – Puerto de Gistain – Cinqueta-Tal – Refugio de Viadós (Route 71 in umgekehrter Richtung) – Lago de Millarea – Collado de Eriste – Wiesen von Sallent (Route 64 in umgekehrter Richtung).

(Rechnen Sie für die gesamte Tour mit 3 – 4 Tagen. Der ganze Vorrat muß getragen werden. Anstieg zu den Wiesen von Sallent, s. Route 64.)

Hochroutenverbindung Posets zum Maladetta

Karten: Editorial Alpina 'Posets' 1:25.000 und 'Maladetta, Aneto' 1:25.000

Zwischen dem Estós-Tal und dem Hochland des Esera gibt es durchaus Ähnlichkeiten: strahlend und einladend, mit duftenden Sträuchern und knorrigen Pinien, weiten Flächen wilder Blumen und Miniaturwasserfällen, über denen sich hohe Gipfel erheben, die die natürliche Wiesenlandschaft einrahmen. Die riesigen Posets- und Maladetta-Massive sind die höchsten in der ganzen Kette.
Der Wanderer tritt in die Fußstapfen von Pionieren, die sich vor über einem Jahrhundert hier ihren Weg bahnten. Verbindet man beide Massive in einer Tagestour, muß man leider lange Strecken über asphaltierte Straßen laufen. Am besten sucht man sich vor Tagesende einen Platz, wo wieder Wiesen und Büsche beginnen und genießt die Aussicht.

Hochwanderweg 16
Vom Estós-Tal zur Refugio de la Renclusa

Folgen Sie von der Refugio de Estós dem Pfad talabwärts, zunächst hoch über dem linken Bachufer in ost-ost-südlicher Richtung. Der Pfad verliert zwischen den Bäumen an Höhe und pendelt dann aus. Er gelangt auf breites, offenes Gelände, gegenüber der alten Cabane de Turmo. Man erreicht sie über eine Brücke, die den Estós überquert. Halten Sie sich jetzt links auf einem klar erkennbaren Weg, der sich oberhalb von Wasserfällen entlang windet und am rechten Bachufer weiter verläuft. Ohne Abzweig kehrt der Pfad schließlich wieder auf die linke Uferseite zurück und steigt jenseits eines schmalen Damms zum Esera-Tal hinab, ca. drei Kilometer von Benasque talaufwärts.
Anmerkung: Mit Proviant können Sie sich in Benasque eindecken. Die kleinen Läden führen sowohl frische Lebensmittel als auch Konserven, desweiteren werden Bergsteigerausrüstungen und Karten verkauft. Mehrere Hotels und Bars sowie pittoreske Straßen zieren den Ort.
Haben Sie das Tal erreicht, wenden Sie sich nach links und gehen eine breite Asphaltstraße entlang. Kurz hinter dem Stausee können Sie zwischen mehreren Routen wählen:
a) Man kann die Straße bis zu Ende gehen und von dort aus zum Bach Esera abkürzen. Wenn man den Bach überquert hat, erreicht man den unebenen Pfad, der rechts nahe den Ruinen des alten Hospitals de Benasque talaufwärts weist.

b) Biegen Sie rechts von der Straße ab, überqueren Sie an der Holzbrücke den Bach, um dann ein großes, flaches Gelände zu queren, den Plan de Senarta, am Eingang des Vallhiverna. Halten Sie sich beim Überqueren links und folgen Sie dem holprigen Pfad in nordöstlicher Richtung.
Anmerkung: Sollten Sie sich für die Alternative entscheiden, kann man Proviant im Baños de Benasque erstehen, einem großen Gebäude, das hoch über dem Tal liegt, an dem man auf diesem Weg vorbei kommt.
Hinter dem verfallenen Hospital de Benasque schiebt sich der Weg weiter zu dem tieferliegenden Gelände des Esera. Er kreuzt den Bach über eine Betonbrücke, umrundet den Plan d'Estan und erreicht ein Stopschild. Anschließend läuft der Weg auf Pinien zu. Stetig gewinnt er an Höhe und schwenkt nach rechts, um nach Süden zur Refugio de la Renclusa (2140 m) zu klettern. Die Refugio befindet sich hoch oben über dem Tal unterhalb de Pico de la Maladetta in einer Senke. (Ca. 6 1/2 Std. ab Estós-Hütte.) Einzelheiten zur Renclusa werden im nachstehenden Abschnitt 'Maladetta' gegeben.

Maladetta-Massiv

Maladetta

Lage: östlich des Posets-Massivs, getrennt durch das Esera-Tal
Karte: Editorial Alpina 'Maladetta – Aneto' 1:25.000

„Unsere gesamte Aufmerksamkeit wurde von einem ausgesprochen majestätischen Gipfel in Anspruch genommen," schrieb Ramond 1787 während seines Besuchs im Hochland des Esera. „... in all seiner Erhabenheit, bedeckt mit ewigem Schnee, umgeben von breiten Bändern aus Eis, alles überragend. Es ist der Maladetta, ein Berg, dem nachgesagt wird, uneinnehmbar zu sein."
Der Maladetta ist weit davon entfernt, uneinnehmbar zu sein. Seine gewaltigen Ausmaße bieten eine derartig breite Palette von Routen an, daß für jeden etwas dabei ist, ausgenommen der Steilwandexperten. Eine anziehende Gebirgsregion mit Bächen, Wasserfällen und gleißenden Bergseen. In den Hängetälern trifft man wahre Blütengärten, während der 'Graben' des Esera bis vor einigen Jahren als das Tal „seltenster Vollkommenheit" galt.
Vier Gletscherüberreste der „langen Eisbänder", wie Ramond vermerkte, umschlingen die Nord-Ost-Hänge des Massivs. So geschrumpft sie auch sein mögen, bilden sie doch einen Kontrast zu der üppigen Vegetation der tieferliegenden Berghänge. Zusätzlich erleichtern ihre Eisaufgänge den Anstieg zum Granitgebirgsgrat, der das Rückgrat des Massivs bildet. Dieser Grat besitzt eine Höhe von mehr als 3000 Metern und gipfelt im Pico de Aneto, mit 3404 m der höchste Berg in den Pyrenäen. An den Süd-West-Flanken ist das Gebirge zu Serien tiefer Kars eingefallen, mit Seen oder kleineren Bergseen und kleineren unscheinbaren Eisfeldern an den oberen Rändern.
Der erste Aufstieg zum Aneto gelang am 20. Juli 1842 dem russischen Offizier Platon de Tchihatcheff gemeinsam mit Albert de Francqueville und den Führern Argarot, Redonnet und Ursule. Sie wählten eine schwierige Strecke von Südwesten. Doch Tchihatcheff kehrte vier Tage später zurück und versuchte einen zweiten Aufstieg, dieses Mal über den Aneto-Gletscher. Diese Route wird heute als gängiger Aufstieg benutzt.

Maladetta-Massiv, vom oberen Talbereich des Esera-Tals

Hütten

Die einzige Hütte, die im Maladetta und den umliegenden Gipfeln zur Verfügung steht, ist die *Refugio de Renclusa*, eine große Wanderherberge mit einer nebenstehenden älteren Hütte. Sie liegt unterhalb des Maladetta-Gletschers, nicht weit vom Platz der ehemaligen Hütte entfernt, die von den Pionieren benutzt wurde. Die Hütte ist im Besitz des C.E.C. Mahlzeiten werden ausgegeben und trotz 75 Schlafplätzen ist es in der Saison oft sehr voll. Außerhalb der Saison bleibt die Hütte geschlossen, Das angrenzende Gebäude bietet Unterschlupf. Doch aufgrund der zahlreichen Campingmöglichkeiten wird die Unterbringung nicht zum Problem. An dieser Stelle sollte zur Kenntnis genommen werden, daß das Gelände um die Hütte herum durch die nicht mehr zu entschuldigenden Müllberge der Generationen von Campern und Hüttenbesuchern wirklich verschandelt wurde. Meine Bitte an alle zukünftigen Maladetta-Besucher, etwas mehr Verantwortung zu übernehmen.

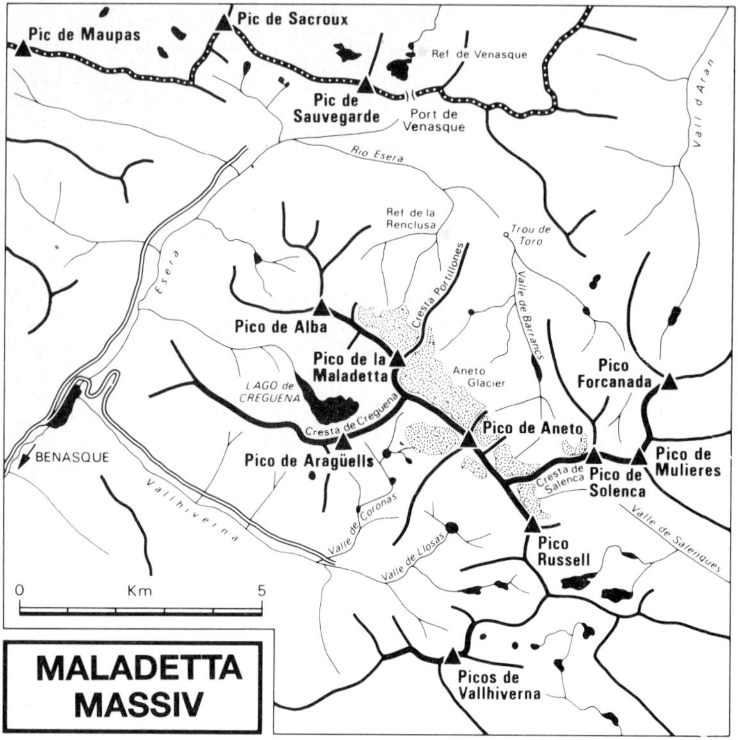

MALADETTA MASSIV

Anstieg zur Refugio de la Renclusa
Route 73. Von Frankreich via Port de Venasque

Karte: IGN 'Bagnères de Luchon'

Südlich von Luchon klettert eine Straße (N 125) durch das bewaldete Valle de la Pique in Richtung Hospice de France. Heute ist die Straße leider einige Kilometer vor dem Hospiz wegen schweren Erdrutsches für den Verkehr gesperrt worden. Der Wanderer kommt trotzdem weiter und zwar über einen neuen Weg, der die 'verlorene' Straße umgeht. Später nimmt man sie wieder auf und

Pico de Aneto

gelangt so direkt zum Hospiz. Hier beginnt die Route zum Port de Venasque.
Der ausgeschilderte Pfad führt in südwestlicher Richtung über einen Bach und klettert, zunächst gerade, dann im Zickzack durch das enge Tal auf den Grenzkamm zu. Der Maultierpfad ist klar erkennbar und bedarf keiner näheren Beschreibung. Er steigt zu einem hohen Kar mit drei Bergseen auf. In der Nähe einer der Seen steht die Réfuge du Port de Venasque, eine unbewirtschaftete CAF- Hütte. Das Mobiliar besteht lediglich aus einem Tisch, zwei Bänken, einer Feuerstelle und Gemeinschaftskojen für ca. zehn Wanderer.
Der Pfad schlängelt sich am Fuß der Nord-West-Wand des Pic de la Mine entlang, gewinnt durch schmale Serpentinen über Geröll an Höhe, um schließlich überraschend auf den engen Paß des Port de Venasque zu stoßen, eingekeilt zwischen la Mine und Pic de Sauvegarde. Vom Hospice de France aus gilt der Port de Venasque in 2448 m Höhe als beliebtes Ausflugsziel. Er hält wunderschöne Ausblicke bereit. Nach Süden, über den Tiefen des oberen Esera, erhebt sich der Maladetta. Im Süd-Osten bildet die

Mulleres-Gruppe eine Gipfelbarriere, dem herrlichen zweizackigen Pico Forcanada untergeordnet.
Steigen Sie über den Pfad, der nach einer kurzen Strecke nach links verläuft, ab, um zunächst am Rand einer grasbewachsenen Terrasse entlang, dann im Zickzack in ein Tal zu gelangen, das kurz hinter einem flachen Bergsee liegt. Der Weg ist gut auszumachen, und man verliert durch die engen Kurven schnell an Höhe. Dort wo sich der Weg gabelt, wenden Sie sich nach links und überqueren eine idyllische Landschaft mit Krüppelkiefern und Büschen, von kleinen Bächen durchzogen. Halten Sie auf den Nordkar des Maladettas zu, in dem die Renclusa-Hütte liegt. (Das erste Mal wird sie am Port de Venasque sichtbar.)
Bald treffen Sie auf den Hauptweg, der aus dem tieferliegenden Tal zur Rechten kommt. Folgen Sie ihm, er klettert in Serpentinen zur Hütte hinauf. (Ca. 4 – 5 Std. ab Hospice de France.)
Anmerkung: Im Frühjahr besteht auf der vorangegangenen Route zum Port de Venasque Lawinengefahr. Man sollte sie nicht begehen, wenn oberhalb der Refugio oder des Port de Venasque Gefahr unbeständiger Schneeverhältnisse besteht. Während der Saison jedoch ist die Strecke nicht mehr als eine steile Wanderung.

Anstieg zur Réfuge de la Renclusa
Route 74. Von Frankreich via Port de la Picada

Hier startet man ebenfalls vom Hospice de France. Diese Tour stellt eine längere Alternative zu der oben beschriebenen Port de Venasque-Route dar. Bei Schneewitterung dürfen Sie keine Überquerung des Port de Venasque unternehmen. Sie können dann diese Route benutzen. Das Problem ist die Zeit, die man benötigt, um den Port de la Picada zu erreichen und die unbeständigen Witterungsverhältnisse, denn der letzte Anstieg wird im Spätfrühling/Frühsommer ebenfalls von Lawinen bedroht.
Verlassen Sie das Hospice de France auf dem breiten Weg, der südöstlich am Eingang zum Vallée de la Frèche in Waldgebiet führt. Im Wald biegen Sie dort, wo sich der Weg teilt, nach links ab. Klettern Sie in Serpentinen aufwärts bis Sie aus dem dichten Wald auf welligem Wiesenland auftauchen. Ist der Kreuzpunkt mit einem anderen Pfad von links erreicht, biegen Sie nach rechts. Setzen Sie Ihren Weg fort, und

klettern Sie auf die Grashänge oberhalb des Tals. (Im Frühjahr blühen Unmengen von Narzissen.)
Schließlich ist der erste Paß, der Pas de la Montjoie, mit Grenzstein erreicht. Nicht den Paß überqueren, sondern halten Sie sich rechts entlang des ansteigenden Weges, der hier einen Kurs Richtung Süden zum Talende einschlägt, um dann unterhalb einen weiteren Paß, Pas de l'Escalette (Grenzstein Nr. 333), zu erreichen, westlich des Sommet de l'Escalette. Überqueren Sie den Paßsattel, und steigen Sie nach Westen ab, um auf einen anderen Pfad zu treffen, der sich aus dem steilen und tiefen Pomero-Tal im Osten heraufwindet.
Auf diesem Pfad queren Sie die Südhänge des Cap de la Picada und steigen zum Sattel des Port de la Picada auf. Überqueren Sie diesen Paß. In der anschließenden Senke werden Sie solange an Höhe verlieren, bis Sie die ganze Weite des Esera unter sich liegen sehen. Halten Sie sich links und steigen Sie über den Zickzackweg hinab, über den der Abstieg vom Port de Venasque gemeistert wurde.
Die letzte Strecke ist mit der aus Route 73 identisch. (Rechnen Sie mit ca. 6 – 7 Std. vom Hospice de France bis zur Renclusa.)

Anstieg zur Réfuge de la Renclusa
Route 75. Vom Vall d'Aran via Vall de l'Artiga de Lin und Port de la Picada

In Les Bordes im Vall d'Aran windet sich eine kleine Straße ins Vall de l'Artiga de Lin, auch unter dem Namen Vall del Joeu bekannt, das sich hinter dem Dorf nach Süden erstreckt. Ein reizvolles, ca. acht Kilometer langes Tal, das ganz befahrbar ist. Am oberen Ende, unterhalb des Coll de Toro und dem Hängetal, das sich unterhalb der Nordwand des Pico Forcanada befindet, öffnet sich das Tal zu Wiesenflächen hin. Auf dem Pla de l'Artiga besteht Parkmöglichkeit. Ein offenes Wiesengelände mit einer neuen Hütte, der Refugio de l'Artiga.
Ein nicht klar erkennbarer Weg führt hinter der Hütte, geht man nach Westen, in Waldgebiet. Er steigt durch den Wald an und erreicht eine Straße.
Wenden Sie sich auf dieser Straße nach rechts, und laufen Sie solange weiter bis die Straße einen Bach oberhalb eines Wasserfalles überquert. Einige Meter hinter dem Bach klettert links ein schmaler Pfad in das Pomero-Tal. Bleiben Sie nördlich des Baches

Beim Aufstieg auf den Pico de Aneto

(seinem linken Ufer), so steigt der Pfad durch das Tal. Seine tieferliegenden Regionen sind ein herrliches Gebiet für Blumenfreunde. Ohne Schwierigkeiten führt der Weg einige Schritte aufwärts zu kleinen Schneeflächen, die fast das ganze Jahr erhalten bleiben. Schließlich treffen Sie auf Route 74. Über den Sttel des Coll de l'Infern gelangen Sie zum Port de la Picada.
(Ca. 4 – 5 Std. von der Refugio de l'Artiga bis zur Renclusa.)

Anstieg zur Refuge de la Renclusa
Route 76. Von Süden, das Esera-Tal entlang

Bis vor kurzem galt der Anstieg von Benasque zum Esera-Hochland als eine wunderschöne, lange Wanderung. Leider muß diese Route nun unter dem 'Fortschritts' leiden. Zuerst hat man den Fluß zur Stromgewinnung gestaut, jetzt wird eine internationale Autobahn geplant. Ich bin versucht zu glauben, daß sie Richtung Frankreich untertunnelt werden soll. Zusätzlich haben

Cresta de la Maladetta, vom Pico de la Maladetta

Bulldozer eine breite Straße in das Hochlands gebahnt, zu welchem Zweck ist mir allerdings bis heute nicht klar. Das Resultat des neuen, erleichterten Aufstiegs drückt sich jedenfalls in der Verunstaltung einer ehemals idyllischen und einheitlichen Region aus. Doch zumindest sind die Berge davon verschont geblieben.

Man kann bis nördlich von Benasque mit dem Auto fahren, nicht weit vom Renclusa entfernt. Trotzdem ist der Weg jenseits von Baños de Benasque für tiefliegende Autos nicht zu empfehlen. Folgen Sie dem Weg in ein Gebiet mit Pinien und Büschen bis zu einem Punkt unterhalb und nördlich des berühmten Pico de la Renclusa-Gipfels, der als Ostwand eines hohen Kar unterhalb des Maladetta erscheint.

Der zu gehende Pfad ist klar erkennbar und gut ausgetreten. Er klettert nach rechts oberhalb des rechten Ufers eines herabstürzenden Baches und führt direkt zur Renclusa. (Ca. 3 – 3 1/2 Std. ab Baños de Benasque bis zur Renclusa.)

Pico de Aneto (3404 m)
Route 77. Normale Route von Norden

Schwierigkeitsgrad: P.D.
Ausrüstung : Steigeisen, Eisaxt, Seil
Start: Refugio de la Renclusa (2140 m)

Die Standardroute zum Gipfel des Aneto überquert den langen, felsigen Grat Cresta de los Portillones zum Aneto-Gletscher. Der nicht sehr breite Grat bildet die Wasserscheide für einen Bach, der den Gletscher des Maladetta entwässert. Er fließt durch das Esera-Tal zum Becken des Ebro und ostwärts ins Mittelmeer. Auf der Ostseite des Grats, wird der Aneto-Gletscher zur Quelle der Garonne, jenem großen französischen Fluß, der die Weingärten von Bordeaux in seinem Lauf zum Atlantik bewässert.
Folgen Sie dem von der Renclusa-Hütte abgehenden Pfad einige hundert Meter weit, dann klettern Sie steil in südlicher Richtung auf den Grat des Portillon-Kamms. Eine perfekt markierte Route, die an einem signifikanten Sattel, dem Portillon Inferior, zum Kamm ansteigt. Von hier aus können Sie einen ersten Blick auf den Kegel des Aneto hinter dem schräg abfallenden Gletscher werfen.
Obwohl man an dieser Stelle zum Gletscher absteigen könnnte, rate ich davon ab, denn Sie würden viel zu viel Zeit verlieren. Stattdessen halten Sie sich dem Pfad entlang nach rechts und erklettern den Kamm etwas weiter westlich, dann über den Pico del Portillon Superior, bis Sie eine weitere Klamm erreichen, den richtigen Portillon Superior. Steigen Sie zur Ostseite ab und krabbeln Sie eine kurze Felsrinne runter, die in der frühen Jahreszeit mit Eis gefüllt ist. Folgen Sie dem Pfad durch Schnee. Gehen Sie Richtung Süden auf einen tiefen Paß zu, der unter Ihnen und nördlich des Aneto liegt. Nach kurzer Zeit gelangt der Pfad zu einer niedrigen, natürlichen Felsanhäufung. Dahinter erstreckt sich der Gletscher in gleichseitigem Winkel. Er ist fast vollständig mit Schnee bedeckt und seine kleinen Gletscherspalten sind gefahrvoll. Wie dem auch sei, normale Gletschervorsichtsmaßnahmen sollten angewandt werden. (Sollte es geringfügigen Schneefall gegeben haben und die Spalten freiliegen, vermeidet die Route die Überquerung an dieser Stelle. Sie führt dann am Fuß des Portillon-Grats herum, verläuft unterhalb des Hauptkamms — in Abstand zu Bergschründen — um am Collado de Coronas wieder auf die normale Route zu treffen.)

Überqueren Sie den Gletscher in Richtung Collado de Coronas-Sattel. (Packe sprach von einem See, der hier in der Nähe gewesen sein soll, bis „seine Gewässer .. im August 1857 das Eis durchbrachen und einen Austritt fanden.") Teils oberhalb des Collado über die Schneekuppe ansteigend erreicht man direkt den Gipfel. Erklettern Sie ihn und halten Sie sich auf der Spitze nach links auf den nackten Teil des Gipfelkamms zu, der sich des großen Namens Pont de Mahommet (Puente de Mahoma) erfreut. Dieser ca. 50 m lange Kamm besteht aus großen Granitbrocken, stellt aber keine echten Probleme dar. Es ist eine recht windige Überquerung, die dem Aufstieg aber noch ein zufriedenstellendes Ende bereitet, denn der Gipfel, mit großem Kreuz und Jungfrauenstatue versehen, liegt direkt dahinter. (Ca. 5 – 5 1/2 Std. von der Renclusa.)

Der Blick von der höchsten Spitze der Pyrenäen schweift natürlich in weite Ferne. Aber es fehlt an wirklich beeindruckenden Gipfeln, die das Auge auf sich lenken würden. Sie sind weniger auffallend als die niedrigeren Berge. Trotzdem sehen die gewundenen Täler mit ihren sonnenreflektierenden Seen schön aus, und die selten sichtbaren Hügelketten und Türme in wildem Hintergrund regen die Phantasie und Träume an.

Pico de Aneto
Route 78. Via Valle de Barrancs

Schwierigkeitsgrad : P.D.
Ausrüstung: Steigeisen, Eisaxt, Seil
Start: Refugio de la Renclusa

Auch diese Route überquert den Aneto-Gletscher. Aber der Anstieg führt durch farbenfrohe und interessante Landschaft. Es handelt sich um eine von Russells Varianten, die erstmals im Juli 1876 unternommen wurden. Sie erfordert eine genaue Einschätzung der Gletscherverhältnisse, denn in Jahreszeiten mit offenen Spalten werden lange Umwege nötig sein.

Steigen Sie von der Renclusa-Hütte zum Tal hinab und halten Sie sich rechts auf dem schmalen Pfad. Er windet sich durch mit Pinien bewachsenem Gelände und steigt zu einem niedrigen Hügel an, hinter dem sich weites Wiesenland erstreckt. Queren Sie in südöstlicher Richtung, bis ein breiter Wasserfall (Cascada de Aiguallut) von der dahinter liegenden Ebene herabstürzt und von mehreren Bächen geschnitten wird. Der Wasserfall ergießt sich in ein großes Becken oder natürliche Senke und verschwindet dann. Dies ist das berühmte Trou de Toro (Forau de Aiguallut), durch das die Gewässer des Aneto-Gletschers unterirdisch durch den Kalkstein Tuca Blanca de Pomero fließen, um dann im Vall de l'Artiga de Lin wieder aufzutauchen. (S. Norbert Casterets Klassiker „Zehn Jahre unter der Erde")

Gehen Sie auf die linke Seite des Trou de Toro und folgen Sie der rechten Uferseite des Hauptbaches zur Südostecke der Ebene. Überqueren Sie den Bach an geeigneter Stelle, und laufen Sie in südlicher Richtung auf einen anderen Bach zu, der aus dem engen Barrancs-Tal unterhalb des Gletschers fließt. Der Pfad klettert links hiervon aufwärts (rechtes Ufer) und steigt über Gras und Felsblöcke an. Nach einer Weile erreicht man rechts einen wichtigen Bach, der oberhalb vom Aneto-Gletscher herkommt. Überqueren Sie ihn, und klettern Sie auf seiner Südseite über holprigen, steinigen Untergrund. Die Hänge werden steiler, und der Weg führt auf der rechten Seite einer langen Felsrinne mit Schnee und Geröll aufwärts.

Gehen Sie auf den Gletscher, und klettern Sie nach Süden auf den Sattel des Collado de Coronas zu. Achten Sie auf Gletscherspalten. Am Col angekommen, nehmen Sie Route 77 bis zum Gipfel. (Ca. 5 – 6 Std. ab Renclusa.)

Pico de Aneto
Route 79. Von Süd-West (Vallhiverna)

Schwierigkeitsgrad: F.
Ausrüstung: Steigeisen, Eisaxt, Seil
Start: Puente de Coronas im Vallhiverna

Das Vallhiverna (Vallibierna) bildet die Südgrenze des Maladetta-Massivs. Ein schönes, farbenfrohes Tal, das erstmalig von Packe erkundet wurde. Heute erreicht man es ganz einfach über eine Autostraße, die von den Wiesen des Plan de Senarta im Esera-Tal heraufsteigt. Berghütten als solche gibt es keine, aber am oberen Talende kann man hervorragend campen. Die Route beginnt an der Puente de Coronas in einem Waldstück, wo der Bach Coronas von links (Nord-Ost) auftaucht und einige Meter zuvor der Weg eine neu erbaute Schutzhütte erreicht. (In dieser Region der spanischen Pyrenäen gibt es ein oder zwei solcher Schutzhütten.

Die Ostwand des la Maladetta, vom Aneto-Gletscher

Allerdings findet man sie immer an Autostraßen. Sie sind abgesehen von einem Tisch und vielleicht einer Bank nicht weiter möbliert. Doch die Feuerstellen sind wirklich ganz gut. Als Notquartier eignen sich die Hütten in jedem Fall.)

Schlagen Sie den Weg ein, der durch Wald oberhalb des rechten Corona-Ufers ansteigt. In steilen Serpentinen gewinnt er an Höhe und taucht schließlich aus dem Wald an einem kleinen Bergsee, Ibon de Coronas (2220 m), auf. Überqueren Sie den Bach vor dem See und klettern Sie über ein sehr unebenes Gelände, dessen Felsbrocken von den höheren Bergen herabgestürzt sind. Steinpyramiden weisen den Weg nach Nordosten, bis durch eine abfallende Felsrinnne die Streckenführung direkt nach Norden weist. Oberhalb der Rinne erreichen Sie einen weiteren Bergsee. Gehen Sie an seinem Nordufer entlang und dann nach links (Nord-West) zu einem anderen, dem größeren der Corona-Seen. Hier halten Sie sich rechts und klettern zum schmalen Coroas-Gletscher hinauf, der die oberen Karhänge bedeckt. Mehr zur Ostseite des Gletschers hin geht es steil aufwärts zum Collado de Coronas, den man zwischen dem Aneto zur Rechten und dem herausragendenn Cresta del Medio zur Linken sehen kann.

Nach Querung des Paßes folgen Sie der Route 77 bis zum Gipfel. (Zwischen 5 und 6 Std. ab Vallhiverna.)

Pico de la Maladetta (3308 m)
Route 80. Normale Route via Portillon Superior

Schwierigkeitsgrad: F
Ausrüstung: Steigeisen, Eisaxt, Seil
Start: Refugio de la Renclusa

Von der Renclusa-Hütte gehen Sie die Route 77 bis zum Aneto-Gletscher. Wenden Sie sich nach rechts und überqueren Sie den Gletscher in südwestlicher Richtung auf den Collado Maldito zu. Er wird dort, wo der Hauptkamm ein Dreieck bildet und der Südkamm des Maladetta hervorragt, sichtbar.
Nachdem Sie durch die Gletscherüberquerung an Höhe gewonnen haben, betrachten Sie den Kamm eingehend, der südlich des Maladetta-Gipfels liegt. Ungefähr auf seiner halben Strecke gibt es eine Reihe Felsrinnen, die kurz und klar erkennbar sind. Sie führen auf den Bergrükken. Wählen Sie eine Felsrinne, und klettern Sie hinauf, um dann zur Westseite zu queren. Der rauhe Granit ist angenehm fest. Wenden Sie sich nach rechts und gehen Sie auf dem Rücken entlang zum Gipfel. (Ca. 4 Std. ab Renclusa.)
Hier sind die Ausblicke schöner als vom Aneto. Das Posets-Massiv beherrscht den Süd-Westen, links unten schlängelt sich der große See Cregüena, während darüber und nach Westen der Cresta de la Maladetta erstrahlt. Den Aneto sieht man klar jenseits vom Gletscher, und die Mulleres-Gruppe lenkt den Blick auf den winzig aussehenden Forcanada. Ein Gipfel, den man genießen muß.

Pico de la Maladetta
Route 81. Via Cresta de los Portillones oder Nordkamm

Schwierigkeitsgrad: P.D. sup.
Ausrüstung: Seil
Start: Refugio de la Renclusa

Folgen Sie der Route 77 bis zum Portillon Superior, queren Sie hinter der Felsrinne und setzen Sie Ihren Weg den Kamm hinauf fort. Drei Kilometer oberhalb einer vertikalen Plattform (mit Haltegriffen) wird der Kamm breiter und wieder zu einer leichteren Kletterpartie. Während der Kamm auf das Niveau des Maladetta-Gletschers herabführt, achten Sie auf einen kleinen Kamin, den Sie erklettern müssen (II), um wieder auf den Kamm oberhalb eines weiteren steilen Abhangs zu gelangen.

Am Ende des Kamins wenden Sie sich nach rechts und folgen dem Rücken bis zum Gipfel. (Ab Renclusa ca. 4 1/2 Std.)

Pico de la Maladetta
Route 82. Ab Lago de Cregüena

Schwierigkeitsgrad: P.D.
Ausrüstung: Steigeisen, Seil
Start: Lago de Cregüena (2657 m)

Um den Lago de Cregüena zu erreichen, folgen Sie der nachstehenden Route 91. (Biwaken ist unterhalb eines großen, überhängenden Felsens am Seeufer möglich.)

Klettern Sie vom See aus über Geröll- und Schneehänge nach Nord-Osten bis zu einem kleinen Bergsee. Unter ihm liegt der Lago Cordier. Im S.O. befindet sich der Pico Le Bondidier, jene Erhöhung auf dem Sporn, der vom Cresta de la Maladetta aufragt. Umrunden Sie den Bergsee von links (Norden), und erklettern Sie die steilen Schneehänge bis Sie die Anhöhe erreicht haben, die sich eng an die Maladetta-Westflanken preßt. Zunächst erklimmen Sie die geröllartigen Felsen von rechts, dann von links und steigen schließlich auf dem einfachsten Weg zu einem Bergkamm auf, der sich leicht nordöstlich des Gipfels befindet. Wenden Sie sich nach rechts, um die Kletterpartie zu beenden. (Ca. 2 – 2 1/2 Std. ab Lago de Cregüena.)

Pico Le Bondidier (3185 m)
Route 83. Normale Route

Schwierigkeitsgrad: F
Start: Lago de Cregüena

Der Pico Le Bondidier wurde nach dem 1942 verstorbenen Historiker und Direktor des Pyrenäen-Museums Louis Le Bondidier benannt. Es handelt sich um einen kurzen, direkten Aufstieg, der auch eine Variante zum Cresta de la Maladetta anbietet. Die Strecke kann ebenso als eigenständige Tour betrachtet werden. Das Cregüena-Talende wird von hohen amphitheaterähnlichen Felswänden begrenzt. Die nördliche Sektion des Hufeisens windet sich südlich des Hauptrückens im Halbbogen. Seinen höchsten Punkt bildet der Gipfel Bondidier. Klettern Sie vom Lago de Cregüena in nordöstlicher Richtung über große Felsen bis Sie zum unteren Teil des aufragenden Bondidier-Sporns gelangen.

Der Aufstieg beginnt erst ganz einfach, aber nach einer Weile verjüngt sich der Rücken, wird steiler und auch interessanter. Er führt direkt auf den Gipfel zu. (Ca. 1 1/2 Std. vom See aus.)

Zweiter Gipfel des Maladetta Westkamms (3220 m)
Route 84. Normale Route

Schwierigkeitsgrad: F
Start: Lago de Cregüena

Der Westkamm des Maladetta (Cresta de la Maladetta) erstreckt sich über 2 1/2 Kilometer zwischen dem Maladetta und dem Pico de Alba. Auf dem Kamm springen zahlreiche Gipfel empor, einschließlich der drei Pics Occidental. Der zweite dieser Gipfel liegt nordöstlich des Pico Le Bondidier.

Folgen Sie Route 83 zum Bondidier-Gipfel. Setzen Sie Ihren Weg jenseits des Gipfels bis zum Collado Cordier fort. Passieren Sie ihn und ohne Zwischenfälle erreichen Sie, wenn Sie sich halbrechts halten, den zweiten Gipfel des Maladetta-Westkamms. (Ca. 2 Std. vom See.)

Diente de Alba (3136 m)
Route 85. Normale Route via Collado de Alba

Schwierigkeitsgrad: P.D.
Ausrüstung: Steigeisen, Eisaxt
Start: Refugio de la Renclusa

Nehmen Sie den Weg, der in südwestlicher Richtung von der Hütte an das rechte Bachufer führt. Gehen Sie an sein linkes Ufer. Hier fließt ein Nebenbach zum Hauptbach. Folgen Sie einem Pfad nach Westen bis zum kleinen Lago de Paderna (2240 m). Etwas weiter entfernt liegt ein noch kleinerer Bergsee. Man passiert ihn auf dem Weg hinauf zu einem breiten Felsgesims. Am Ende dieses Gesims zeigen Ihnen Steinpyramiden die Streckenführung.
Aus dem wilden Geröll taucht ein Pfad auf und klettert steil nach Süden in eine riesige Senke, die von den Vorsprüngen des Hauptkamms gebildet wird. In dieser Vertiefung ist der kleine Alba-Gletscher gefangen.
Steigen Sie über den Gletscher auf die linke Ecke des Sattels am Gipfel zu. Dies ist der Collado de Alba (3075 m).
Vom Col wenden Sie sich nach rechts (Westen) und gehen den unebenen Kamm bis zu einer kurzen Felsrinne hinauf. Entlang dieser Rinne erreicht man einen Vorgipfel. Überqueren Sie eine kleine Klamm im Kamm und klettern Sie soweit hinauf, bis Sie am eigentlichen Gipfel angekommen sind. (Ca. 3 1/2 – 4 Std. ab Renclusa.)

Dritter Gipfel des Maladetta Westkamms (3185 m)
Route 86. Normale Route via Collado de Alba

Schwierigkeitsgrad: P.D.
Start: Refugio de la Renclusa

Dieser Gipfel erhebt sich oberhalb des Collado de Alba an der Ostseite und ist zusammen mit der Diente de Alba-Tour machbar, kann aber auch als Einzelroute gelaufen werden.
Folgen Sie der Route 85 bis zum Collado de Alba. Wenden Sie sich nach links und klettern über Geröll oder Schnee zum eigentlichen Kamm. Ihn ersteigt man ohne Schwierigkeiten bis zum Gipfel. (Ca. 3 1/2 – 4 Std. ab Renclusa, 30 Min. vom Col.)

Pico de Alba (3118 m)
Route 87. Normale Route

Schwierigkeitsgrad: F
Start: Refugio de la Renclusa

Dieser, zuerst 1868 von Henry Russell durchgeführte Aufstieg, bereitet keine wirklichen Schwierigkeiten. Aber einige interessante Geländepunkte sind dennoch eine Herausforderung. Wählt man das Maladetta-Massiv als Urlaubsgebiet, eignet sich die Tour gut zur Akklimatisierung. Der Pico de Alba ist der westliche der 3000er Gipfel mit wilder Szenerie.
Wählen Sie Route 85 bis zur Felsmoräne oberhalb des Lago de Paderna. Überqueren Sie die Moräne (Steinpyramiden), um dann unebene Hänge hinauf zu steigen, die in südwestlicher Richtung auf einen breiten Kamm führen, in den Karten als Cresta de Tuca Blanca verzeichnet. Halten Sie sich links und folgen Sie den Steinpyramiden genau nach Süden auf den Pico de Alba zu. Von hier sieht der Alba wie ein Steilwandgipfel aus. Sobald Sie jedoch den Rand des kleinen Alba-Gletschers erreicht haben, weist eine Steinpyramide den Anfang einer Felsrinne aus, die einen leichten Aufstieg bietet. Über harten Granit die Rinne hinauf sind Sie auf dem Kamm nördlich des Gipfels angekommen. Überqueren Sie ihn und klettern Sie die rauhen Westhänge unterhalb des Kammgrats entlang. Weitere Steinpyramiden leiten Sie, bis die letzten Hänge über Reihen von Gesims und großen Granitblöcken erklommen sind. (Ca. 3 1/2 Std. ab Renclusa.)

Pic de Sauvegarde (2738 m)
Route 88. Normale Route via Port de Venasque

Start: Refugio de la Renclusa

Der Sauvegarde gehört nicht zum Maladetta-Massiv. Er befindet sich auf dem Grenzkamm oberhalb des Port de Venasque. Doch sein Gipfel bietet reizvolle Blicke auf die größeren südlichen Berge. Wanderern, die über Port de Venasque nach Frankreich zurückkehren, ist dieser kurze Umweg nur zu empfehlen. Der Aufstieg verlangt nicht mehr Anstrengung als eine steile Wanderung.
Vor über einem Jahrhundert war die Strecke vom Hospice de

France aus eine bevorzugte Ausflugstour. Interessant bleibt, daß man nach dem Tod des Archidiakon Hardwick durch einen Sturz am Sauvegarde am 17. August einen Pfad die grasbewachsenen Paßflanken hinauf einrichtete. Jeder, der ihn benutzte, mußte einen Francs Wegegeld entrichten. Den Pfad gibt es noch heute, nur den Geldeintreiber nicht mehr. Gehen Sie in umgekehrter Richtung die Route 73 bis zum Port de Venasque. Einige Meter vor dem Paß führt ein Pfad links herum und steigt allmählich über Gras, dann glatten Fels zum Gipfel des Pic de Sauvegarde auf. (Ca. 2 1/2 Std. ab Renclusa, 45 Min. ab Port de Venasque.)

Pico de Sacroux (2676 m)
Route 89. Via Südost-Kamm

Schwierigkeitsgrad: P.D. inf.
Ausrüstung: Seil
Start: Refugio de la Renclusa

Dieser unscheinbare Gipfel auf dem Grenzkamm im Nord- West-Winkel des oberen Esera-Tales besitzt zu Recht den Ruf, daß er über die schönsten Ausblicke des gesamten Gebirgszuges verfügt.

Von der Renclusa-Hütte steigen Sie ins Tal hinab und halten sich links auf dem Pfad, der den Plan d'Estan quert und bis zu den Ruinen des Hospital de Benasque führt. Bleiben Sie auf der rechten Uferseite. Sie durchqueren das Tal in Richtung Wasserfall, der aus dem Gorgutes-Tal oberhalb kargen Baumbestands herabstürzt.

Klettern Sie die bewachsenen Hänge am rechten Ufer des Wasserfall-Bachs hinauf, um ein reizvolles Plateau zu erreichen, dessen Hänge recht einsam aussehen. Begeben Sie sich an das linke Bachufer und suchen Sie den nicht klar ausmachbaren Pfad (gelegentlich Steinpyramiden), der über felsigen Untergrund nach Osten verläuft und vor einem kleinen Bergsee unterhalb der Steilwand des Pico de la Montaneta scharf nach links biegt. Der Pfad steigt an, umgeht nach links einen halbrunden, kleinen Hügel und biegt dann nach rechts (Norden), um einen fast zugefrorenen größeren Bergsee, Lago de Gorgutes, zu passieren und den Port de la Glera-Sattel hinaufzuführen. Hier ist die Grenze und gleichzeitig der Anfang eines langen Abstiegs nach Luchon.

Vom Paß klettern Sie links den

Kamm hinauf, achten Sie an ein oder zwei Stellen auf die Grattürme, die sich oberhalb der steilen Nordwand nach rechts richten. Bei nassem Wetter ist der Fels rutschig, ansonsten handelt es sich um einen direkten Aufstieg. Auf der Spitze des zerklüfteten, aber breiten Endkamms hat man den Gipfel erreicht. (Ca. 4 1/2 Std. ab Renclusa.)
Die Gipfelausblicke sind wirklich beeindruckend. Ein bemerkenswertes Panorama entfaltet sich nach Süd-Osten mit dem Maladetta, der geradezu gewaltig erscheint. Richtung Westen lenken die französischen Gipfel den Blick auf den Cirque am oberen Ende des Vallée du Lin, und die Kontraste zwischen den zwei Seiten der Wasserscheide werden sichtbar.
(Alternativ zum Süd-Ost-Kamm kann man auch direkt die Schneehänge des Hängetals über dem Lago de Gorgutes hinaufgehen bis zu einer Stelle etwas südlich des Sacroux-Gipfels, um dann das letzte Stück über Fels und Geröllterrassen zu erklettern. Schwierigkeitsgrad F.)

Pico Forcanada (2881 m)
Route 90. Normale Route via Collado Alfred

Schwierigkeitsgrad: P.D.
Ausrüstung: Seil
Start: Refugio de la Renclusa

Der Forcanada ist, wie bereits vermerkt, der schöne, doppelzakkige Gipfel über dem Valleta de la Escaleta, im äußersten Süd-Ost-Winkel des oberen Esera. Auf diesen Berg führt eine interessante Kletterpartie, die das erste Mal am 1. August 1858 Alfred Tonnellle unternahm.
Gehen Sie die Route 78 bis zur Ebene jenseits de Trou de Toro, Plan de Aiguallut. Statt die Ebene zu queren, folgen Sie dem Ostbach bis zu der Stelle, wo er aus dem oberen Talniveau heraussprudelt. Überqueren Sie ihn an geeigneter Stelle und nehmen Sie den Pfad, der oberhalb des linken Ufers zu angebauten Weiden des Valleta de la Escaleta ansteigt.
Durchwandern Sie das Tal direkt auf den Forcanada zu, links vorbei an mehreren kleinen Bergseen. Halten Sie sich rechts, entlang der Forcanada-Westhänge, und gehen Sie in südlicher Richtung bis der Collado Alfred-Sattel auf dem Kamm nördlich des Pico de Mulleres erscheint. Links geht es über unebene Hänge aufwärts bis zum Paß (2869 m). Passieren

Sie ihn und steigen Sie links über noch mehr Geröllhänge abwärts. Klettern Sie dann zur *Brèche*, die man südlich vom Südgipfel des Forcanada sieht. Von der Felsspalte aus steigen Sie den Kamm bis zu diesem ersten Gipfel hinauf, hinab in die Klamm zwischen diesem und dem Nordgipfel, den man über eine klar ausmachbare Felsrinne erreicht. (Ca. 5 – 5 1/2 Std. ab Renclusa.)

Route 91. Bergwanderung zum Lago de Cregüena (2657 m)

Start: Plan de Campamento im Esera-Tal

Ein Pfad schlängelt sich den Esera entlang nach Baños de Benasque. Am Plan de Campamento wechselt er vom linken auf das rechte Ufer. Der Plan ist eine eingezäunte Wiese mit duftenden Büschen, auf der eine moderne Schutzhütte mit Glasfront steht, die Refugio de Pescadores. Ein beliebter Campingplatz. Autos können hier abgestellt werden.
Laufen Sie stromabwärts zurück und gehen Sie an der Brücke auf die linke Uferseite. Der Weg steigt an und macht eine Kurve. Links zeigt ein Wegweiser den Pfadanfang zum Lago de Cregüena. Es sind nur noch 3 1/2 Kilometer bis zum See, aber mit einem Höhenunterschied von 1200 m. Mit anderen Worten, an manchen Stellen wird der Weg ausgesprochen steil. Er führt am rechten Ufer zumeist in Waldschatten entlang. Die Blicke zurück nach Westen, falls möglich, sind ausgezeichnet.

Der See liegt in einem Cirque aus Bergwänden, von dem aus eine Anzahl Aufstiege durchführbar sind. (S. vorstehende Routen. Ca. 2 – 2 1/2 Std. vom Plan de Campamento.)

Route 92. Maladetta-Massiv, Überquerung von Norden nach Süden

Ausrüstung: Steigeisen, Eisaxt, Seil
Start: Refugio de la Renclusa

Eine interessante Unternehmung, die einen ganzen Tag in Anspruch nimmt und einer Gletscherexkursion die Möglichkeit gibt, einen Abstecher zum Gipfel zu unternehmen. Am Ende führt die Tour durch Wald in eines der schönsten Täler dieser Region.

Von Renclusa aus erreichen Sie entlang Route 77 den Collado de Coronas. Über den Sattel gelangen Sie auf die Gletscher-Südseite und folgen Route 79 in umgekehrter Richtung, abwärts an den Seen vorbei zum Vallhiverna. (Ca. 7 Std. von der Renclusa bis zum Vallhiverna.)

Picos de Vallhiverna (3067 m)
Route 93. Normale Route via Coll de Valliberna

Schwierigkeitsgrad: F

Der Vallhiverna-Talkopf ist von einem Cirque umschlossen. Er wird gebildet aus den Süd-Ost-Kämmen, die sich von den Tempestades ausbreiten und sich im Osten mit den Cap de Lausat-Kämmen eng verbinden, im Süden die verformte Kalksteinbildung des Picos de Vallhiverna. Ein wunderschöner Cirque, der eine neue Perspektive des Aneto freigibt.

Sie nähern sich entlang der grünen Tallandschaft, deren dominierender Berg der Picos de Vallhiverna ist. Sie können ihn rechts vor sich sehen. Ein riesiger Berg mit einem breiten Schneefeld in seinem oberen Kar.

Ab Puente de Coronas im Vallhiverna-Tal folgen Sie dem Pfad am rechten Ufers des Rio Llosas talaufwärts bis zur Cabana de Llosas. Wechseln Sie auf die linke Uferseite, und gehen Sie am Villibierna-Bach entlang, der aus Süd-Osten fließt. Auf seiner rechten Seite bleiben Sie bis kurz vor dem ersten See, Lagos de Vallibierna (2440 m), den Sie am Südufer umrunden. Gewinnen Sie durch Ihren Anstieg in mehr oder weniger östlicher Richtung zum zweiten Bergsee an Höhe. Gehen Sie am Südufer dieses Sees entlang und klettern Sie halbrechts zum Coll de Valliberna (2720 m). Dieser Sattel liegt rechts vom Cap de Llauset am äußersten Ostende des Tales. Reizvolle Ausblicke.

Am Paß wenden Sie sich nach rechts und folgen dem leichtgehbaren Kamm, der nach Süd-West zeigt. Ohne weitere Schwierigkeiten können Sie Ihren Weg fortsetzen, vorbei am kleinen Lago Helado (2760 m) und zurück auf den Kamm nordöstlich des Gipfelgrats. Er wird schmaler und steigt abrupt zum Hauptgipfel an. (Ca. 4 Std. ab Puente de Coronas.)

Beeindruckende Ausblicke, besonders auf die Maladetta-Südosthänge mit langen Kämmen und Bergseen.

Route 94. Bergwanderung vom Esera zum Noguera Ribagorcana-Tal

Start: Refugio de la Renclusa

Wird diese Route eingeschlagen, kann ein Langstrecken-Wanderer die Encantados erreichen. Er begibt sich nach Osten, ohne weder zu weit nach Norden noch nach Süden zu gelangen. Beachten Sie aber auch die nachstehende Hochroute 17. Auf dem Weg zum Coll de Salenques passiert man wunderschöne Landschaft mit weiten Ausblicken. Vom Coll enthüllt sich ein Panorama unzähliger Gipfel. Eine herausfordernde Aussicht.
Refugio de la Renclusa – Trou de Toro – Valle d Barrancs (78) – Coll de Salenques – Vall de les Salenques – Noguera Ribagorcana-Tal (ca. 8 Std. ab Renclusa.)

Route 95. Bergrundwanderung ab Vall de l'Artiga de Lin

Start: Pla de l'Artiga

Eine lange und herausfordernde Tour, während der man den Coll dels Aranesos (2455 m) unterhalb der Nordwand des Pico Forcanada überquert. Ein angenehmer Gang durch das Esera-Oberland, bevor man zum Port de la Picada aufsteigt, um den langen Abstieg zurück zum Pla de l'Artiga zu unternehmen.
Besonders attraktiv wird die Wanderung im Frühjahr, durch ständig wechselnde Landschaften. Aber die Tour sollte erst in Angriff genommen werden, wenn jegliche Lawinengefahr an den Forcanada-Hängen vorüber ist.
Pla de l'Artiga – Estany dels Puis – Coll dels Aranesos (nicht beschrieben) – Valleta de la Escaleta – Lagos de Villamorca (90 in umgekehrter Richtung) – Port de la Picada – Pomero-Tal – Pla de l'Artiga (75 in umgekehrter Richtung). (Berechnen Sie 7 bis 8 Stunden für die Rundwanderung.)

Hochroutenverbindung Vom Maladetta zu den West-Encantados

Karten: Editorial Alpina 'Maladetta, Aneto' 1:25.000 und 'La Vall d'Aran'

Zwei Tage werden für die Tour zwischen den Massiven veranschlagt. Tage der Herausforderung in kontrastreicher Umgebung belohnen durch ihre Szenerie.
Es sind harte Tage, keine, die man auf die leichte Schulter nehmen sollte. Besonders der erste Tag, an dem der hohe, trostlose Mulleres-Kamm überquert wird, ist für mittelmäßige Bergtrekker nicht geeignet. Selbst Wanderer mit Hochpyrenäenerfahrung können in eine Krise geraten, wenn das Wetter bedrohlich umschlägt.
Zwischen den grünen Fluren des Esera und den tieferliegenden Wiesen des Mulleres-Tals gibt es keinen großen Höhenunterschied. Dieses Zwischengelände ist mindestens so hoch und wild wie alles, was Ihnen bislang auf der Hochroute begegnet ist.

Hochwanderweg 17
Von der Refugio de la Renclusa zum Hospital de la Viella

Ich weise nochmals darauf hin, daß diese Sektion nur für erfahrene Bergtrekker gedacht ist und ausschließlich bei konstantem Wetter gegangen werden sollte.
Steigen Sie zum unteren Teil des Renclusa – Esera-Pfads hinab und halten Sie zwischen Pinien rechts auf einen Pfad zu. Dieser klettert auf höheres Talniveau und erreicht offenes Wiesengelände. Das tiefe Loch im Südosten, in das ein breiter Wasserfall stürzt, ist das berühmte Trou de Toro (Forau de Aiguallat auf der Karte).
Gehen Sie links um das Loch herum und halten Sie, während Sie den Plan de Aiguallut entlang seines linken Randes überqueren, auf den Bach zu, den man aus dem versteckt liegenden Esera-Tal im Südosten hinab fließen sieht. Kaum sichtbare Wegspuren und Steinpyramiden weisen die Richtung. Überqueren Sie den Bach, der dem höher gelegenen Tal entspringt, und klettern Sie den Weg oberhalb seines linken Ufers hinauf. Sie erreichen nun das Valleta de la Escaletta mit dem doppelzakkigen Forcanada, der die Aussicht vor Ihnen beherrscht.
Der Pfad führt ins Tal und auf einen schönen Wasserfall zu, der den

Pfad nach oben lenkt. Kurz danach laden Steinpyramiden zu einer kleinen Kletterpartie auf einen Felsvorsprung ein. Gehen Sie links herum auf ein breites Gesims oberhalb einer Nebenschlucht, die links unten liegt. Laufen Sie weiter ins Tal hinein bis zu einem Bergsee, den man von rechts passiert. Nach der Bachüberquerung folgen Sie dem Pfad, der jetzt zu einem anderen Bergsee ansteigt. Am linken Seeufer vorbei, gewinnt der Weg auf der rechten Bachseite an Höhe. Dieser Bach fließt über Steine im Südosten hinab und entwässert einen weiteren Bergsee.

Haben Sie den oberen See (2459 m) erreicht, queren Sie an seinem Abfluß und klettern südwestwärts über unebenes Gelände mit quaderförmigen Felsen. Oberhalb, in Richtung Süden, bilden glatte Gletscherspalten eine niedrige Silhouette. Steinpyramiden weisen Ihnen den Weg dorthin.

Steigen Sie hinauf, so gelangen Sie auf ein Granitplateau. Klare Bäche schlängeln sich hier, und eiskalte Seen liegen in flachen Senken gefangen.

Halten Sie sich jetzt nach links, um nach Osten in Richtung Tuc de Mulleres zu klettern. Bleiben Sie auf dem leicht begehbaren Kamm links. Er verläuft zwischen dem Tuc de Mulleres und Cap de Toro nach Nordosten. (Ca. 4 1/2 Std. ab Renclusa.) Folgen Sie dem Kamm nördlich seines niedrigsten Punktes (2928 m) bis eine kleine Steinpyramide auftaucht. Dort überqueren Sie den Kamm. Mit größter Vorsicht geht es die steile Ostseite hinab. Am Fuß der Vorgebirge halten Sie sich links und steigen diagonal über felsiges Gelände ab. Steinpyramiden führen von einer Reihe gefährlicher Abhänge fort, die steil zu den darunter liegenden Seen abfallen. Entlang Steinpyramiden geht es weiter abwärts, manchmal recht steil über Nebenrinnen; hin und wieder auf kümmerlichen Grasflächen. Von Zeit zu Zeit muß man einen Bogen nach links schlagen und Felsenbänder umgehen. Zum oberen Mulleres-Bergsee hält man Abstand, trifft aber während des Abstiegs auf den Abfluß des zweiten, größeren Sees. Hier hält man sich links und erreicht zwei weitere Seen.

Anmerkung: Auf einem Felsvorsprung über dem linken Ufer des tieferliegenden Sees steht eine orangefarbene Schutzhütte. Sie eignet sich für eine Notübernachtung in ca. 2350 m Höhe mit Platz für ca. 12 Personen.

Schlagen Sie jetzt einen großen Bogen nach links, um weitere Felsen zu umgehen, Steinpyramiden sind immer schwerer zu finden. An geeigneter Stelle steigen Sie zum Talgrund hinab. Halten Sie sich im Tal links und folgen Sie einem schmalen Weg am Bach entlang, der etwas tiefer, umgeben von Wiesen, zu einem Wasserfall wird.

Eine willkommene Abwechslung nach all den Stunden über kargen Fels. Sie nehmen den Pfad am linken Bachufer, wechseln nach einer Weile auf das rechte Ufer über und wenige Minuten später über Trittsteine auf die andere Seite zurück. Noch immer auf der linken Bachseite, verliert der Weg an Höhe und führt durch Wald auf weites Wiesengelände. Vor sich sehen Sie das herausragende Ende des

Viella-Straßentunnels und am Südende steht das alte Hospital de la Viella. (Ca. 8 Std. ab Renclusa.)
Die alte Herberge verfügt über einige Betten; Mahlzeiten und Verpflegung sind erhältlich. Eine Nacht im Heu können Sie in der nahegelegenen Scheune verbringen, müssen aber im Hospiz anfragen (Höhe 1626 m).

Hochwanderweg 18
Vom Hospital de Viella zur Refugio de la Renstanca

Eine wunderschöne Wanderung durch seenüberzogenes Gelände in wilder Granitlandschaft. Trotzdem bleibt auch diese lange Stecke anstrengend. Dafür läßt der Reiz dieses Landstrichs nie nach und bei gutem Wetter tauchen nur wenig Schwierigkeiten auf. Die größte Gefahr geht außerdem von dem unablässigen Wunsch aus, den Rucksack abzuwerfen und die Aussicht zu genießen.
Vom Hospital de Viella laufen Sie den von Bulldozern gewalzten Weg ins Vall de Conangles Richtung Süden hinauf. Bis zu einer Brücke bleiben Sie auf dem Weg. Diese Brücke führt den Pfad auf die linke Uferseite eines breiten Bachs. Sie müssen jedoch den Weg direkt vor der Brücke nach links verlassen und den Bach überqueren, der aus dem im Norden versteckt liegenden Estany Redo fließt. Auf der anderen Seite schlagen Sie einen schmalen Pfad durch Buchenbestand ein und bleiben auf östlichem Kurs. Nach einer kleiner Lichtung wechselt der Baumbestand zu Koniferen über und bald tritt der Weg im Tal auf offenes, steinübersätes Wiesengelände, an dessen Ende sich ein bemerkenswerter, grasbewachsener Cirque erhebt.
Auf halber Strecke durch das Tal wird der Pfad unkenntlich. Nur einige schlecht verteilte Steinpyramiden weisen den Weg nach Nord-Westen. Man quert einen Nebenbach und folgt seinem rechten Ufer hinauf, um dann nochmals in nordwestlicher Richtung eine kleine Schlucht zu ersteigen. Haben Sie einen Pfad erreicht, der rechts abgeht (2100 m, ca. 1 1/2 Std. vom Hospiz entfernt), schlagen Sie ihn nach Osten ein und während man an Höhe gewinnt, ist man in ca. einer halben Stunde am Port de Rius (2315 m) angekommen.
Der erste See auf der heutigen Strecke liegt vor Ihnen. Dem Blick zurück, Richtung Westen, offenbart sich ein außerordentliches Panorama über das langgestreckte Mulleres-Tal, durch das Sie am vorigen Tag, sicherlich erschöpft abgestiegen sind. Der Hochkamm, den die Route querte, scheint in weiter Ferne zu liegen. Darüber erblickt man den Schnee auf dem Maladetta-Massiv.
Ihre Tour setzen Sie jetzt über den deutlich erkennbaren Weg am Nordufer des Estany Rius fort. An seinem Austritt halten Sie sich rechts und folgen dem mit Steinpyramiden markierten Pfad, von dem

ein weiterer ins Tal nach Osten abzweigt.
Anmerkung: Der Pfad, der vom Seeaustritt auf der rechten Seite des langen Arties-Tals verläuft, ist eine gute Abkürzung zur Renclusa-Hütte. Bei schlechtem Wetter sollte man in jedem Fall diesen Weg benutzen, denn er umgeht hohe Päße und Sie sparen drei Stunden Wegzeit.
Unser Pfad läuft Richtung Süden über Felsen und Grashügel, rechts an einigen Mulden vorbei. Kurz nachdem der Maladetta sichtbar wurde, erreicht man das Nordende des schönen und langen Estany Tort de Rius. Steinpyramiden zeigen den Weg auf der linken Seite (Ostseite) über weiße Granitblöcke und -platten, von denen der See begrenzt wird. Diese Strecke ermüdet ein wenig und der Weg ist noch lang.
Am Südostende des Sees gehen Sie das wellige Tal im Süden hinauf. Auf einer leichten Senke im oberen Teil führen Steinpyramiden nach links (Osten) zum herrlichen Collado de l'Estany de Mar (2468 m, ca. 4 1/2 Std. vom Start). Der Ausblick ist überwältigend. Sie sehen in das soeben durchquerte Tal hinab, Seen, Talmulden und Gipfel breiten sich wie ein Kunstwerk vor Ihnen aus. Blicken Sie jetzt nach Nordosten — der Ausblick reicht vom Bergsee tief unter Ihnen, bis hin zum Montardo d'Aran. In der Ferne laufen die Sierras von einer blauen Kulisse zur nächsten, während angesichts des ganz nah befindlichen gezackten Besiberri-Kamms jedem Bergsteiger die Fingerspitzen kribbeln.
Der Abstieg zum Estany de Mar ist wirklich dramatisch und zu diesem Zeitpunkt ausgesprochen ermüdend. Steil geht es ostwärts auf einem eng gewundenen Pfad abwärts. Das weiche Gras am Fuß der Felsvorsprünge wird zu einer willkommenen Erholung und die Aussichten sind auch in Höhe der Bergseen attraktiv. Halten Sie sich nach rechts (Südosten), denn jetzt müssen Bäche überquert werden, die aus dem See fließen. Entlang der Ostseite des Sees markieren Steinpyramiden und vereinzelte Wegreste die Richtung. Über vorspringende Felsen steigt die Route an, um schließlich (ca. 1 1/2 Std. vom Südende) das Nordende des Sees zu erreichen.
Schwenken Sie nach links und steigen Sie über einen gut sichtbaren Pfad zu einer begrünten Senke hinab. Hier fließt ein Bach durch, der die Seen entwässert und den man mit Wasserrohren umgeleitet hat. Auf der anderen Bachseite stehen verlassene Hütten, wechseln Sie hinüber und steigen Sie steil auf einem Pfad Richtung Norden ab, um an den Stausee Estany de la Restanca zu gelangen. Gehen Sie rechts am See entlang, über den wüsten Schutthaufen — ein menschlicher Beitrag zur Unterwerfung der Wildnis durch den Dammbau — bis Sie den Damm selbst erreicht haben. Queren Sie ihn zur Nordwestseite. Dort steht die kleine Refugio de la Restanca auf einem kleinen Hügel. (Ca. 8 Std. ab Hospital de Viella.) Hüttendetails sind im nachstehenden Kapitel West Encantados/Besiberri zu finden.

West-Encantados/Besiberri

Lage: Spanien, im Osten der Maladetta-Region, aus dem tiefen Noguera Ribagorzana-Tal aufsteigend. Die Nordgrenze bildet das Vall d'Aran.
Karten: Editorial Alpina 'La Ribagorca' 1:25.000 und 'Montardo' auch 1:25.000. Zusätzlich 'La Vall d'Aran' 1:40.000

Eine Landschaft seltener, gar verlockender Schönheit. In dieser Graniteinöde, einem Gelände übersät mit herabgestürzten Felsbrocken aus drohender Höhe, glitzern unzählige Seen. Hohe, wellige Plateaus kreieren eine verwirrende Geographie. Am laufenden Band produzieren sie Talsysteme, die Bäche von Ebene zu Ebene in Wasserfällen hinabstürzen lassen. Glatte Felswände steigen wie verkehrt placierte Fjorde aus versteckten Bergseen empor, während die hohen Bergspitzen sehr distanziert anmuten, als ob sie nur widerwillig den Bergsteiger einladen wollten.
Packe machte kurz Bekanntschaft mit den Möglichkeiten, die dieses Gebiet besitzt, als er 1867 versuchsweise die Region in Angriff nahm. Auch Russell kletterte hier umher, doch sein Herz hing letztlich weiterhin am Westen. So enträtselten schließlich Schrader und Gourdon einige Mysterien dieser Region.
Für abhärtete Bergwanderer, -steiger und -kletterer ist das Gebiet auf jeden Fall ein Erlebnis. Hütten sind vorhanden, aber auch einsame Ekken, die den Liebhaber wilder Landschaft gradezu nötigen, ein leichtes Zelt mitzunehmen. Zahllose reizvolle Touren lassen sich für den Bergkundschafter erträumen und jeder, der unberührte Gipfel in einem Tag erklettern möchte, wird zufrieden heimkehren.

Hütten

Mehrere Hütten unterschiedlichster Ausstattung sind vorhanden. Im Nordwesten steht das FCM-Gebäude, die *Refugio de la Restanca*. Es befindet sich oberhalb des Damms am Nordende des Restanca-Sees. Ein guter Ausgangspunkt für Wanderungen in die Umgebung und den Abstieg vom höchsten benachbarten Gipfel, Montardo d'Aran (2830 m). Weiter im Osten liegt die *Refugio de Colomers* (im Besitz des CEC)

am Ufer des Stausees Estany Major Colomers. Beide Hütten werden im Rahmen der Hochroute beschrieben, obwohl nur in der Restanca Station gemacht wird.
Mitten in diesem weiten Gebiet steht die *Refugio Ventosa y Calvell.* Sie wurde erst vor kurzem wieder aufgebaut und erfreut sich großer Beliebtheit. Im Besitz des CEC, umgeben von ausgesprochen gutem Wandergelände, kann sie u.a. als Ausgangsort für Kletterpartien auf den Agulles de Travessani genutzt werden. Die winzige *Refugio de Besiberri* finden Sie in einer Klamm des hohen Besiberri-Kamms. Sie bietet in beeindruckender Position zumindest Notunterkunft.
Zu guter Letzt steht für alle, die diese Region mit der Aigües Tortes – San Maurici-Sektion verbinden wollen, mit der *Refugio d'Estany Llong* ein angenehmer Übernachtsungsplatz zur Verfügung.

Anstieg zur Refugio de la Restanca Route 96. Vom Vall d'Aran

In 2010 m Höhe bietet diese Hütte 40 Personen in zwei Schlafsälen Platz. Sie wird vom Sommer bis Mitte Oktober bewirtschaftet. Mahlzeiten sind erhältlich. Für einen kurzen, wundervollen Anstieg, besonders motorisierte Bergsteiger aus dem Vall d'Aran werden angesprochen, eignet sich die nachstehende Route.
Circa sechs Kilometer östlich von Viella im Vall d'Aran liegt der Ort Arties. Über die Straße nach Süden fahren Sie durch das Vall Arties und circa sieben Kilometer hinter dem Ort erreichen Sie eine Seilbahn. Hier können Autos geparkt werden. Folgen Sie dem Pfad, der hinter einer kleinen Hütte beginnt und durch den Wald ansteigt. Auf einem Hügel am Nordwestende des Sees steht die Refugio de la Restanca. (Ca. 1 Std. vom Straßenende.)

Anstieg zur Refugio de la Restanca Route 97. Vom Noguera Ribagorzana

Ein wunderschöner Hüttenanstieg, lang aber nicht ermüdend, beginnt am Hospital de Viella. Er führt hinauf in wilde Granit- und Seenlandschaft, wie bereits in der Hochroutenverbindung beschrieben. Obwohl dieser Aufstieg wegen seiner Länge und Richtung etwas verrückt zu sein scheint, besonders für Bergsteiger, die darauf brennen sich mit den Bergen auseinanderzusetzen, bietet er einen hervorragenden Einstieg in diese magische

Region. Weitere Routenbeschreibung s. Hochroute 18 oben.

Wanderungen und Kletterpartien von der Refugio de la Restanca

Als beliebtester Ausflug von der Hütte gilt der Abstieg vom leichten Montardo d'Aran in drei Stunden. Die Route führt zum Port de Güellicrestada (2475 m) hinauf (s. Hochroute 19), und erklettert dann von Süden den Gipfel. Die Ausblicke umfassen ein weites Panorama, besonders nach Westen zum Maladetta. Anstieg: Schwierigkeitsgrad F.
Südöstlich der Hütte erreicht man über den Anstieg durch das Güellicrestada-Tal den Pic de Monges (2694 m). Er befindet sich am Ende eines langen Bergkamms mit hohen Gipfeln. An den Nordwänden wurden zahlreiche herausfordernde Kletterstrecken zumeist von Spaniern eingerichtet. Routenbeschreibungen, Diagramme und Fotos können in der Hütte eingesehen werden.
Anhänger schöner Landstriche werden über die vielen Möglichkeiten zu unterschiedlich langen Trekkingtouren begeistert sein. Ausgangspunkt ist die Restanca. Eine der herrlichsten Strecken verläuft hinauf zum langen Estany de Mar inmitten wilder Landschaft, im Südwesten ca. 200 m höher gelegen als die Restanca-Hütte.
Eine lange Tageswanderung durch reizvolle Umgebung verläuft zunächst westwärts über einen Pfad oberhalb des langgestreckten Arties-Tals bis zum Estany de Rius-Ostende. Hier begeben Sie sich über die Hochroute 18 zur Restanca zurück, via Estany Tort de Rius, Collado de l'Estany de Mar und Estany de Mar. Wirklich eine wunderschöne Rundwanderung, aber doch eine lange Tagestour.
Wollen Sie die Refugio de Colomers mit der Refugio Ventosa y Calvell verbinden, s. Hochroute 19 und respektive Route 101.

Anstieg zur Refugio de Colombers Route 98. Von Salardú im Vall d'Aran

Diese CEC-Hütte (2100 m) steht auf einem Grashügel und man blickt am Westufer über den Stausee Estany Major de Colomers Stausee. Bewirtschaftet wird die Hütte im Sommer und hat Platz für 30 Personen. Bei motorisierten Bergsteigern und Wanderern gilt die nachstehende Route als praktischste Lösung. Aber auch eine Wanderung von der Restanca quer durchs Gelände wäre eine durchführbare Alternative.

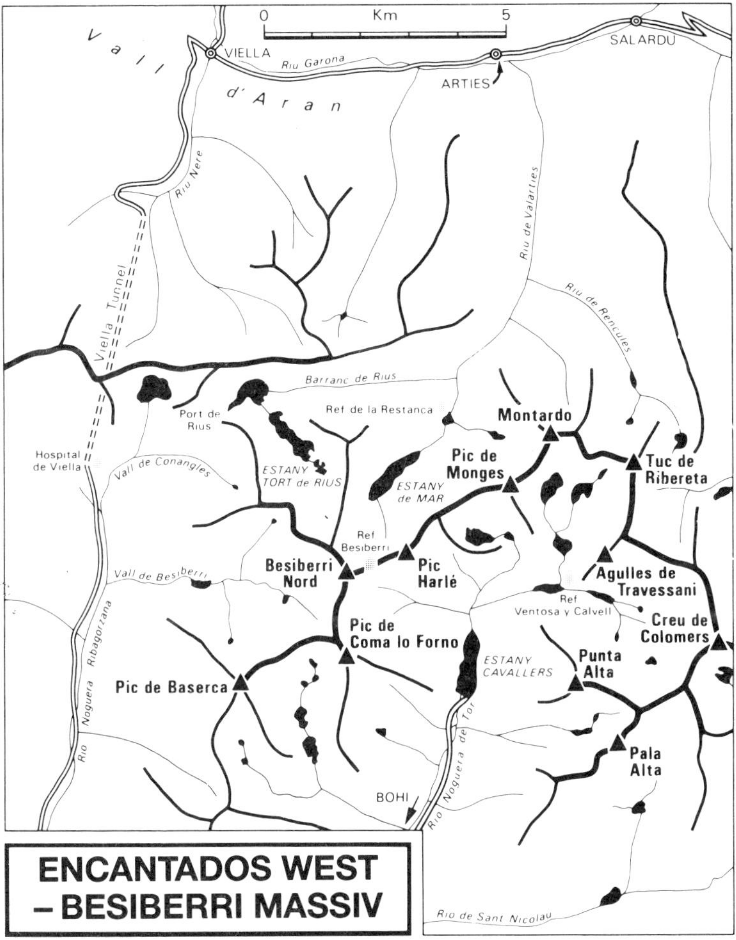

ENCANTADOS WEST – BESIBERRI MASSIV

Am Ortsausgang Salardús Richtung Osten biegt eine schmale Straße nach rechts (Süden) und schlängelt sich in das lange und herrliche Aiguamotx-Tal. Circa dreizehn Kilometer bleiben Sie auf dieser fast vollständig gepflasterten Straße. Ein idyllisches Tal, aber für eine Wanderung eigentlich zu lang, um es wirklich genießen zu können. Nach etwa dreizehn Kilometern schlägt der Weg einen großen Bogen nach rechts. Lassen Sie das Auto hier stehen. Links vom Weg finden Sie einen schmalen Kletterpfad, der die Hangseite zwischen Bäumen und Büschen hinauf führt. Man gelangt in Sumpfgebiet mit einem Teich zur Linken (2015 m). Hinter dem Teich klettert der Weg weiter bis zu Müll und Geröll, hinterlassen von den Dammerbauern. Wirklich kein besonders schöner Anblick, ebensowenig wie der Damm selbst. Auf seiner rechten, westlichen Seite steht ein großes Gebäude, das Sie passieren. Weiter am Westufer des Sees erreichen Sie die Refugio de Colombers. (Ca. 1 Std. vom Pfadanfang.)

Anstieg zur Refugio de Colombers
Route 99. Ab Refugio de la Restanca

Die Wanderung durch die herrliche, einsame Landschaft zwischen den beiden Hütten ist eine reine Freude. Herrliche, einsame Landschaft. Mit einem Kompaß wird die Routenfindung einfacher und stellt eine große Herausforderung dar, denn Wegmarkierungen sind schwer zu finden und verwirrendes Berggelände taucht auf. Als eigenständige Tour ist sie ein Genuß, denn eine Hütte kann als Ziel angelaufen werden. Weitere Angaben und Routenbeschreibungen finden Sie in nachstehender Hochroute 19. (Von Hütte zu Hütte ca. 3 1/2 Std.)

Wanderungen von der Refugio de Colombers

Eine Landschaft versteckter Bergseen und ansteigender Höhen. Der Blick auf die Karte zeigt mehrere Möglichkeiten für herrliche Rundwanderungen. Hohe Päße können überquert werden, Bergseen während einer Tagestour miteinander verbunden werden. Außerdem winkt der Anstieg ins herausfordernde Gebiet im Süden. In diesem manchmal wilden und verwirrenden Gelände kann ein Kompaß wirklich zum verläßlichen Freund werden, falls Sie wissen, wie man ihn benutzt!

Besiberri-Nord

Anstieg zur Refugio Ventosa y Calvell
Route 100. Von Süden, Bohí-Tal

Oberhalb des Estany Negre in 2220 m Höhe befindet sich die Hütte an einem herrlichen Standort. Das CEC hat sie erst kürzlich wieder aufgebaut und sie ist hervorragend ausgerüstet. Das große Gebäude wird von Juli bis Anfang September bewirtschaftet, Mahlzeiten sind erhältlich. Die kleine Hütte in der Nähe gehörte früher den Elektrizitätswerken. Sie hat keinen Namen, ist aber den Winter über geöffnet.
Die Straße nach Norden entlang des Tals Noguera de Tor-Bohí endet am großen Damm, der das Südende des langen Estany de Cavallers eindämmt. Ein Pfad führt am Ostufer des Sees entlang, dann über Geröllhänge bis zu seinem Ende hinauf und auf unebene Wiesen der Riu Malo-Ebene. Eine kurze Strecke windet er sich am linken Bachufer entlang und wechselt an einem Steg auf die rechte Seite über. In weiten Bögen schlängelt er sich den Hang nach Nordosten hinauf.

Steinpyramiden und Wegspuren winden sich über felsiges Gelände bis zu einer Hütte hoch über dem Bergsee. (Ca. 2 Std. vom Damm.)

Anstieg zur Refugio Ventosa y Calvell
Route 101. Von der Refugio de la Restanca

Quer durch wildes Gelände lassen sich während dieses Anstiegs mehrere Bergseen miteinander verbinden. Der erste Abschnitt bis Estany Monges folgt Hochroute 19, s. unten.
Haben Sie den Port de Güellicrestada passiert, gehen Sie zum Ostufer des Estany Monges hinab, um den im Osten austretenden Bach zu überqueren. Richtung Südosten erreichen Sie dann den Estany Travessany (2246 m). Unterhalb des Sees taucht von links ein Pfad auf. Hält man sich auf ihm rechts, führt er zur Refugio Ventosa y Calvell. (Ca. 3 Std. ab Restanca.)

Wanderungen und Kletterpartien von der Refugio Ventosa y Calvell

Wählt man diese Hütte im Urlaub als Ausgangspunkt, sind sowohl für Wanderer als auch Bergsteiger mehrere Ausflüge möglich. Studieren Sie die Karte, und Sie werden sehen, es gibt genügend Unternehmungen, die einen Aufenthalt rechtfertigen. Wohin Sie auch sehen, das Gebiet ist übersät mit Seen, Bergrücken und einladenden Gipfeln. Die Palette reicht von Tages- bis zu mehrtägigen Touren, die mitten in Wildnis mit herrlichen Ausblicken führen.
Der emporragende Agulles de Travessani im Nordosten der Hütte bietet verschiedenartige Routen an. Über den *voie normale* kann man in ca. zwei Stunden einen angenehmen Aufstieg zum Creu de Colomers (2894 m) im Osten unternehmen. In Verbindung mit einer Rundwanderung empfiehlt sich im Süden der 3000er Punta Alta, die hohe Spitze des Pic de Coma los Bienes. Aber auch der schönste Bergkamm der Region, der des hohen, einsamen Besiberri, eignet sich für diese Zwecke. Er dominiert das Gelände im Westen.

Besiberri-Nord (3014 m)
Route 102. Normale Route ab Riu Malo-Wiesen

Schwierigkeitsgrad: P.D.
Ausrüstung: Seil, Schutzhelm
Start: Refugio Ventosa y Calvell

Das hohe Besiberri-Granitgelände wird unverzüglich wild und ausgesprochen anziehend. Unterhalb des langen Abhangs der Nordsüdwand, an einzelnen Stellen mit kleinen Schneefeldern bedeckt, ist die Welt rauh, kompromißlos und unvollendet.

Die Vegetationsentfaltung steht noch an ihrem Anfang, und der Bergsteiger muß sich Schritt um Schritt voran tasten. Winzige Bäche schlängeln zwischen riesigen Felsblöcken. Zufällig auftauchende Bergseen halten das Geheimnis der Schöpfung in ihren stillen Wassern gefangen. Wer die unberührte Natur liebt, befindet sich in bezaubernder Umgebung.

Von der Hütte steigen Sie zu den Riu Malo-Wiesen hinab. Sie befinden sich oberhalb vom Nordende des Sees Cavaller. Wechseln Sie an einem Steg auf das rechte Bachufer über und laufen Sie nach Westen in ein schmales Tal hinein, das der Riu Malo-Bach durchfließt. Entlang seines linken Ufers folgen Sie dem ansteigenden Pfad, der das schluchtenähnliche Tal erklimmt. Steinpyramiden weisen den Weg und man gewinnt schnell an Höhe. In der Schlucht wächst durch den Wasserdunst und Sprühregen der Wasserfälle eine üppige Vegetation, oberhalb und außerhalb dieses Umfeldes gewinnt jedoch die Öde Oberhand.

Dort, wo sich der Bach mit einem anderen aus Südwesten kreuzt, treffen Sie auf eine zweite Schlucht, die Sie durchklettern. An einzelnen Stellen müssen Sie direkt durch den Bach waten. Aber über den Pfad am linken Ufer erreichen Sie schließlich den kleinen See Estanyet de Riu-Malo (2450 m), der in wildem Terrain gefangen liegt. Der Blick nach Westen, oberhalb dieser verwirrenden Region, fällt auf den Besiberri Nord. In einer Klamm im Kamm, Richtung Nordwesten, erblickt man auch die kleine *Refugio de Besiberri*. Durch eine Lichttäuschung scheint sie ganz nah zu sein. Umrunden Sie den See am rechten Ufer und gehen Sie auf eine grasbewachsene Felsrinne zu. Sie klettert man über Steinpyramiden hinauf.

Oben angekommen erreichen Sie nach einer unangenehmen Kletterpartie über Granitstaub, Felsen und Geröll die Besiberri-Hütte. (Diese Nothütte hält 6 Schlafstellen und Erste-Hilfe-

Ausrüstung bereit. Aber die nächste Wassermöglichkeit ist weit entfernt.)
Unterhalb der Hütte laufen Sie nach links und umgehen die niedrigen Kammwände. Circa 100 Meter südwestlich der Hütte kann der Aufstieg über eine breite Spalte erfolgen. Hier hinauf, gelangen Sie anhand einiger Terrassen und Felsplatten auf den Kammpunkt in 2832 m Höhe. Halten Sie sich links und erklettern Sie entlang des freiliegenden Kamms den Gipfel.
Anmerkung: Alternativ führt ein einfacherer als der oben beschriebene Weg auf den Kamm. Man begibt sich jenseits der angeführten Spalte und läuft bis zu den Wegresten unterhalb eines deutlich erkennbaren Cols. Ihn erklettert man über den Kamm und hält sich links, um den Gipfel zu erreichen.
Von der Hütte aus benötigt man 6 Stunden bis zum Besiberri-Nord. Hervorragende Ausblicke bieten sich und vom hohen Kamm läßt sich sogar eine Art Ordnung in der weiten Landschaft erkennen, die sich unter Ihnen ausbreitet.

Weitere Routen zu den Besiberri-Gipfeln

Auf dem langen Kamm finden Sie mehrere besteigbare Gipfel. Außer dem Besiberri-Nord gibt es noch den Besiberri del Mig (Besiberri Central, 3003 m), Besiberri Sud (3030 m) und den Coma lo Forno (3032 m). Den letztgenannten Gipfel können Sie innerhalb von 5 Stunden von den Thermalbädern aus, auch unter dem Namen Caldas de Bohí bekannt, über einen mit P.D. veranschlagten Aufstieg erklimmen.
Die klassische Kammwanderung beginnt an der Besiberri-Hütte in Richtung Süden, um alle Gipfel miteinander zu verbinden. Das erste Mal unternahm 1926 eine Gruppe um Jean Arlaud diese Wanderung. Hierfür muß allerdings ein ganzer Tag veranschlagt werden.

Anstieg zur Refugio d'Estany Llong
Route 103. Von Westen, Tal Noguera de Tor

Obwohl die Hütte im Sommer bewirtschaftet wird, bietet sie nur das Allernotwendigste. Sie befindet sich am Westende des Estany Llong in der Nähe des Talendes Sant Nicolau.
Circa 18 Kilometer das Tal Noguera de Tor entlang und circa 2 Kilometer von den Bädern Caldas de Bohí entfernt zweigt ein Weg nach Osten ab und führt ins Tal Sant Nicolau. Am Estany Llebreta ist die Straße ausgebessert, denn Sie kommen in den Nationalpark. Vom Ende der befahrbaren Straße (ca. 3 km hinter der

Der Nord-West-Rücken des Besiberri

Parkgrenze) folgen Sie dem breiten Pfad am rechten Bachufer durch das Tal, bis er kurz vor der Hütte ans linke Ufer wechselt. (Ca. 1 Std. ab Ende der befahrbaren Straße.)

Route 104. Gebirgswanderung von der Refugio d'Estany Llong bis Espot

Hierbei handelt es sich um eine gradlinige Wanderung auf einem guten Pfad, eine angenehme Strecke vom Noguera de Tor in die Ostregion dieses Gebirges. Sie wird besonders denen empfohlen, die im Besiberri-Gebiet eine Weile geklettert sind und die Lust haben, die Encantados zu Fuß zu erreichen. Man wird Zeuge einiger wunderschöner Landstriche.

Verläßt man die Hütte, geht man an der Südseite des Estany Llong entlang und erreicht in Serpentinen den Portarro d'Espot (2424 m). (Herrliches Panorama vom Paß.) Unterhalb im Osten, sehen Sie den Sant Maurici, auf den man ohne Schwierigkeiten über

den Pfad durch Waldgebiet trifft. Zur Rechten schlängelt sich der große Serra dels Encantats.
Für den Abstieg vom See nach Espot stehen Ihnen mehrere Wege zur Auswahl, die alle vor dem Dorf wieder zusammenlaufen. (Ca. 3 1/2 – 4 Std. von der Refugio d'Estany Llong nach Espot.)

Pic Subenuix (2924 m)
Route 105. Normale Route

Schwierigkeitsgrad: F
Start: Refugio d'Estany Llong (1985 m)

Den höchsten Punkt auf dem Kamm, Pic Subenuix, erklettert man vom Portarro d'Espot Richtung Süden. Der Aufstieg über diese Route ohne nennenswerte Schwierigkeiten wird dennoch zu einer interessanten Unternehmung.
Nach Verlassen der Hütte geht man am Südufer des Estany Llong entlang. Haben Sie den ersten Bach überquert, der von Süden in den See fließt, halten Sie sich rechts und betreten ein Nebental, aus dem ein zweiter Bach abfließt. Oberhalb seines linken Ufers folgt man dem Bach ca. 1 1/2 Kilometer ins Tal (Südost). Vor einem kleinen Bergsee wechselt man auf die rechte Bachseite über. Weiter geht es am Westufer eines zweiten, größeren Sees und in südlicher Richtung an einem Bach entlang, der ihm zufließt. Einen Kilometer jenseits vom Estany Cometes (und 500 m hinter einem sehr kleinen Bergsee) biegen Sie nach links und steigen über das Gesins hinauf, das den Weg unterhalb vom Montanyeta-Kamm begrenzt.
Klettern Sie auf den Sattel (Coll de la Montanyeta) südlich des Tossal da la Montanyeta, dann über ihn hinweg und steigen Sie zu dem deutlich erkennbaren Paß Collado dels Cabatxos hinauf. Er liegt ca. 300 Meter tiefer und im Südwesten des Pic Subenuix. Über einen einstündigen Aufstieg am Südwestkamm erreicht man den Gipfel. (Insgesamt 3 – 4 Std. von der Hütte.)

Estany Llong – Sant Maurici
Route 106. Wanderung von Westen nach Osten

Start: Refugio d'Estany Llong

Zum Gipfel des Pic Suvenuix gelangen Sie über Route 105. Den Gipfel hinunter geht es auf dem kurzen nördlichen Kamm zum Col unterhalb der zweiten Subenuix-Spitze, Subenuix Inferior (2881 m). Am Paß halten Sie sich rechts und steigen in das hochgezogene Tal, das nach Nordosten führt, hinab. Haben Sie den Bach erreicht, folgen Sie seinem linken Ufer bis ein weiterer Bach nördlich eines Sporns in Sicht kommt. Überqueren Sie den ersten Bach und folgen Sie dem zweiten auch am linken Ufer bis zu einem Bergsee, Estany de Subenuix. Er liegt oberhalb von zwei niedrigeren Teichen. Am Ostufer des Sees entlang, geht es am rechten Ufer des Baches, der aus dem See tritt, weiter. Zunächst fließt er nach Norden, dann ostwärts bis in den See Sant Maurici. (Ca. 2 Std. vom Gipfel des Pic Subenuix)

Encantados-Sant Maurici

Lage: In Spanien bilden sie die Südgrenze des herausragenden Vall d'Aran und liegen im Westen des Tals Noguera Pallaresa.
Karten: Editorial Alpina: 'Montardo' und 'Sant Maurici – Els Encantata', beide 1:25.000

Eine beunruhigende, aber faszinierende Region mit Waldgebieten, wilden und abgelegenen Cirques, die unheimlich wirkende Bergseen gefangen halten, Kalkstein- oder Granitgipfel drängen empor. Einzelne abweisende, strenge Winkel scheinen ohne Leben zu sein, Geröll und karge Felswände ohne eine Hauch von Schnee, der die Einsamkeit mildern würde. Doch geht man nur ein Stück weiter, erreicht einen Kamm, kann sich plötzlich geradezu explosionsartig die üppigste Vegetation vor einem ausbreiten und verwirrt die Sinne mit einem Hauch von 'umwitterten Geheimnis'.
Zu dieser Landschaft, die von einem Extrem ins nächste fällt, gehören die 105 Quadratkilometer des Aigües Tortes – San Maurico Nationalparks. Im Gegensatz zum unberührten Ordesa-Park hat man hier einige größere Seen gestaut und auf mehreren abgelegenen Hängen wächst die Wintersportindustrie munter weiter. Wie dem auch sei, abgesehen von politischen und ökonomischen Betrachtungen, bleibt immer noch weites Gelände, das Bergsteigern und Wanderern sowie Wildcampern das Herz höher schlagen läßt.
Das Glanzstück der Region und größte Attraktion für Bergsteiger ist der zweiköpfige Kalksteinmonolith Encantados. Diese Zwillingsgipfel — die Mythologie der Pyrenäen besagt, daß sich zwei verirrte Schäfer in Stein verwandelten — brechen aus den tiefgrünen Koniferenwäldern oberhalb des heute eingedämmten Sees Sant Maurici derartig imposant hervor, daß man den Eindruck hat, sie seien aus einem prachtvollen Dolomitental hierher verfrachtet worden. Auf ungeduldige Bergsteiger strahlen sie zweifellos so etwas wie Verheißung aus.
Doch der nördliche Gipfel Petit Encantat verläuft recht schwierig. Man sollte ihn erst angehen, wenn man schon auf überdurchschnittliche Bergerfahrung zurückblicken kann. Hier, wie in vielen vergleichbaren Regionen der Pyrenäen, ist es dem Instinkt Henri Brulles zu verdanken, daß auch Routen für Fortgeschrittene zugänglich sind.

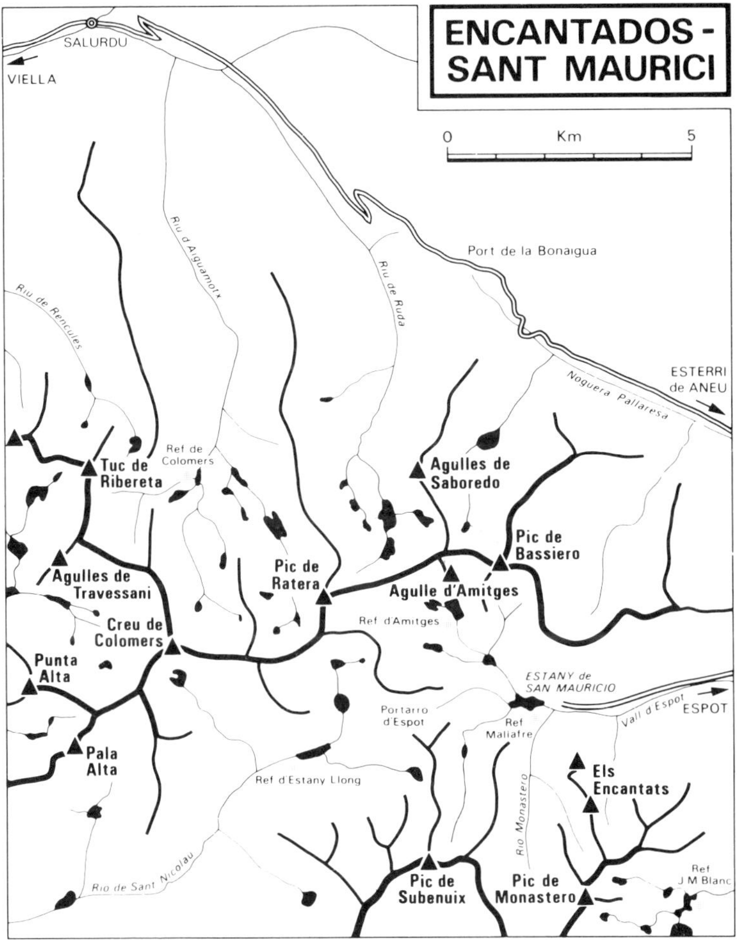

In dieser Region sollten Ihre Gedanken nicht nur von den Encantados beherrscht sein, das faszinierende Gebirge hat weit mehr zu bieten. Der beste Rat, den ich geben kann, lautet: Bepacken Sie Ihren Rucksack mit Proviant für mehrere Tage, nehmen Sie ein Seil sowie Ihre vollständige Aufmerksamkeit mit. So ausgerüstet, können Sie in die ver-

wirrenden Täler und unberührten Cirques vordringen... und sie auf eigene Faust erkunden.
Unterkunft: Am Rand des Nationalparks liegt der Ort Espot, nur eine kurze Wanderung von den Encantados entfernt. Vom Vall d'Aran muß man den Bonaigua-Paß queren und nach Westen über Serpentinen ins Tal San Mauricio etwas südlich von Guingueta kehren. Espot besitzt Hotels, sowie einen guten Campingplatz mit Duschen. Die Geschäfte sind gut ausgestattet, so daß Sie sich mit Verpflegung eindecken können, um einen ausgedehnten Trip fern der heimischen Fleischtöpfe wagen zu können. Parkmöglichkeit für Autos.

Hütten:

Hütten, wenn auch klein und oft nicht mehr als eine Schutzhütte, verteilen sich über die ganze Region. Anstiegsrouten sind unten aufgeführt. Innerhalb des Nationalparks ist campen offiziell verboten. Aber an einzelnen idyllischen Plätzen sieht man trotzdem Zelte stehen. Es kann sogar vorkommen, daß die Verantwortlichen den Wildcampern Verständnis entgegenbringen. Zweifellos ist campen die Antwort auf die vollkommene Landschaft in fast jedem dieser Täler.

Anstieg zur Refugio José Maria Blanc Route 107.

Die kleine Hütte, im Besitz des C.E.C. befindet sich ca. 5 Kilometer südwestlich von Espot, unterhalb vom Pic de Monastero.
Folgen Sie dem Pfad, der aus dem Ort Richtung Tal im Südwesten klettert. Am Anfang steigt der Weg am linken Pegueraufer hinauf und ist zunächst klar zu erkennen. Nach einiger Zeit schlägt er sich, jetzt ziemlich überwachsen, durch dichtgewachsene junge Bäume und wilde Himbeeren. Stetig gewinnt er an Höhe, quert offenes Wiesengelände und betritt Wälder. Eine Weile verjüngt sich das Tal und der Weg wird steil. Sobald das Tal den Blick auf kahle Bergspitzen freigibt, läßt die Steigung nach. Ein kleiner Stausee taucht auf. Sie passieren ihn aber über einen jetzt breiteren Pfad (er kommt ebenfalls von Espot und ist zwar leichter zu gehen, dafür aber ebenso langweilig. Auf ihm erreichen Sie direkt die Hütte am Ostufer des Estany Tort. (Ca. 3 – 3 1/2 Std. ab Espot.)

Sierra de los Encantados

Anstieg zur Refugio d'Amitges
Route 108.

Die modernste und größte Hütte der Encantados liegt mitten in einer Seenlandschaft und in beeindruckender Entfernung zu dem herrlichen Agulles d'Amitges. Sie gehört der CEC und wird im Sommer bewirtschaftet. Schlafplätze für 56 Personen sind vorhanden. Sie müssen eine weite Strecke zurücklegen, bevor Sie wieder auf eine Hütte mit derartig gutem Service treffen.

Man folgt der neuen Straße von Espot hinauf zum See Sant Maurici. In der Hauptsaison und den spanischen Ferien ist der Weg mit Picknickfreunden übersät. Sie genießen das Schauspiel der Encantados, die sich in den Seen spiegeln. In den Momenten, wenn der See übervölkert scheint, fällt es nicht schwer, mit dem Touristen Mitleid zu haben, der niedergeschlagen auf den unerbaulichen Anblick kahler Bäume im Schlamm, umgeben von Müll, starrt. Man muß nur ein wenig höher steigen, um auf an-

dere Seen zu treffen, die weit schönere Aussichten garantieren. Unsere Route hat wesentlich Attraktiveres zu bieten.
Nach Nordwesten führen zahlreiche Wege vom See Sant Mauricio fort. Sie stoßen auf den Hauptweg, der sich an einer Ruine vorbei schlängelt, um schließlich den Estany de Ratera zu erreichen. Bleiben Sie, ohne abzuzweigen, in nordwestlicher Richtung auf diesem Pfad. Er schwingt in bequemen Serpentinen an weiteren Bergseen vorbei und gelangt in 2380 m Höhe zur Hütte. (Ca. 3 1/2 Std. ab Espot.)

Agulles d'Amitges (2665 m)
Route 109. Normale Route auf den Nord Agulle d'Amitges.

Schwierigkeitsgrad: P.D.
Ausrüstung: Seil
Start: Refugio d'Amitges (2380 m)

Während man zur Amitges-Hütte ansteigt, beeindruckt die gewaltige Erscheinung des zweigipfligen Agulles, der aus einsamer Landschaft gestochen scharf gen Himmel ragt. Die Gipfel erheben sich etwas nördlich der Hütte und sind durch einen niedrig schwingenden Col vom Saboredo-Kamm getrennt. Die Südwand des südlichen Gipfels bietet ein oder zwei exponierte Kletterpartien unterschiedlichen Niveaus und Schwierigkeitsgrades.
Von Westen kann der höhere im Norden liegende Agulle über einen einfachen Anstieg bezwungen werden. Herrliche Aussichten können hier genoßen werden.
Sie nehmen von der Hütte den linken Weg und gehen bis zu seinem Ende am Amitges-See. Nach Überquerung des Baches, der die zwei Hauptbäche miteinander verbindet, sucht man sich einen Weg entlang eines undeutlichen Pfads mit Steinpyramiden. Es geht über einen unebenen Hang in den Felsencirque westlich der Felsspitzen. Sie bieten aus dieser Perspektive einen ganz anderen Eindruck.
Der Weg windet sich am Fuß des Agulles. Kurz nachdem Sie die gut erkennbare Spalte zwischen den beiden Gipfeln erreicht haben, klettert eine kleine Felsrinne die zerklüftete Wand des nördlichen Agulles hinauf. Markierungen früherer Anstiege werden auf den Grasflächen in der Felsrinne sichtbar. Oben angekommen, gelangen Sie auf eine bewachsene Terrasse, die direkt zu einem nicht eindeutig ausmachbaren Sattel führt. Reizvolle Ausblicke zur Ostseite hin werden frei. Über einen kurzen Felshang aus fe-

Agulles d'Amitges

stem Granit (falls nötig, benutzen Sie das Seil) geht es entlang einer breiten Spalte direkt zum Felsgipfel hinauf. (Ca. 1 1/2 Std. von der Hütte.)
Abgesehen von der unverkennbaren Landschaft, hat man eine bemerkenswerte Sicht auf den Südgipfel. Sollten Sie das Glück haben, Bergsteiger auf diesem Gipfel in Aktion zu sehen, können Sie interessante Fotos machen.

Andere Routen auf den Nord-Agulle

Der kurze Nordkamm dieses Berggipfels enthält einige herausragende Abschnitte, die zur Spitze führen. Aber die Westwand besitzt mehrere mittelschwere Felsrinnen, die einen Anstieg erlauben. Sie entsprechen meistens maximal Schwierigkeitsgrad P.D. Nur sollte man die Kletterpartie zum Gipfel auf dem nachfolgenden Kamm nicht unterschätzen. Eine andere Route führt über den deutlich erkennbaren Sattel am Kammnordende und erklettert ihn seiner gesamten Länge Richtung Süden.

Anstieg zur Refugio de Saboredo
Route 110.

Die kleine Saboredo-Hütte, mehr eine Basishütte, gehört der F.E.M. Sie ist umgeben von herausforderndem Gelände und liegt nördlich der Amitges-Hütte. Die Hütte ist unbewirtschaftet, bietet aber 12 Personen Platz.

Folgen Sie Route 108 bis zum Estany de Ratera. Kurz danach gelangt der Weg links zu einem weiteren See. Ein mit Steinpyramiden markierter Pfad biegt nach Westen ab und stößt auf eine Route durch das Ratera-Tal. Über diesen Pfad am linken Bachufer entlang gewinnen Sie stetig an Höhe, vorbei an zwei oder drei Schilfseen. Den Estany de Port de Ratera umrunden Sie und klettern zum Port de Ratera hinauf. Er ist im Norden unterhalb der Serra de Saboredo zu sehen.

Kreuzen Sie den Paß und steigen Sie dann in nördlicher Richtung abwärts, um dem plötzlich sichbar werdenden Bachverlauf zu folgen. Er fließt in den ersten See der Saboredo-Gruppe. Bleiben Sie auf der linken Bachseite und umrunden Sie die zwei großen Seen ebenfalls an ihrem linken Ufer. Vom Damm am Nordende des zweiten Sees steigen Sie Richtung Nordwest zur Hütte hinab, die Sie in der Nähe weiterer kleiner Seen vor sich sehen. (Ca. 4 – 4 1/2 Std. von Espot.)

Gran Encantat (2747 m)
Route 111. Normale Route via zentraler Felsrinne

Schwierigkeitsgrad: A.D.
Ausrüstung: Seil, Schutzhelm
Start: Sant Maurici

Der Gran Encantat ist der Südgipfel der Zwillingsspitzen, die auch Serra de los Encantados und Montagnes Enchantés genannt werden. Der Erstaufstieg gelang im August 1901 de Negrin, Romen, Cittre und dem Führer Bernard Salles.

Kurz bevor man den Stausee Sant Maurici von Espot aus erreicht, biegt der Portarro d'Espot-Weg nach links ab. Sie folgen ihm bis zur kleinen Hütte (Refugio Mallafre, eine Unterstellhütte, die aus nichts weiter als Dach und Wänden besteht.) Verlassen Sie hier den Hauptpfad, um Richtung Süden in den Wald zu laufen. Nach dem Wald steigt man den Steilhang hinauf, der

zum Fuß der zentralen Felsrinne führt und die Nordwestwand des Gebirges spaltet.
Die Felsrinnne ist häufig von Steinschlag bedroht. Sie müssen also beim Anstieg Vorsicht walten lassen. Entlang der rechten Seite der Felsrinne steigt man über mehrere Hänge und Geröllfelder zur Enforcadura hinauf. An dieser Spalte erheben sich die Gipfel als zwei eigenständige Spitzen. Die Enforcadura befindet sich nur 50 Meter unterhalb des Südgipfels. Das letzte Stück läßt sich problemlos bewältigen. Wieder helfen Spuren vergangener Aufstiege den Weg zu finden. (Ca. 4 Std. von Sant Maurici.)
Blicken Sie vom Gipfel um sich, wird eine Unzahl weiterer Routen sichtbar, die über einen einzigen Urlaubsaufenthalt hinausgehen. Besonders das Gebiet nach Nordwesten umfaßt ein weitgestrecktes Gelände, aus dem die Amitgesgipfel herausragen. Im Süden erhebt sich der Pic de Monastero. So weit das Auge nach Osten blickt, reiht sich in einer Gebirgs- und Talflut Bergspitze an Bergspitze.

Gran Encantat
Route 112. Via Monastero-Felsrinne

Schwierigkeitsgrad F

Verglichen mit der zentralen Felsrinnen-Route ist diese zwar leichter, dafür aber länger und relativ mühsam. In jedem Fall bietet sie einen sichereren Abstieg als der Versuch, über die zentrale Felsrinne hinab zu klettern.
Folgen Sie Route 111 bis zur Refugio Mallafre und setzen Sie Ihren Weg jenseits der Hütte solange auf dem Hauptpfad fort, bis links ein weiterer Weg abzweigt, der mit 'Monastero' ausgewiesen ist. Er führt südwestwärts am linken Bachufer entlang durch Waldgebiet. Nach circa einem Kilometer treten Sie auf eine Lichtung. Hier sollte der Bach gequert werden, um einem anderen Bach zu folgen, der aus dem links liegenden (Südost) kleinen Valleta Seca herab fließt. Steigen Sie an diesem Bach in Richtung der Südwestflanken des Gran Encantat auf. Auf dieser Strecke kommen Sie circa einen Kilometer nach der Lichtung am Fuß der steilen und schmalen Monastero-Felsrinne an.
Überqueren Sie den Bach und klettern Sie Steinpyramiden folgend hinauf. Eine ermüdende Passage, aber leicht zu gehen. Nach mehr als 400 Meter taucht man auf einem niedrigen Col unterhalb des Gipfels auf. Wieder

markieren Steinpyramiden den Weg zum Gipfel, der endlich nach 5 Stunden von San Maurici erreicht ist.

Pala Sudorn (2689 m)
Route 113. Von Norden via Pala d'Eriexe

Schwierigkeitsgrad: F
Start: Refugio José Maria Blanc

Der Pala Sudorn ist die mittlere Gipfelspitze, die oberhalb und südöstlich der Seen Richtung Peguera-Tal hinter Espot stehen. Der Anstieg ist keine klassische Kletterpartie.
Steigen Sie zu den Trescuro-Zwillingsseen hinab, die leicht nordöstlich der Hütte in wilder Landschaft liegen. Auf den Südseiten der Bergseen breitet sich hemmungslos Geröll aus. Reduziert auf das Existenzminimum wachsen Alpenrosen zwischen Felsblöcken.
Hat man diese Felsen überwunden, bewegt man sich auf die markante Felsrinne zu. Sie durchzieht die Pala d'Ereixe-Wand, unterhalb der ein Geröllfeld liegt. Problemlos klettern Sie über die Felsrinne zum Kamm hinauf. Oben wenden Sie sich nach rechts. Steile Grashänge führen Sie über den Pala Ereixe zum Gipfel des Pala Sudorn. (Ca. 2 – 2 1/2 Std. von der Hütte.)
Die Südostseite dieser Felsen ist durch steile Grashänge geprägt. Der Blick über das östliche Ende des Gebirgszuges ist beeindrukkend und kontrastiert erheblich mit der Landschaft unmittelbar im Westen. Am leichtesten gelangt man mit den Skiliften von Super Espot nach Espot hinab.

Pic de Monastero (2878 m)
Route 114. Normale Route aus Osten

Schwierigkeitsgrad: F
Start: Refugio José Maria Blanc

Nach Verlassen der Hütte umrundet man den Estany Tort de Peguero entlang seines Nordufers und schlägt einen westlichen Kurs am linken Ufer eines schmalen Baches ein. Gewinnen Sie an Höhe und gehen Sie links am Estany de la Cabane vorbei. Setzen Sie Ihren Weg am Bachufer fort, bis Sie eine Reihe kleinster Tümpel erreichen. Hier halten Sie sich halb links auf einen größeren

Bergsee zu, der im Norden eines Nebengipfels des Monastero liegt. In südöstlicher Richtung laufen Sie zu einem Col hinauf (höchster Punkt 2825 m auf der Editorial Alpina-Karte). Sind Sie dort angekommen, halten Sie sich links und erklettern den kurzen Kamm zum Gipfel. (Ca. 2 Std. von der Hütte.)

ENCANTADOS

Hochroutenverbindung Vom Encantados-West nach Estats/Montcalm

Karten: Editorial Alpina 'La Vall d'Aran' 1:40.000 und 'Pica d'Estats Mont Roig' 1:40.000
IGN Carte Touristique 71 'St.Gaudens – Andorre' 1:100.000, ein nützlicher Führer für einen kurzen, aber schwierigen Abschnitt.

Nachdem Sie die Restancahütte verlassen haben, bereiten die ersten zwei Tagestouren bei schönem Wetter keine nennenswerten Schwierigkeiten. Danach sollten sich allerdings nur erfahrene Bergwanderer anschikken, die hohen und unangenehmen Pässe der Höhenroute 21 zu überqueren.
Zwischen diesen beiden Regionen ändert sich das Gelände ständig. Die Etappen erinnern an 'Schön-Wetter-Ausflüge', die bei guter Kondition trotz mühsamer Abschnitte sehr zu gefallen wissen und ganz eigene Anforderungen stellen. Die Landschaft unterscheidet sich völlig von der, die man zuvor ab dem Maladetta durchquert hat. Ein Höhepunkt dieses Gebietes bedeutet zweifellos die, wenn auch nur sehr kurze Rückkehr in die Zivilisation, zum kleinen Dorf Salardú, in dem Sie einige Vorräte ergänzen können.

Hochwanderweg 19 Von der Refugio de la Restanca nach Salardú

Diese Etappe führt über die nördlichen Hochländer der Besiberri-Region und bietet wunderschöne Aussichten. Ein exakt gelesener Kompaß kann ein nützlicher Begleiter sein, falls Nebel aufzieht. Bergseen und Bäche laden zu Tagträumereien ein, die verschiedenen Gipfel verhaften im Gedächtnis und bieten sich für einen zweiten, zukünftigen Besuch an. Ein ideales Gelände, um nach einem anstrengenden Tag hier zu übernachten.

Überqueren Sie den Restanca-Damm, gehen Sie an dem Wärterhaus vorbei und nehmen Sie dann den Pfad, der stellenweise sehr steil nach Südosten steigt, um ca. 45 Minuten nach Verlassen der Hütte zum westlichen Ende des Estany de Cap de Port zu gelangen. Die Gegend vor Ihnen mutet mit den Felshängen, die sich drohend über das kleine Tal ausbreiten, rauh und wild an. Wandern Sie am nördlichen Ufer des Bergsees entlang und gewinnen Sie hinter ihm auf dem Weg, der mit numerierten Steinpyramiden gekennzeichnet ist und zwischen gewaltige Felsbrocken führt, ständig an Höhe. 1 1/2 Std. nach Verlassen der Hütte haben Sie den Gipfel des 2475 m hohen Port de Güellicrestada erreicht. Etwas oberhalb zur Linken erhebt sich der Montardo d'Aran. Gehen Sie nun auf der Ostseite des Passes zu der grasbewachsenen Ebene hinunter, wobei Sie den Estany de Monges rechts unterhalb liegen lassen. Danach wandern Sie in südöstlicher Richtung auf einen kurzen Sattel zu, der sich auf einem Felsvorsprung erhebt. Überqueren Sie diesen und steigen Sie anschließend zu dem Bergsee hinunter. Gehen Sie ein kurzes Stück an seinem östlichen Ufer entlang und biegen Sie dann nach links ab, um einen Steilhang zu überqueren, der Sie zu dem Abfluß des großflächigen Estany de Mengades hinunterführt (2307 m). Nordöstlich sieht man den Port de Caldes, südöstlich liegt der Agulles de Travessany und im Südwesten formt der langgestreckte Bergrücken des Besiberri eine beeindruckende Silhouette.

Jetzt markieren Steinpyramiden den kräftezehrenden Kurs durch die Geröllfelder aus Granitgestein, über denen der Port de Caldes liegt. Es gibt hier keinen klar erkennbaren Weg und die Zahl der Steinpyramiden nimmt hin und wieder ab. Unter Umständen können Sie vielleicht vage Wegspuren finden; mit konkreten Schwierigkeiten oder Gefahren müssen Sie aber so oder so nicht rechnen.

Eine Stunde nach der Besteigung des Güellicrestada erreicht man den Port des Caldes, einen grünen Bergsattel, von dem die Fortsetzung der Wanderroute sehr einladend aussieht. Gehen Sie auf der Ostseite hinunter und passieren Sie dabei rechterhand einen kleinen See. Danach folgen Sie auf seiner linken Seite einem Bach, wobei Sie weiterhin eine östliche Marschrichtung einhalten.

Nachdem Sie auf ein niedrigeres Talniveau herabgestiegen sind, werden Sie auf einen anderen, von rechts kommenden Bach treffen und seinem Lauf durch eine Talverengung folgen. Überqueren Sie diesen Bach an einer geeigneten Stelle und richten Sie sich nun nordöstlich, um zu dem weiträumig eingedämmten Estany Major de Colomers hinuntersteigen zu können. An seinem westlichen Ufer sieht man die Refugi de Colomers (drei 1/2 Std. nach Restanca; Hütteninformation siehe unter Encantados West/Besiberri-Abschnitt).

Wählen Sie den Weg, der zum Damm führt und steigen Sie dort den steilen Pfad hinunter, den Sie unterhalb des großen Gebäudes am Rand des Staudammes finden können. Danach werden Sie auf ein kleines, morastiges Teilstück treffen und im Anschluß daran schlängelt sich der Weg unter Bäumen in Richtung Nordost zu einem Gelände mit einem kleinen Tümpel.

Anschließend fällt der Weg zwischen Bäumen und Sträuchern nördlich ab und trifft auf eine Straße, die zum Vall d'Aran führt. Hier biegen Sie rechts ab und gehen auf der größtenteils unasphaltierten Straße ca. 13 km bis nach

Salardú. Das Tal, das dem Lauf des Riu d'Aiguamotx folgt, weiß ungemein zu gefallen und ist bei den Spaniern als Picknickplatz entsprechend beliebt. An schönen Sommertagen sieht man viele Familien beiderseits der Straße lagern. Nach etwa einer Stunde entdeckt man links das alte Bad von Banys de Tredós. Kurz danach beschreibt die Straße eine Kurve und überbrückt den Aiguamotx. Etwa sechs 1/2 Std. nach Verlassen der Restancahütte erreichen Sie einen Stausee.
Von hier brauchen Sie noch eine knappe Stunde bis Salardú (1270 m), ein pittoreskes Städtchen mit verträumten Seitengassen und einer wunderschönen alten Kirche. Hier gibt es keine Unterkunftsprobleme. Neben einigen Mittelklassehotels können Sie in der Nähe des Hauptplatzes die Réfuge Rosta finden, außerdem betreibt die CEC ein kleines Stück talaufwärts Richtung Tredós ein schmuckes Haus, die Réfuge Xalet Soler i Santalo.
Es könnte von Nutzen sein, sich vor der Weiterreise in Salardú mit Proviant einzudecken, obwohl das Angebot an leicht transportablen Lebensmitteln in den kleinen Kaufmannsläden ziemlich begrenzt ist. Andererseits gibt es in den nächsten zwei 1/2 Tagen keine weiteren Einkaufsmöglichkeiten.

Hochwanderweg 20
Von Salardú zum Col de Curios

Diese 30 km lange Tour bietet am Ende des Tages keine Unterkunftsmöglichkeit und erfordert deshalb nach der schönen und unbeschwerten Talwanderung einige diesbezügliche Überlegungen. Camper können sich natürlich auf ihr Zelt verlassen, aber die, die unter freiem Himmel schlafen wollen, werden wohl manchen besorgten Blick der Großwetterlage widmen müssen.
Verlassen Sie Salardú nordöstlich auf der engen Straße nach Bagergue und folgen Sie ihrem Verlauf in weiträumigen Serpentinen die Ostseite des Berges hinauf. Dort biegt sie rechts ab und umkurvt die südliche Schulter des Serra de Comalada, anschließend führt sie nordöstlich zu der flachen Ebene der Pla de Beret, auf der mehrere Bäche zusammenfließen und so den Noguera Pallaresa bilden. Wenn man hier zurückschaut, bringen die dicht zusammengerückten Berggipfel und -kämme das südliche Panorama in Aufruhr: Das Encantados-Gebiet bläht sich zu einem Meer von Gipfeln auf, das sich an die Schneemassen des weit entfernten Maladetta anzulehnen scheint und die vor dem staunenden Betrachter aufgetürmten Grenzberge werden in ihren tieferen Regionen von dunklen Wäldern umhüllt. Dieses Tal ist wirklich atemberaubend schön!
Setzen Sie den Weg auf der Talstraße fort, die an Wochenenden und Feiertagen gern von den Spaniern befahren wird. Nach ca. vier Stunden treffen Sie auf die Überreste des kleinen Weilers Montgarri (1640 m). Das 1117 errichtete Sanktuarium von Montgarri kann man

zum ersten Mal auf der weit entfernten Uferseite des Baches ausmachen und wer einen kleinen Umweg nicht scheut, kann es über einen schmalen Trampelpfad erreichen.
In dem Ort gibt es keine Einkaufsmöglichkeiten, aber die Ruinen bieten bei schlechtem Wetter leidlich Schutz. Setzen Sie am rechten Ufer des Noguera Ihren Weg auf dem Pfad fort, der bald eine große Schleife nach rechts beschreiben wird und dann ziemlich lang durch einen Wald führt.
1 3/4 Std. hinter Montgarri kreuzt der Weg eine große, offene Ebene, biegt anschließend weiträumig nach rechts ab und verliert darauf an Höhe. Hier steht zur Rechten ein großes Gebäude und man kann eine kleine Abkürzung wählen, um bei einer Brücke, die zum linken Ufer führt, wieder auf den alten Weg zurückzukommen. Wenig später gehen Sie an mehreren großen Kornspeichern vorbei, anschließend überqueren Sie den Seitenarm eines Baches und kurz darauf sprudelt Ihnen munter von links ein weiterer Bach entgegen, den Sie in einer deutlich erkennbaren Abflußrinne unterhalb des Weges passieren können. Jetzt verliert der Weg permanent an Höhe und unweit eines Bachmeanders gehen Sie über eine Brücke wieder zum rechten Ufer. (Ca. sieben 1/2 Std. hinter Salardú.)
Anmerkung: Ab diesem Gebiet gibt es nur wenig geeignete Zeltmöglichkeiten. Bessere finden Sie im Tal von Comamala, das allerdings noch 1 1/2 Stunden weiter entfernt liegt und nur über eine steile Kletterpartie zu erreichen ist. Wenn Sie am Noguera noch eine halbe Stunde weitergehen, kommen Sie in den idyllischen Weiler Alos de Isil. Hier gibt es ein Restaurant und ein Geschäft, eventuell auch eine Übernachtungsmöglichkeit, aber dieser Ort liegt doch ziemlich abseits der nächsten Tagestour und erfordert so zusätzliche Wegzeit.
Gehen Sie auf dem Weg weiter nach Süden. Bald sehen Sie auf der linken Seite einen Steg über den Noguera. Überqueren Sie den Bach, um auf die Straße zum Col de Curios zu treffen. (Etwa acht Stunden nach Salardú. Lesen Sie Höhenroute 21, um nach der frühstmöglichen Campinggelegenheit Ausschau zu halten.)

Hochwanderweg 21
Vom Col de Curios nach Cuanca

Diese sehr lange Wanderung (zehn Stunden) überquert einige hochgelegene Pässe auf nur selten erkennbaren Wegen. Bei guten Witterungsverhältnissen ist die Tour zwar nicht übermäßig anstrengend, darf aber trotzdem nicht unterschätzt werden. Sie sollte ausschließlich von erfahrenen Bergvagabunden in Angriff genommen werden und das auch nur bei guter Wetterlage. Brechen Sie angesichts der langen Wegstrecke möglichst früh auf.
Eventuell können Camper einen akzeptablen Übernachtungsplatz in der Nähe des Calverante-Sees finden (ca. sechs Stunden nach

dem Start) und so die Strecke auf zwei Tage verteilen. Bedenken Sie, daß Guanca wirklich nur ein winziges Bergnest ist und mit einer Übernachtung bestenfalls in einer Scheune auf Stroh und nur mit Erlaubnis gerechnet werden kann. Verlassen Sie sich nicht darauf! Proviant können Sie erst wieder in Tabescan ergänzen, das noch zwei Stunden hinter Guanca liegt.
Bei der Brücke über den Noguera Pallaresa klettern Sie den steilen Pfad hinauf, der sich nach links wendet und dann nordöstlich etwa 100 m links von einer Scheune verläuft. Setzen Sie Ihren Weg auf diesem Pfad durch dichtes Gestrüpp fort und passieren Sie eine zweite, höher gelegene Scheune. Die Strecke steigt zwischen Birken und wilden Rosen immer höher hinauf, bis sie endlich gemäßigter wird und durch ein ziemlich rauhes Gebiet führt, nur gelegentlich die Ahnung eines Weges preisgebend. Halten Sie sich stets am rechten Ufer des Comamala, jetzt mehr oder weniger Richtung Osten. Hat man den Wald erst einmal verlassen, verödet das Tal zusehends. Trotzdem können Sie hier einen Platz zum Zelten finden.
Falls Sie aber noch genügend Kraftreserven mobilisieren können, werden Sie im nächsten Tal weitaus schönere Plätze finden.
Überqueren Sie das erste offene Gelände und klettern Sie auf den vor Ihnen liegenden Berg unter Beibehaltung der bisherigen Richtung. Sie erreichen dann eine höher gelegene, zweite Weidefläche, in deren süd-östlicher Ecke ein Wasserfall rauscht. Gehen Sie am rechten Bachufer auf den Wasserfall zu, wobei Sie von Steinpyramiden über mehrere Seitenarme dieses Baches geleitet werden. Klettern Sie nun über die Felsen, kämpfen Sie sich durch das Buschwerk und lassen Sie den Wasserfall dabei rechts weiterrauschen, bis Sie eine kleine eingezäunte Weide erreichen, auf der ein winziger Tümpel dümpelt. (Drei Stunden nach dem Steg über den Noguera.)
Hinter der Weide führt die Strecke nun auf ein schräg abfallendes Tal zu und gelangt zu zwei sattelähnlichen Bergen (2190 m und 2346 m). Zwischen diesen beiden überqueren Sie ein karges, von Gesteinsbrocken übersätes Gelände. Jenseits des zweiten, an einen Sattel erinnernden Berges liegt eine mit Geröll gefüllte Mulde und die gewaltigen Felsbrocken schaffen eine unheimliche Kulisse. Gehen Sie am rechten Rand dieser Senke vorbei und klettern Sie dann östlich über das Geröllfeld, um danach urplötzlich den Col de Curios (2475 m) zu erreichen, der wie ein etwas verbreitertes V aussieht, das in den südwestlichen Kammrükken des Mont Ruig (Mont Rouch) eingefräst ist. (Ca. vier Stunden nach Aufbruch.)
Jetzt müssen Sie auf der Ostseite des Passes eine steile Schlucht hinunterklettern. Seien Sie dabei auf dem mit kleinen Flechten durchsetzten Gras sehr wachsam. Danach kehren Sie Geröll und Fels den Rücken, biegen nach links ab und gehen auf einen Bach zu, der die beiden tiefer liegenden Bergseen miteinander verbindet. Überqueren Sie diesen Bach und wandern Sie dann in Richtung Süden,

wobei Sie darauf achten müssen, nicht zu viel an Höhe zu verlieren. Anschließend halten Sie sich links und steigen südöstlich zu einem breiten Paß in der Sierra de Mitjana hinauf, der Bergrücken, der südlich vom Mont Roig herabfällt.
Der Col de Calverante (2420 m) ermöglicht hier grandiose Aussichten auf eine andere, von Bergseen durchsetzte Region und die weit entfernten Täler beeindrucken mit ihrer unberührten Abgeschiedenheit. Orientieren Sie sich jetzt links vom Col, um den Bach zu entdekken, der den tiefer gelegenen Calverante-See speist. Gehen Sie an seinem rechten Ufer zum See hinunter. Dieser wunderschöne See, in einem abgeschiedenen Becken von den hohen Felswänden eingekesselt und an den Ufern mit sanft wiegenden Gräsern umrahmt, ist der ideale Zeltplatz bei gutem Wetter. (2490 m, ungefähr fünf 1/2 Std. nach dem Start.)
Gehen Sie rechts um den See herum und steigen Sie dann etwa 20 Minuten entlang einer Reihe von Steinpyramiden ostwärts hinauf zu dem hohen Col (2610 m). Eine niedrige Steinmauer markiert den Paß, der jetzt auf einem anderen Bergrücken des Mont Roig liegt. Die Aussicht von hier oben ist phantastisch und lädt zu einer ausgedehnten Rast ein. Nun müssen Sie einen steilen Abstieg ostwärts zum Estany Major bewältigen. Dort gehen Sie um das nordwestliche Ufer herum und erreichen die natürliche Eindämmung des Sees, von wo Sie jetzt etwas weiter unterhalb noch ein paar andere Bergseen entdecken können. Steinpyramiden führen Sie zum Abfluß des Estany Major. Hier steigen Sie hinunter und überqueren dabei einen Bach zu seinem rechten Ufer. Dieser Bach ist wunderschön. Das Wasser umspült die abgewaschenen Felsen und bildet kleine Strudel in den silber schimmernden Rinnsalen. Die gesamte Kulisse wird von den drei tiefer liegenden und im Sonnenlicht gleißenden Gallina-Seen abgerundet.
Seien Sie beim Abstieg vorsichtig. Oberhalb des ersten Sees gehen Sie rechterhand, den zweiten passieren Sie etwa 30 Meter über der Wasserfläche und kommen dann schließlich zum dritten, größeren See. Dort halten Sie sich immer rechts von ihm und folgen den Steinpyramiden nordöstlich durch die von glatten und vereisten Felsblöcken gekennzeichnete Landschaft hinunter, bis Sie schließlich das grüne Ufer des Estany Llevera (2200 m) erreicht haben. Umrunden Sie auf der linken Seite das westliche Ufer dieses Gebirgssees, bis Sie auf den Bach treffen, der den Estany Llevera speist.
Ein schmaler Pfad führt an seiner linken Seite in einen tiefen, begrasten Cirque hinunter, der von der Ostflanke des gewaltigen Mont Ruig überschattet wird. Halten Sie sich rechts und suchen Sie die Stelle, an der der Bach wieder aus dem Cirque herausfließt, um dort an seinem linken Ufer den Weg fortzusetzen. Das Wasser hat hier einen tiefen Kanal in die Felsen gegraben und fließt durch eine Miniaturschlucht. Eine Weile verläuft der Weg ziemlich dicht an dieser 'Schlucht' vorbei, bis er zu einer Graslandschaft hinabsteigt. Bäume und Sträucher tauchen in

zunehmenden Maße auf. Überqueren Sie den Ribereta, einen Seitenbach. Kurz darauf werden Sie an einer verfallenen Hütte vorbeikommen. Wenig später steigt der Pfad über einen Berghang permanent hinunter, aber verläuft dabei immer noch oberhalb des Tales, das eine tiefe Klamm in die Landschaft geschnitten hat. Sie erreichen jetzt in etwa 1780 m Höhe jenen Bach, der den Mariola-See speist.
Biegen Sie ein paar Schritte hinter diesem Bach nach rechts und steigen Sie zu dem grasbewachsenen Vorsprung des Berghanges hinunter, der von dichtem Buschwerk eingerahmt wird. Hier gibt es keinen klar erkennbaren Weg. Gehen Sie mehr links über diesen Vorsprung und noch einmal durch eine Baumgruppe, um dann wieder auf den Weg zu treffen. Er führt Sie aus dem Wäldchen heraus und bringt Sie zu einem abschüssigen Wiesengelände, das das Tal geformt hat, aus dem zur Linken der Riu del Port herausfließt.
Etwa 200 m entfernt können Sie auf der linken Seite eine Hütte sehen. Überqueren Sie den Riu del Port und folgen Sie dem gut erkennbaren Pfad nach Süden, der sich nun in mehrmaligem Wechsel entweder als breiter Forst- oder als schmaler Fußweg präsentiert. Nach einer Weile steigt er in ausgedehnten und ermüdenden Serpentinen hinunter: ein langer und erschöpfender Abstieg, bis man endlich die oberen Weideländer des Tales bei dem kleinen Weiler Cuanca erreicht hat! (Ungefähr zehn Stunden nach der Brücke über den Noguera.)
Cuanca (1380 m) besteht nur aus wenigen Wohnhäusern und angrenzenden Scheunen mit einem Bach auf der einen, und mit Wäldern und steilen Berghängen auf der anderen Seite, während sich im Vordergrund eingezäunte Wiesen erstrecken. Falls Sie mit dem Gedanken spielen, in der Nähe zu zelten oder in einer der Scheunen zu übernachten, müssen Sie auf jeden Fall vorher um Erlaubnis bitten. Denken Sie immer daran, daß Heu ein wertvoller Besitz und Resultat mühsamer Erntearbeit ist!

Hochwanderweg 22
Von Cuanca nach Pla de Boavi

Diese Talwanderung, die größtenteils auf der Straße durch ungemein reizvolle Gegenden führt, kann als entspannender Ausgleich zu den Strapazen des vorangegangenen Tages gewertet werden. Darüberhinaus bietet sie dem Wanderer eine günstige Ausgangsposition, um die Route zum Val Ferrara in Angriff zu nehmen und ermöglicht in dem kleinen Dorf Tabescan, Proviant und Vorräte aufzufrischen. In Pla de Boavi gibt es zwar keine Übernachtungsmöglichkeiten, aber um so mehr geeignete Plätze zum Zelten.
Verlassen Sie Cuanca auf dem Weg talwärts (südlich) am rechten

Ufer des Riu de Tavescan und durch die ländliche Idylle, hier und da säumen uralte Heuschober und Viehställe die Strecke. Der Riu de Tavescan ist zu einem großflächigen und reizvollen See aufgestaut worden und kurz hinter dem Staudamm überquert der Weg den Riu zum linken Ufer und windet sich dann in das Lladerre-Tal, in dem Sie das Dorf Tabescan und ein kleines Stück weiter rechts die Elektrizitätsnotstation finden können. (Etwa 1 1/2 Std. nach Aufbruch.)
Anmerkung: In Tabescan gibt es ein oder zwei Hotels und ein paar Restaurants und Bars. Lebensmittel sind in begrenzter Auswahl erhältlich. Falls die vorangegangene Wanderung (Route 21) auf zwei Tagestouren verteilt wurde, kann man dieses Dorf früher erreicht haben und als günstige Übernachtungsmöglichkeit mit eingeschränktem Komfort nutzen. In diesem Fall verlängert sich die Wanderung am nächsten Tag um etwa zwei Stunden.
Verlassen Sie Tabescan auf der Straße in Richtung Nordosten. Sie gewinnt ständig an Höhe auf ihrem Weg durch das Tal, das immer schöner wird, je weiter Sie zu seinem Kopfende vordringen. Felder, Wiesen und Auen, uralte Heuschober und muntere Bäche säumen die Strecke, während so mancher Wasserfall aus den Seitentälern heraussprudelt. Die Straße, die sich später zu einem Fußweg verengt, bleibt immer am rechten Ufer des Hauptbaches und überquert nach neun Kilometern das Planell dels Castellassos — eine wunderschöne Ebene mit vielen schlanken Birken.
Direkt dahinter liegt die Pla de Boavi, eine andere Ebene in der Nähe des Baches am Zusammentreffen zweier Täler. Birken, Rottannen, Fichten und Buschwerk bilden fast eine natürliche Parklandschaft, die bei den Spaniern als Picknickplatz sehr beliebt ist. Die Pla de Boavi (1460 m) erreicht man von Cuanca in ungefähr vier Stunden. Es ist wirklich ein idealer Platz zum Entspannen und um Kräfte für die Anstrengungen des kommenden Tages zu sammeln.

Hochwanderweg 23
Von der Pla de Boavi zur Refugio de Vall Ferrera

Diese Etappe der Höhenroute wartet mit einer schönen Tagesbergwanderung auf. Mehr als 1000 m Höhenunterschied müssen bewältigt werden, um den Coll de Sellente erreichen zu können und der lange Abstieg in das Vall Ferrera ist streckenweise ziemlich anstrengend, obwohl er durch herrliche Landschaften führt. Bei Nebel kann dieser Weg ziemlich problematisch, im klaren Licht eines spanischen Sommertages jedoch ein reines Vergnügen werden. Brechen Sie möglichst früh auf, um vor der Mittagshitze den Paß erreicht zu haben.
Am östlichen Ende der Pla de Boavi überqueren Sie auf einem Holzsteg den Bach und folgen dem gut begehbaren Pfad — wahrscheinlich der beste der gesamten

Tour – der sich in ausladenden Bögen durch den Wald windet. Wenn Sie in 1660 m Höhe wieder auf den Bach treffen, reduziert sich die Streckenqualität auf das gewohnte Niveau. Überqueren Sie den Bach auf einer schwankenden Brücke und verlassen Sie kurz darauf den Weg, der nach Osten in das Broatetal weiterführt.

Nun müssen Sie auf einem nicht immer klar erkennbaren Trampelpfad nach Süden hinaufsteigen. Der alte Weg kehrt am linken Ufer des Baches wieder zurück und steigt ein kurzes Stück im Zick-Zack nach oben. Dabei benutzt er Spuren, geschaffen von riesigen Gesteinsbrocken, die sich von der über Ihnen auftürmenden Felswand gelöst haben. Nun führt der Weg deutlich in mehreren Kurven durch das Sellente-Tal und überquert noch einmal den Bach zu seinem rechten Ufer, bevor er ein flaches und verwildertes Weideland erreicht. (Ca. zwei Stunden nach der Pla de Boavi.)

Nehmen Sie den ersten Weg, der an der Ostseite dieses Geländes entlang führt und überqueren Sie dann drei oder vier kleine Bäche, bis Sie an die Westseite der Weidefläche kommen.

Ab hier müssen Sie in ausgedehnten Serpentinen südwestlich hochsteigen. Nachdem Sie auf ein höher gelegenes Weideland (2240 m) getroffen sind, werden Sie an den Überresten der Sellente-Schutzhütte vorbeikommen. Danach hört der Weg auf. Gehen Sie südlich über die Weide, um eine Steinpyramide entdecken zu können. Nun orientieren Sie sich nach Südwesten und steigen weiter bergauf, bis Sie auf einen scheinbaren Weg treffen, von dem sie den Coll de Sellente als einen grünen Bergsattel deutlich erkennen werden. Folgen Sie den Steinpyramiden auf den Überresten eines Trampelpfades zum Coll hinauf. (2485 m, ca. drei 1/2 Std. nach dem Start)

Der Blick von hier oben ist ziemlich beeindruckend: Die Landschaft wird von dem tiefer liegenden Baborte-See und den dahinter auftauchenden, scheinbar von Hand modellierten Tälern geprägt. Am nördlichen Ende des Sees können Sie auf einem Felsenhügel die Schutzhütte Réfuge de Baborte erkennen. Steigen Sie von dem Paß zum Nordende des Baborte-Sees hinunter und gehen Sie dann bis zu dem Seeabfluß um das östliche Ufer herum. Steigen Sie nun links herunter: Auf dem steilen Grashang ist Vorsicht geboten! Es gibt keinen eindeutigen Weg, aber vielleicht können Sie gelegentlich eine Steinpyramide finden. Halten Sie rechterhand Ausschau nach einer kleinen Schäferhütte, der Cabana de Basello, die am linken Bachufer liegt. Gehen Sie rechts auf den Bach zu, um vage Pfadspuren zu entdecken, auf denen Sie linkerhand zu der Cabana gehen können.

Die Hütte, die man etwa fünf Stunden nach der Pla de Boavi erreicht hat, steht auf der Kante eines flachen Bergsims und thront über den Tiefen des Vall Ferrara. Gehen Sie unterhalb der Hütte bergab, um eine niedrige Mauer zu finden. Dort biegen Sie links ab und gehen bis zu ihrem Ende. Nehmen Sie dann den schmalen Pfad, der östlich um die Bergflanke führt. Nach

etwa einem Kilometer treffen Sie auf einen anderen Weg, der nach rechts abzweigt. Er ist nicht besonders deutlich zu erkennen und hört teilweise sogar ganz auf, aber dieser Pfad leitet Sie talwärts und stößt schließlich auf einen breiteren Weg, auf dem Sie den Sotllo-Bach überqueren können.
Anschließend gehen Sie auf einer Brücke über den Noguera de Vall Ferrera zu seinem linken Ufer, wo der breit ausgewalzte Weg in einer letzten Spitzkehre nach links abbiegt und dann oberhalb des Baches endet. Ein Wegweiser kündigt hier noch 20 Minuten bis zur Refugi an. Ein schmuck angelegter Weg folgt dem linken Bachufer. Kurz vor der Pla de Bouet gehen Sie auf einer Brücke wieder zum rechten Ufer herüber. Wandern Sie anschließend an der linken Seite des herabfließenden Barranco d'Areste bergauf, hinter dem Sie die Refugio de Vall Ferreara sehen können. (Sechs 1/2 Std. nach der Pla de Boavi. Informationen zur Hütte siehe unter Estats/Montcalm-Gebiet.)

Estats/Montcalm

Lage: Auf der Grenzlinie; zwischen dem Noguera Pallaresa-Tal und Andorra
Karten: Editorial Alpina, 'Pica d'Estats – Mont Roig' 1:40.000, IGN 'Aulus-les-Bains' und 'Vicdessos', beide 1:50.000

In den letzten Jahren begann man zwischen den zahlreichen Bergseen, die in dieser unberührten und wilden Landschaft am oberen Ende des herrlichen Vall de Cardós verstreut liegen, mit dem Bau von Wasserkraftwerken. Die Pfade, die dabei geschaffen wurden, machten die Seen, Gipfel und Hängetäler den Bergsteigern, die diese abgelegene Ecke der Pyrenäen vernachlässigt hatten, zugänglicher.
Die ganze Landschaft, die sich unmittelbar südlich der Grenze ausbreitet, war trotz des dominierenden Pica d'Estats und seinem Nachbarberg, dem Montcalm (in Frankreich), dem östlichsten der 3000er-Gipfel, fast völlig unbekannt. Doch gerade ihre Abgelegenheit verleiht ihr einen zusätzlichen Reiz und hat unter ihren Fans eine gewisse Geheimnistuerei hervorgerufen. Wer sich in diese Gegend vorwagt, wird angemessen dafür belohnt: Es gibt verlassene Weiler, die unter dem winterlichen Schnee verborgen sind; tief eingegrabene Schluchten, durch die schäumende und reißende Ströme fluten; üppige mit Blumen übersäte Bergwiesen und das gewaltige Granithochland formt eigentümliche, hufeisenförmige Täler.
Angeblich ist geplant, Teile dieser Gegend als Skizentrum auszubauen. Diese Entwicklung wird sicherlich von Vorteil für die aussterbenden Dörfer sein, andererseits aber auch die Zerstörung einer wahren Bergwildnis mit sich bringen.
Übernachtung: In dem ganzen Gebiet gibt es nur eine Hütte, die Refugio de Vall Ferrera (1940 m), ein altes Steingebäude, das kürzlich renoviert wurde und nur 16 Plätze hat. Es dürfte für den Wildcamper jedoch nicht schwierig sein, ein Plätzchen für ein kleines Zelt zu finden. Ribera de Cardós verfügt über Hotelunterkünfte.

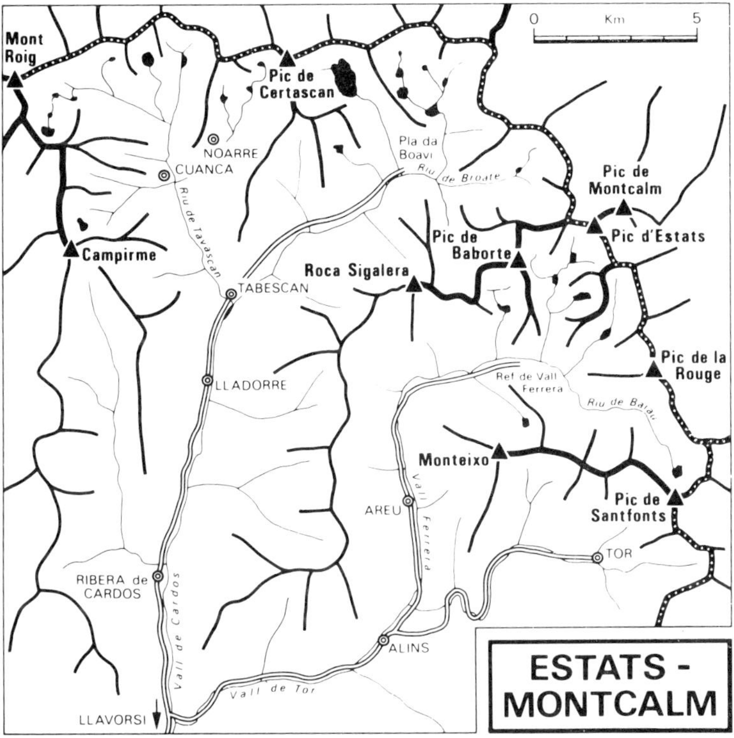

Anstieg zur Refugio de Vall Ferrera
Route 115.

Verlassen Sie die Hauptstraße, die durch das Noguera Pallaresa-Tal leitet, bei Llavorsí und fahren Sie für ca. 4 Kilometer nach Nordosten. Nehmen Sie dann die rechte Weggabel ins Vall Ferrera. Fahren Sie durch die einladende Landschaft bis zum Ende des Weges, das Sie kurz hinter der Brücke, die auf der Karte mit Pont Molinassa eingezeichnet ist, erreichen. Autos können hier abgestellt werden. Nehmen Sie den Pfad, der am linken Ufer des Noguera de Vall Ferrera nach Südosten läuft und begeben Sie sich dann auf einem Steg zum rechten Ufer. Von hier aus können Sie die

Refugio de Vall Ferrera am rechten Ufer des Barranco de Areste sehen. Sie erreichen sie in ca. 10 Minuten.

Pica d'Estats (3143 m)
Route 116. Normale Route über den Port de Sotllo

Schwierigkeitsgrad: F
Ausrüstung: Eispickel, Steigeisen
Ausgangspunkt: Refugio de Vall Ferrera

Der Estats und der Montcalm fielen um 1820 in das engere Erkundungsfeld der militärischen Landvermesser Coroboef und Testu. Sie waren die ersten, die die beiden Gipfel 1927 bestiegen. Die riesige Steinpyramide, die sie auf dem Gipfel des Montcalm bauten, ist heute noch dort. Die Besteigung der beiden Berge aus südlicher Richtung ist ein schöner Tagesausflug, der mit einer herrlichen Gipfelaussicht belohnt wird.

Nehmen Sie nach dem Verlassen der Hütte den Pfad, der steil nach Norden hochsteigt und in einer Höhe von 2190 Metern nach links abbiegt. Über Grashänge und Gebüsch führt er dann in das Sotllotal im Nordwesten. Dies ist ein wunderschönes Tal mit sanften Grasflächen, mäanderförmigen Bächen, stillen Bergseen und Wasserfällen. Im Norden zeigt sich die gewaltige Wand des Estats. Der deutlich erkennbare Pfad verläuft auf der Westseite des Tals.

Anmerkung: In ca. 2150 m Höhe befindet sich am rechten Ufer des Sotllo eine kleine Höhle, die als Biwak dienen kann.

Über eine Reihe von Stufen steigt der Pfad das Tal hoch und erreicht so das obere Ende des Cirque. Gehen Sie vom Estany d'Estats (2472 m) aus über Geröll und Schneefelder zum Port de Sotllo, einem deutlich erkennbaren Paß, hoch. Er ist in den Kamm eingelassen, der den Pica d'Estats mit dem Pic de Sotllo verbindet und liegt ca. 400 Meter oberhalb des Sees. Überschreiten Sie den Paß und gehen Sie an seiner Nordseite über Schnee ein kurzes Stück abwärts. Wenden Sie sich dann nach rechts und queren Sie felsiges Gelände und weitere Schneefelder bis Sie an eine Stelle gelangen, die genau zwischen dem Montcalm und dem Punta N.O. liegt. Klettern Sie von dort über den steilen Schneehang zum Coll de Riufred (2978 m).

Wenden Sie sich am Coll nach rechts und klettern Sie über leicht zu bewältigende Hänge erst zum

Punta N.O. (3126 m) und dann zum Hauptgipfel, dem Pica d'Estats. (Ca. 5 Std. vor der Hütte.)
Die Gipfelaussicht ist atemberaubend. Im Westen reicht sie bis zu den Encantados, wo so viele Kämme labyrinthartig zusammenlaufen. Im Südosten sehen Sie Andorra und im Norden, also in Frankreich, können Sie unzählige Täler überblicken. Am Schönsten ist jedoch die Sicht hinab zu den sanften Grasnarben und funkelnden Bergseen des Sotllotals.

Pica d'Estats
Route 117. Über den Westkamm via Port de Sotllo

Schwierigkeitsgrad: P.D.
Ausrüstung: Seil, Schutzhelm
Ausgangspunkt: Refugio de Vall Ferrera

Folgen Sie Route 116 bis zum Port de Sotllo. Der Westkamm des Pica d'Estats erstreckt sich zu seiner Rechten. Das Klettern längs des Kamms bringt keine größeren Schwierigkeiten mit sich. Suchen Sie sich selbst die bequemste Route zum Punta N.O. und gehen Sie von dort aus zum Gipfel des Estats. (Ca. 4 1/2 Std. von der Hütte.)

Pica d'Estats
Route 118. Gratwanderung auf dem Südostkamm

Schwierigkeitsgrad: P.D. sup.
Ausrüstung: Seil, Schutzhelm

Der Südostkamm des Pica d'Estats bildet die spanisch-französische Grenze. Bevor er sich senkt und in östlicher Richtung auf Andorra zuläuft, erheben sich auf ihm zwei weitere 3000er-Gipfel sowie einige Gipfel, die über 2900 Meter hoch sind. Diese Gipfel miteinander zu verbinden, verleiht der Gratwanderung und dem Abstieg ins Tal einen zusätzlichen Reiz. Seien Sie aber vorsichtig, da Steinschlaggefahr besteht.
Verlassen Sie den Gipfel des Estats und steigen Sie auf dem zerklüfteten Kamm steil nach Südwesten ab. Er ist zwar schmal, aber relativ ungefährlich. Nachdem Sie drei Grattürme passiert haben, erreichen Sie den Sotllo (3115 m), auf dem Sie einen Wegweiser finden. Ohne nennenswerte Schwierigkeiten kommen

Sie zum Punta S.E. und zum Point (3004 m). Vom letzteren aus steigen Sie über steile Hänge, auf denen allerdings Steinschlaggefahr besteht, zu einem kleinen Bergsee (Estanyet 2880 m), der inmitten eines Geröllfeldes liegt, hinab. Gehen Sie vom Estanyet über Geröllfelder hinab zum Südende des Estany d'Estats. Nehmen Sie dort den Pfad, der am rechten Bachufer talabwärts führt. (Ca. 3 Std. vom Gipfel des Estats bis zum See.)

Pic de Montcalm (3077 m)
Route 119. Von Süden her; über den Port de Sotllo

Schwierigkeitsgrad: F
Ausrüstung: Eispickel, Steigeisen
Ausgangspunkt: Refugio de Vall Ferrera

Der Montcalm ist unvermeidlich in jede Besteigung des Pica d'Estats, von dem er durch den Coll de Riufred getrennt ist, miteingeschlossen. Er liegt ganz auf französischem Gebiet. Es ist ein breiter, kahler und unattraktiver Berg, der allerdings eine großartige Aussicht gewährt. Seine Position über den Tälern des Departements Ariège ist so dominierend, daß man jahrhundertelang annahm, er sei der höchste Berg der Pyrenäen.

Nehmen Sie Route 116 über den Port de Sotllo bis zum Coll de Riufred. Wenden Sie sich dort nach links und wandern Sie auf der breiten Südschulter zum Gipfel mit der riesigen Steinpyramide. (Ca. 5 Std. von der Hütte.) Sie können von hier aus zum Pica d'Estats in ca. 30 Minuten wandern.

Pic de Sottlo (3073 m)
Route 120. Von Süden her

Ausgangspunkt: Refugio de Vall Ferrera

Nehmen Sie Route 116 bis zum Port de Sotllo. Der Pic Sotllo liegt westlich des Passes und ist ca. 180 Meter höher. Wenden Sie sich am Paß nach links und klettern Sie auf dem Kamm zum Gipfel. (Ca. 4 1/2 Std. von der Hütte.) Der Gipfel gewährt eine herrliche Aussicht. Man blickt ins Cardós-Tal und ins Ferrera-Tal, sowie auf die grünen Berge Frankreichs.

Weitere Vorschläge

Die Refugio de Vall Ferrera ist ein idealer Ausgangspunkt für die Besteigung einer Reihe von Gipfeln. Der Bergwanderer kann sich an den hohen Cirques und den Tälern erfreuen, die zu den verschiedensten verlockenden Wanderungen einladen. Folgende Gipfel sind für Tagesausflüge geeignet: der Pic de Medocorba, die Els Tres Pics und der Pic de Baborte. Weiter westlich kann man vom Vall de Cardós aus den Mont Roig besteigen, was ca. 5 Stunden dauert.

Hochroutenverbindung Vom Estats nach Andorra

Karten: Editorial Alpina 'Pica d'Estats – Mont Roig' und 'Andorra', beide 1:40.000. Zusätzlich IGN Carte Touristique 71 'St.-Gaudens – Andorre' 1:100.000; sie ist nützlich für den Abschnitt zwischen dem Port de Bouet und dem Port de Rat. M.I.Consell, der offizielle Kartograph Andorras, hat eine detaillierte Karte des Landes, 'Vall d'Andorra', im Maßstab 1:50.000 herausgegeben.

Eine eintägige Wanderung trennt die beiden unterschiedlichen Bergmassive und Tälerlabyrinthe voneinander. Sie verdeutlicht aber auch die Einflüsse des Menschen auf die Natur. Das Vall Ferrera und seine Berge bleiben, trotz des eingeebneten Weges, ein Relikt der Vergangenheit und eine Oase von Ruhe und Frieden, in der immer noch die Natur herrscht. Die Einsamkeit ist nur eine Seite davon. Gleich nach dem Überschreiten des Port de Rat aber spürt man schon etwas von der Atmosphäre der neuzeitlichen Entwicklung. Der Mensch hat seine Spuren hinterlassen. Der Tourismus ist in die Berge vorgedrungen und hat die Täler neu geprägt.
Trotz allem bleibt es im großen und ganzen eine klassische und großartige Wanderung und ein wichtiger Abschnitt der Hochroute.

Hochwanderweg 24
Von der Refugio de Vall Ferrera nach El Serrat (Andorra)

Steigen Sie nach Verlassen der Hütte zum linken Bachufer hinab und gehen Sie weiter zum Noguera de Vall Ferrera. Biegen Sie kurz vor der Brücke über den Noguera links ab und begeben Sie sich auf die weiten Weideflächen der Pla de Bouet. Der Pfad leitet hinter einem großen Bauernhof in östlicher Richtung den Hang hoch. Obwohl er zwischen den Viehfährten allmählich verschwindet, ist es nicht schwierig, die Route zu finden. Steigen Sie über Gras und ein oder zwei sumpfige Abschnitte weiter hoch. Ab und zu zeigt Ihnen eine Steinpyramide, daß Sie noch auf dem richtigen Weg sind. Sie gelangen an einen Vorsattel, dann an einen zweiten, von dem aus Sie schon den Port de Bouet sehen können. Über eine 'Moorlandschaft' erreichen Sie den Paß, von dem Sie zum Circ de Baiau im Südosten blicken können.
Zwei Stunden nach Verlassen der Hütte sind Sie am Port de Bouet (2520 m) angelangt. Dahinter liegt ein langgezogenes französisches Tal, auf dessen gegenüberliegen-

der Seite sich die Berge Andorras erheben. Gehen Sie zwischen Geröll und Felsbrocken in nordöstlicher Richtung zu einem kleinen See, dem Etang de la Soucarrane, hinab. Nach ca. 150 Metern leitet eine von Steinpyramiden markierte Route vom See weg nach Südosten und bringt Sie in ein einladendes, grünes Tal mit einigen sumpfigen Flächen.

Folgen Sie dem kleinen Tal zum Beginn einer engen Klamm, durch die ein Bach fließt. An seinem linken Ufer verläuft ein deutlich erkennbarer Pfad, der dann zum rechten Ufer kreuzt und sich zwischen Felsen windet. Wenn Sie die Felsreihe hinter sich gelassen haben, queren Sie einen von Alpenrosen überzogenen Hang, um auf die französisch-andorranische Straße zu gelangen.

Wandern Sie auf der Straße bis Sie in der Nähe eines Baches zu Ihrer Linken eine einfache Steinhütte sehen. Sie ist in der Karte als Orris de Rat eingezeichnet. Verlassen Sie hier die Straße und begeben Sie sich auf den markierten Pfad, der hinter der Hütte beginnt. Wenden Sie sich nach rechts und folgen Sie ihm auf seiner kurvenreichen Route den Berghang hoch zum Port de Rat. Es ist ein herrlicher Aufstieg auf einem schönen alten Pfad. Die Gipfel, die sich über dem Tal erheben, sehen großartig aus und nur die Straße unter Ihnen ist eine Einschnitt in die ansonsten naturbelassene Landschaft. Den Port de Rat erreichen Sie fünf Stunden nach Verlassen der Refugio de Vall Ferrera. Der Pfad windet sich nach links (Nordosten) hinab und bleibt dabei oberhalb der Straße, in die er nur allzufrüh münden wird. Sie gelangen an einen großen, sumpfigen Kessel, den Sie durchwandern können, wenn Sie die Straße noch einige Zeit vermeiden wollen. Es ist allerdings nur ein kurzes Entkommen. Wenn Sie wieder auf der Straße sind, verlassen Sie sie an der östlichsten Möglichkeit, um den häufig benutzten Pfad zu nehmen, der zu den Tristaina-Seen leitet. Diese liegen nördlich von Ihnen, sind aber noch nicht zu sehen. Wenden Sie sich dort nach rechts und gehen Sie ins Tal hinab, wo Sie wieder auf die Straße treffen. Folgen Sie ihr hinab nach El Serrat (1560 m), das Sie nach einer Wanderzeit von 7 1/2 bis 8 Stunden erreichen.

El Serrat ist lediglich eine Ansammlung von Hotels, Restaurants und einigen Bauernhöfen, die auf dem Berghang gänzlich deplaziert wirken. 16 Kilometer südlich davon, am Ende des Valira del Nord, liegt Andorra-la-Vella, wohin es von hier aus allerdings keine Busverbindung gibt.

Anmerkung zur Hochroute

Die offizielle Hochroute leitet über den Col de la Mine, die oberen Ebenen des Ransol-Tals und des Vall d'Incles weiter durch Andorra und dann über mehrere Pässe zurück nach Frankreich. Mir scheint El Serrat der geeignetste Ort zu sein, um die Route zu beenden. Andorra steht für das Ende der 'Wildnis' und den Beginn — oder die Fortsetzung — der westlichen Zivilisation. Die Berge und ihre Täler wurden in einem alarmierenden

Ausmaß an die Laune des Menschen angepaßt, so daß darauf verzichtet wird, eine Fortsetzung der Hochroute vorzuschlagen.
Begeben Sie sich nach Andorra-la-Vella (eine Busverbindung besteht in La Massana, das 11 Kilometer talabwärts liegt), um in die 'jenseitige Welt' zurückzukehren. Von dort aus können Sie per Bus nach L'Hospitalet fahren, wo Bahnanschlüsse nach Paris bestehen.

Andorra

Lage: Südlich der Wasserscheide und östlich der Berge von Montcalm und Estats
Karte: Editorial Alpina 'Andorra' 1:40.000; zusätzlich 'Valls d'Andorra' 1:50.000 von M.I. Consell

Der kleine, von Bergen eingeschlossene Staat Andorra umfaßt eine Fläche von nur 468 Quadratkilometern. Er besteht aus einem langgezogenen Tal, dem Valira-Tal, das sich vom französischen Grenzübergang, dem Envalira (2409 m), im Nordwesten bis zur spanischen Grenze im Südwesten in einer Höhe von ca. 850 m erstreckt. Der ganze Handel Andorras spielt sich in diesem Tal ab. Der Verkehr muß von einer einzigen Durchgangsstraße, die durch das Land führt, getragen werden, und da das Valira ein schmales Tal ist, sind Verkehrbehinderungen unvermeidbar.
Von diesem Haupttal breiten sich mehrere Kämme strahlenförmig aus. Zwischen ihnen winden sich tieferliegende Täler, in denen der Reiz des Landes immer noch zu spüren ist. Während das Valira-Tal — mit der Hauptstadt Andorra-la-Vella — deutlich unter der Kommerzialisierung des 20. Jahrhunderts gelitten hat, ist es immer noch möglich, ruhige und wunderschöne Ecken in den höhergelegenen Regionen und auf den blumenüberfluteten Wiesen zu finden.
Im Norden sind es folgende Täler: das Vall d'Incles, das Vall de Ransol, das Valira d'Ordino (Valira del Nord), das Vall d'Arinsal und das Vall d'Aos. Südlich des Haupttals liegen das Madriú- und das Perafita-Tal sowie kleinere Flußtäler — d.h. tiefe Schluchten —, die die steilwandigen Berge umgeben. Die oberen Regionen des Landes wurden dem Wintersport zugänglich gemacht, so daß Skilifte, Seilbahnen und große Parkplätze die Landschaft prägen. Der Tourismus hat die Landwirtschaft weitgehend verdrängt. Es wird aber immer noch Tabak angepflanzt, und Schafhirten lassen ihre Herden weiterhin auf den Almen weiden, die schon von ihren Vorfahren benutzt wurden. Der moderne Schmuggler — der romantisch verklärte Andorraner von früher — fährt jetzt teure Autos und überläßt die Berge den Wanderern aus fremden Ländern.
Die Landschaft Andorras ist ideal zum Wandern. Jedes kleine Tal hat seine Wanderstrecken, die unterschiedlich lang sind und meist auf ausgetretenen Pfaden verlaufen.
Die Berge selbst sind nicht unbedingt zum Klettern geeignet. Die Be-

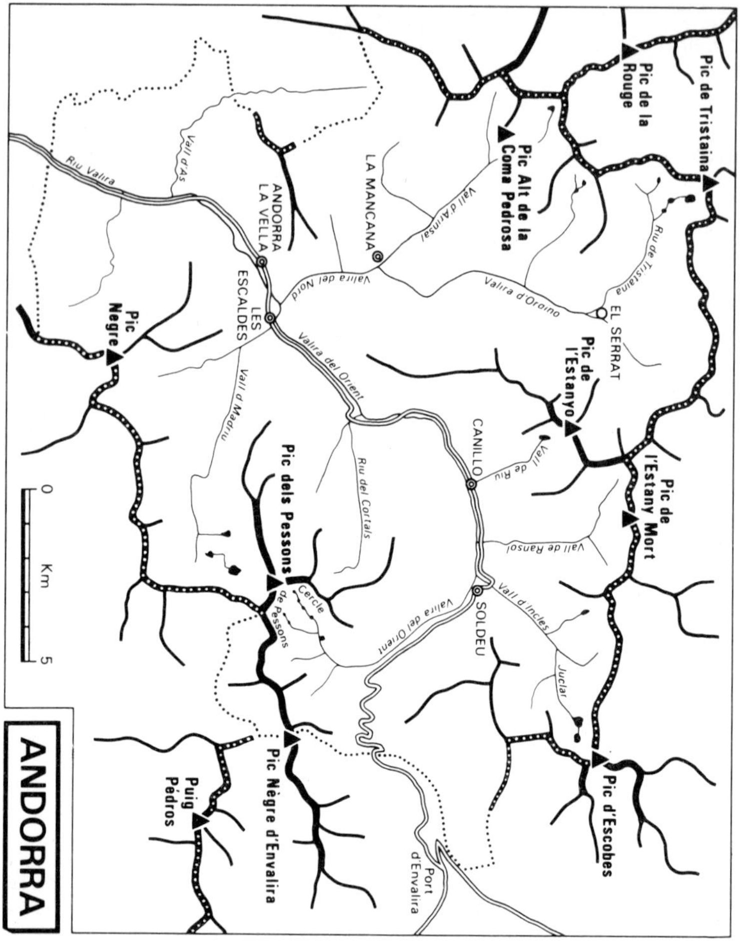

steigungen der Berge sind leicht zu bewältigen und gleichen eher steilen Wanderungen. Auf jedem Berg finden sich jedoch Felsabschnitte, auf denen der Kletterer Routen ausarbeiten kann. In Andorra findet er Routen auf den Puig de Roca Entrevessada am oberen Ende des Arinsal-Tals, auf den Pic d'Escobes (2778 m), der auf der Grenze über dem kleinen Vall de Juclar liegt und auf die Pessons im Südosten. Natürlich existieren noch weitere Strecken, denn Berge gibt es genug.

Übernachtung

In einem Land von der Größenordnung Andorras, in dem der Tourismus die Haupteinnahmequelle ist, findet man natürlich Übernachtungsmöglichkeiten jeden Standards. Alle Dörfer sind von den Bergen und Tälern aus in kürzester Zeit erreichbar, so daß die Übernachtungsfrage kein Problem sein dürfte. Trotzdem soll an dieser Stelle ein Hinweis für den Camper nicht fehlen. Im Haupttal liegen unzählige Campingplätze. Sie sind jedoch nicht empfehlenswert. Da man die ganze Nacht von unaufhörlichem Verkehrslärm belästigt wird, ist es ratsam, diese ohnehin überfüllten Plätze zu meiden und sein Lager in den oberen Ebenen der Täler aufzuschlagen.
Wildcampen unterliegt in Andorra den selben Gesetzen wie in jeder anderen Gebirgsregion. Zelten Sie in den bewohnten Tälern oder in Anbaugebieten auf den offiziellen Campingplätzen. An den Bergen können Sie sich einen Platz nach eigenem Gutdünken aussuchen. Verhalten Sie sich dabei jedoch unauffällig.

Vall d'Incles

Das Tal, das sich hinter dem hochgelegenen Dorf Soldeu in nordwestlicher Richtung erstreckt, ist ein wunderschöner mit Weideland bedeckter Landstrich, der sich zwischen bescheidenen Bergwänden windet. Im Tal können Sie einzelne Bauernhöfe entdecken. Auf den Wiesen, nahe dem Zusammenfluß zweier Bäche, ist auf einer 2 1/2 Kilometer langen Strecke das Campen erlaubt. Der Bach, der von rechts kommt, durchfließt das herrliche Vall de Juclar, an dessen oberem Ende versteckte, kleine 'Amphitheater' mit vielen winzigen Bergseen liegen.

Empfehlenswerte Wanderrouten

121. Vall de Juclar – Estanys de Juclar – Pic d'Escobes (3 – 4 Std.)
122. Vall de Juclar – Estanys de Siscaro – Portella Inferior de la Cabaneta (3 – 4 Std.)
123. Vall d'Incles – Estany de Cabana Sorda – Pic de la Passada (2 1/2 Std.)

Vall de Ransol

Viel schmaler als das Incles-Tal ist das Vall de Ransol, das von Ransol aus, zwei Kilometer westlich von Soldeu am oberen Ende des Haupttals, zu erreichen ist. Es wird sowohl dem Pflanzenliebhaber als auch dem Wanderer, der eine Rundwanderung durch die Täler plant, gefallen. Eine Straße führt ca. 4 Kilometer weit das Tal hoch. Die Rundwanderung, die Sie zu den Gipfeln am nördlichen Ende des Tals führt, ist ein herrlicher Ausflug.

Wanderungen

124. Vall de Ransol Straßenende – Estanys de Ransol – Coll de la Mina – Pic de la Serrera – Pics del Mener – Pic de l'Estany Mort – Portella de Jan – Pic de la Pala de Jan – Portelles und Pic de Queralb – Pic de la Passada – Punta de Querol – Pic del Cap d'en Tor – Vall de Ransol (ca. 7 Std.)
125. Vall de Ransol – Estanys de Ransol – Coll de la Mina – Bordes de Sorteny – Vall de Sorteny – El Serrat (Ca. 4 Std.)

Vallira d'Ordino (Valira del Nord)

Dies ist das längste der nördlichen Täler und zieht unzählige Touristen, die ihren Urlaub in Andorra verbringen, an. Während der Saison werden täglich Busexkursionen von Andorra-la-Vella nach Ordino und in das dahinterliegende Tal angeboten. Bestimmte Abschnitte des Tals sind wunderschön: Tabakplantagen wechseln sich mit kniehohen Blumenwiesen, auf denen Vieh weidet, ab. Die Straße ist bis zur französischen Grenze ausgebaut. An dieser Stelle ist ein Tunnel geplant, der durch die Berge nach Frankreich führen soll. Die Hänge sind längst der Skiindustrie zum Opfer gefallen.
Der Coma de Tristaina formt am nordwestlichen Talende ein kleines 'Amphitheater', das zu einer reizvollen Gratwanderung einlädt. Etwas östlich davon liegt der eher bescheidene Mont del Serrat, dessen Umgehung eine schöne Wanderung darstellt.

Empfehlenswerte Wanderungen

126. Valira d'Ordino (auf der Karte El Castellar) – Estanys de Tristaina – Port d'Auzat – Pic de Tristaina – Pic Forcat – Port de Tristaina – Port de Carousans – Pla de Rat – Valira d'Ordino (Ca. 6 Std.)
127. El Serrat – El Castellar – Coma de Varilles – Portella de Va-

rilles – Vall de Rialp – El Serrat (Ca. 3 – 4 Std.)
128. Llorts – Font del Pi – Pic de Casamanya – Coll d'Arenes – Font Roja – Llorts (Ca. 4 Std.)
129. Llorts – Estanys de Llengonella – Llorts (Ca. 4 Std.)

Vall d'Arinsal

Die Straße, die in das Tal Valira del Nord führt, erreicht nach ca. 5 Kilometern La Macana. Hinter dem Dorf erstreckt sich das Arinsal-Tal. Es bringt Sie zum höchsten Gipfel Andorras, sowie zu einigen hochgelegenen Pässen, die sowohl nach Frankreich als auch nach Spanien führen. Die Aussicht vom Coma Pedrosa belohnt Sie angemessen für den Anstieg. Er erhebt sich über all den wilden und verworrenen Tälern im Nordwesten, wo der Montcalm und die Estats die Landschaft beherrschen. Im Osten und im Südosten zeichnen die Höhen und Tiefen Andorras ein Bild aus fruchtbaren Wiesen, schattigen Weilern und kargen Gipfeln.

Pic de la Coma Pedrosa (2946 m)
Route 130. Normale Route aus Süden

Schwierigkeitsgrad: F
Ausgangspunkt: Arinsal

Im Nordwesten des Dörfchens Arinsal liegt der Coma Pedrosa, der höchste Berg Andorras. Der Berg selbst ist nicht besonders anziehend. Die Landschaft aber, über die er sich erhebt und die man durchwandern muß, um zu ihm zu gelangen, ist einfach großartig. Die Besteigung ist eine schöne Tageswanderung, die durch die Gipfelaussicht belohnt wird. Wie lange sich diese Ecke noch vor der Kommerzialisierung und der fortschreitenden Entwicklung des Tourismus retten kann, ist ungewiß. Bislang bildet der abgelegene Gipfel noch eine kleine, ruhige Oase für den Bergwanderer.
Verlassen Sie Arinsal auf der ungepflasterten Straße, die für ca. 700 Meter nach Nordwesten verläuft. 1983 wurde sie von einem eingeebneten Weg fortgesetzt. Dieser windet sich längs des linken Ufers des Arinsal und leitet tiefer in das Tal hinein. Nach fast einem Kilometer geht ein schmaler Pfad, der mit roten Markierungen versehen ist, hinab nach

links. Nehmen Sie diesen Pfad, der Sie zwischen Bäumen und Büschen längs des Baches nach Nordwesten führt. Er überquert erst einen Seitenbach, dann den Hauptbach und steigt schließlich in westlicher Richtung an. Ein auf Fels gemalter Wegweiser 'Refugio Coma Pedrosa' kennzeichnet den Weg.

In dem kleinen vom Coma Pedrosa geschaffenen Seitental gewinnen Sie rasch an Höhe. Auf einer Kehre gelangen Sie wieder an den Bach und kommen dann zu einer wunderschönen, von der Natur geschaffenen Plattform. Sie ist von Bäumen und Felsvorsprüngen umgeben und wird von mäanderförmigen Bächen durchzogen. Queren Sie diese Fläche und klettern Sie steil zu einem kleinen Paß (2240 m) hoch, der Sie zu dem Hochtal bringt, über dem sich die Südwand des Coma Pedrosa erhebt. (Ca. 1 1/2 Std. von Arinsal.)

Begeben Sie sich hinab zu der sumpfigen Ebene des Tals jenseits des Passes und wenden Sie sich dann nach rechts, so daß Sie zu einer steilen, grasbewachsenen Rinne gelangen. Obwohl weder Steinpyramiden noch Wegweiser vorhanden sind, ist es nicht schwierig, die Route zu finden. Sie ist allerdings anstrengend. Klettern Sie in der Rinne hoch. Begeben Sie sich von ihrem Ende zu der grasbewachsenen Bergschulter. Wenden Sie sich hier nach links, um zum Südostkamm zu gelangen. Dort machen Sie eine Rechtskehre und gehen auf dem Kamm zum Gipfel, den eine riesige Steinpyramide kennzeichnet. (Ca. 4 Std. ab Arinsal.)

Beim Abstieg gehen Sie ein kurzes Stück in südlicher Richtung den Kamm hinab bis zu einem kahlen, windumwehten Paß. Wenden Sie sich dann rechts und queren Sie ein langgezogenes Geröllfeld, das bis zu dem Bergsee, den Sie weit unter sich sehen können, hinabreicht. Umgehen Sie den See an seinem linken (südlichen) Ufer. Steinpyramiden leiten Sie dann zum Pla de les Truites hinab. Steigen Sie von dort aus ins Tal, wo Sie auf die Straße, die aus Arinsal kommt, gelangen. Das Ganze ist eine lohnenswerte Bergüberquerung, die den Tag angenehm abrundet.

Vall d'Incles

Pico de la Coma Pedrosa
Route 131. Über den Südwestkamm

Ausgangspunkt: Arinsal

Nehmen Sie Route 130 bis zu der sumpfigen Ebene, die jenseits des 2240 m hohen Passes liegt. Darüber steht eine Schäferhütte, die als Biwak dienen kann. Gehen Sie hinter der Hütte zwischen Bächen und Grasnarben talaufwärts. Die Berge über Ihnen bilden den attraktiven Cercle de Coma Pedrosa. Die roten Markierungen leiten Sie schließlich nach rechts (Norden) zu einem Bergsee, der von den Bächen, die von einem zweiten, höhergelegenen See, dem Estany Negre, herabfließen, gespeist wird. Zu diesem gelangen Sie auf einem Hohlweg, den die tieferliegenden Felsen des Südwestkamms des Coma Pedrosa bilden. (Bis zu dieser Stelle ist dies die oben beschriebene Abstiegsroute in umgekehrter Richtung.)

Kurz bevor Sie den zweiten See

erreichen, leiten Sie die Markierungen nach rechts, wo Sie auf dem langgestreckten, felsigen Kamm bis zum Gipfel klettern. (Ca. 5 1/2 Std. von Arinsal.)

Weitere Vorschläge: Eine der populäreren Wanderrouten, die in Arinsal beginnen, führt zum Estany de les Truites, der als Treffpunkt der andorranischen Fischer gilt. Sie erreichen ihn auf derselben Strecke wie den Coma Pedrosa. An dem kleinen Paß (2240 m) müssen Sie sich nach links wenden und dem Pfad folgen, der Sie den grasbewachsenen Hang, auf dem der 'Forellensee' liegt, hochführt. Vom See aus haben Sie einen herrlichen Blick auf den Coma Pedrosa im Norden und auf die Hügelketten des andorranischen 'Inlands' im Osten.

Die Nachbarberge des Coma Pedrosa, den Point (2928 m) und den Pic de Medacorba, können Sie über den Nordwestkamm des Pedrosa erklimmen, was sich gut mit einer Besteigung des Pedrosa verbinden läßt.

Vall d'Aos

Der Weiler Aixovall, hinter dem sich das kurvenreiche Aos-Tal ausdehnt, liegt ca. 4 Kilometer talabwärts von Andorra-la-Vella. Eine Straße läuft ca. 6 Kilometer weit durch das Tal, gelangt dann auf spanisches Territorium und endet schließlich in Os de Civis. Von hier aus können Sie über einen der vielen Pässe entweder über das Valira del Nord oder über Santa Coloma nach Andorra zurückwandern.

Empfehlenswerte Wanderroute

132. Os de Civis – Bordes – Coll de Montaner – Pic de Carroi – Tres Soldats – Pic d'Aos – Vall d'Enclar – Santa Coloma (Ca. 4 – 5 Std.)

Vall d'Madriú

Das Vall d'Madriú ist ein schmales, steilwandiges Tal, das sich zwischen den Bergen im Osten 'Les Escaldes' durchzieht. Es vermittelt einen überraschend angenehmen Eindruck des Landes. Man bekommt weder die Skigebiete (deren Vorrichtungen im Sommer den Reiz des Landes stark beeinträchtigen) noch die permanent verstopften Straßen zu Gesicht. Die oberen Talebenen formen ein 'Amphitheater', in dessen Bergseen sich der Cresta de Pessons, der dessen Nordwestwand bildet, wiederspiegelt.

Empfehlenswerte Wanderrouten

133. Les Escaldes – Ramio – Collet de l'Infern – Estany Blau – Cresta de Gargantilla – Pic dels Agols – Tosa de Braibal – Coll de Jovell – Les Escaldes (Ca. 7 1/2 Std.)
134. Les Escaldes – Ramio – Collet de l'Infern –Pla de l'Ingla – Pla de la Pleta (Ca. 6 – 7 Std.)
135. Pla de la Pleta – Pla de l'Ingla – Coll de la Maiana – Vall de Perafita – Entremesaigues – Les Escaldes (Ca. 4 – 5 Std.)

Vall d'Perafita

Am oberen Ende des Perafita-Tals dehnt sich eine zerklüftete Landschaft aus, in die sich kaum ein Wanderer verirrt. Das Tal selbst ist kaum größer als eine Klamm. Sein Bach mündet in den des Madriú-Tals. Sie erreichen es entweder, ebenso wie das Madriú-Tal, von Les Escaldes aus oder aber auf einer anstrengenderen Route aus Südwesten, die durch das Prat-Primer-Tal führt. Wie in allen Tälern Andorras, gibt es auch hier die Möglichkeit, die Landesgrenze zu überschreiten und, in diesem Fall, nach Spanien zu wandern.

Andorranische Gratwanderung
Route 136. Eine zwölftägige Rundwanderung auf den andorranischen Grenzgipfeln.

Ausrüstung: Seil, Campingausstattung

Die gesamte Rundwanderung dauert ca. 12 Tage, was natürlich von der Leistungsfähigkeit der Gruppe und den Wetterbedingungen abhängt. Proviant muß mitgetragen werden, Wasserflaschen sind unentbehrlich. In Anbetracht der schwieriger zu bewältigenden Abschnitte, ist es das Beste, gegen den Uhrzeigersinn zu wandern. Die Hauptschwierigkeiten finden Sie am Pic

d'Escorbes, am Cresta de Varilles, westlich des Port d'Incles und am Cresta del Forat, westlich des Coma Pedrosa.
Die Wanderung ist mit der auf dem Cuillinkamm vergleichbar, allerdings ist sie sechsmal so lang. Sie haben ca. 160 km an Länge und ca. 15.000 Meter an Höhe zurückzulegen. Die Rundwanderung gewinnt immer mehr an Beliebtheit.
Anmerkung: Artikel zu dieser Rundwanderung erschienen in 'Alpine Journal' Vol. 83 (1978): „The Circuit of Andorra" von T.A.H. Peacocke und in 'Climber and Rambler', November 1980: „Ring Round Andorra" von James Whalley.

Carlitte-Massiv

Lage: im Nordosten Andorras; in Frankreich
Karte: IGN 'Cerdagne – Capcir' 1:50.000

Das Carlitte-Massiv bildet die Ostgrenze der Hochpyrenäen. Zwischen ihm und dem Mittelmeer dehnen sich wellenförmige Sierras aus. In diesem Abschnitt liegt auch der einzigartige Pic de Canigou (2784 m). (Abgesehen von dem Trampelpfad, der zu seinem Gipfel führt — und herrliche Aussichten gewährt — kann man ihn auch über die Nordflanke des benachbarten Barbet besteigen, eine Tour, die mit D sup. eingestuft ist.) Das Granitmassiv ist eine zerfurchte Landschaft, in der sich zerklüftete Gipfel über wilden Kämmen erheben, „ein unfruchtbares Ödland..., das mit Bergseen übersät ist." Auf die abgelegenen Berge und Täler führen Pfade, während der Kern des Massivs noch weitgehend unberührt ist. Auf Straßen kann man ins Vallée d'Orlu im Norden des Massivs, in die Täler Galbe, Lladure und Balcere im Osten, zum Lac de Bouillouses im Süden und in das Lanoux-Tal im Westen gelangen. Dazwischen liegt eine unwegsame und zerfurchte Landschaft, die interessant für Botaniker und reizvoll für Bergwanderer ist. Packe und Russell führten um 1860 die ersten Erkundungen durch. Alleine oder gemeinsam erklommen sie den Hauptgipfel, den Pic Carlitte (oder Pic Carlit).

Übernachtung

Wer motorisiert ist, kann in die Randgebiete des Massivs Tagesausflüge unternehmen. Als Ausgangspunkte könnten dann die Badeorte der Umgebung, z.B. Ax-les-Thermes oder die Dörfer der Cerdagne dienen. Wer längere Strecken wandern oder ins Herz des Massivs vordringen möchte, kann in den Hütten übernachten. Campen wird jedoch die einzig reale Lösung sein. Vorräte können in Merens-les-Vals, Porté und Mont Louis beschafft werden.

Hütten

An vielen idyllischen Plätzen stehen Hütten unterschiedlicher Größe und verschiedener Gastlichkeit. Von besonderem Interesse sind die beiden am Lac de Lanoux und am Lac des Bouilloise. Die *Réfuge d'En Beys* im Nordwesten des Pic Peric ist für den Anstieg aus nördlicher Richtung ideal gelegen. In Merens-les-Vals, Porta, Bena und Espou-

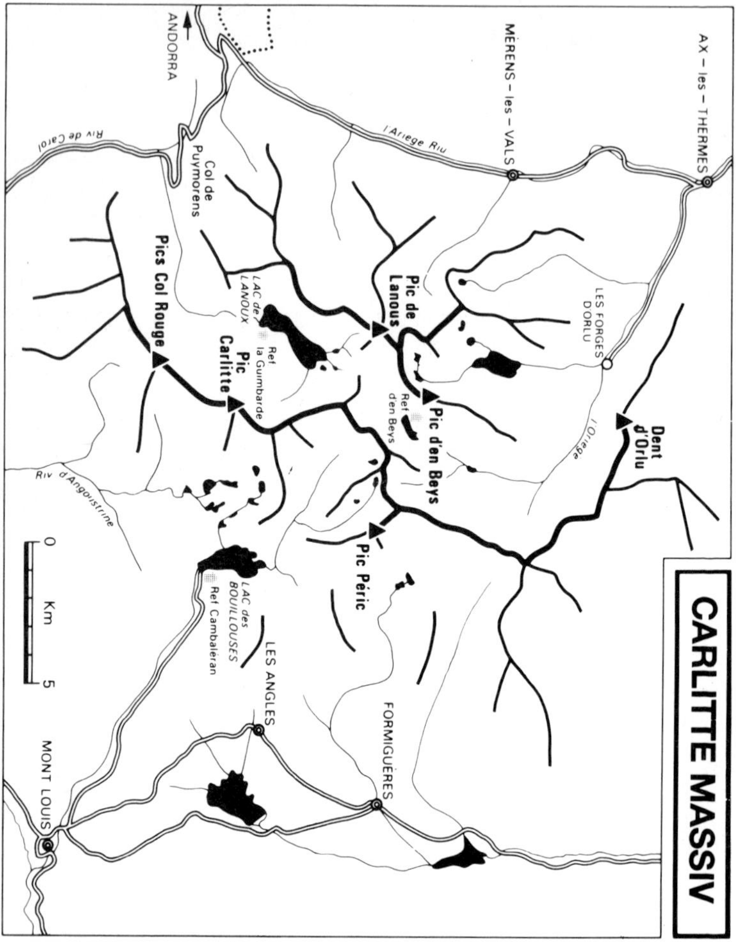

souille wurden '*gîtes d'Etape*' errichtet, die als Stützpunkte der 'Tour de Carlitte' dienen. Dies ist eine Rundwanderung durch die niedriger gelegenen Gebiete des Massivs, die augenblicklich propagiert wird.

Carlitte-Massiv, Pic Peric (links) und Petit Peric

Anstieg zur Réfuge La Guimbarde (2250 m) Route 137. Aus Porté-Puyymorens

Von Porté aus gibt es zwei Routen.

Route a) Nehmen Sie den deutlich erkennbaren Pfad, der die Puymorens-Straße an ihrer östlichen Kurve gleich über dem Dorf verläßt. Er steigt auf den Nordhängen des Lanoux-Tals langsam an. Folgen Sie ihm bis zum Damm am Lac de Lanoux. Begeben Sie sich auf die Ostseite des Damms und gehen Sie auf dem schmalen Pfad in etwa nach Nordosten, wobei Sie den Pic Carlitte im Blickfeld haben. Nach einigen hundert Metern sehen Sie zu Ihrer Linken einen kleinen Damm. Darüber steht auf einem grasbewachsenen Vorsprung die Réfuge La Guimbarde. (Ca. 2 1/2 Std. von der Straße.)

Route b) führt Sie auf der schmalen Straße von Porté ins wunderschöne Lanoux-Tal im Osten. Kurz bevor Sie an eine Stelle gelangen, die fast dieselbe Höhenlage wie der Damm hat, geht links ein Pfad von der Straße ab. Sie erkennen ihn an dem Hinweisschild, das Hinweise auf das Fischen im Etang de Font-Vive gibt. Circa 10 Minuten lang steigt er steil an und trifft dann auf den Pfad, der in Route a) beschrieben ist. Wenden Sie sich hier nach rechts und folgen Sie wie oben dem Pfad zur Réfuge La Guimbarde. (Circa 2 Std. von der Straße.)

Die Réfuge La Guimbarde (2250 m) ist eine sehr einfache Unterkunft, die dem CAF angeschlossen ist und auf zwei Schlafstellen Platz für 6 Personen hat. Es ist eine romantische, idyllisch gelegene Hütte.

Anstieg zur Réfuge Combaleran (2020 m) Route 138. Von der Réfuge La Guimbarde über Porteille de la Grave.

Nehmen Sie bei der Hütte am Südende des Lac de Lanoux den Pfad, der an dessen Ostufer in nordöstlicher Richtung verläuft. Am Nordende des Sees stößt er auf den GR 10. Gehen Sie hier nach rechts, um den Porteille de la Grave (2426 m) zu überschreiten. Steigen Sie von der Ostseite des Passes zu den oberen Ebenen des Tals Grave la Têt ab. Folgen Sie dann dem Bach an seinem rechten Ufer nach Südosten. Kurz bevor Sie an den Lac de Bouillouses gelangen, gabelt sich der Weg. Nehmen Sie den rechten Abzweig, der am Westufer des Sees bis zu dessen Ende führt. Folgen Sie jetzt dem unwegsamen Pfad, der Sie direkt vom Damm zur großen Réfuge Combaleran bringt. (Ca. 4 – 5 Std. von Hütte zu Hütte.)

Anmerkung: Die Réfuge Combaleran ist ein einfaches Hotel, das dem Touring Club de France (TCF) gehört. Sie ist am bequemsten auf der Straße aus der Cerdagne zu erreichen. Nehmen Sie die 'Pyrénées 2000'-Straße (N 618) und biegen Sie nach ca. 5 Kilometern rechts ab. Fahren Sie durch die Wälder bis Sie an die D 60 kommen. Biegen Sie links in diese ein und folgen Sie ihr bis zur Réfuge.

Anstieg zur Réfuge d'en Beys (1954 m) Route 139. Über das Vallée d'Orlu

Das Vallée d'Orlu erstreckt sich im Südosten Ax-les-Thermes. Es ist über eine Straße, die in südlicher Richtung aus dem Ort herausleitet, zu erreichen. Sie führt Sie hinter die Dörfer Orgeix und Orlu. Hinter einem Kraftwerk geht links eine Seitenstraße ab, die mit

Pic Carlitte vom Lac de Lanoux

'Réfuge d'En Beys' ausgeschildert ist.
Unterhalb der Südwand des Dent d'Orlu endet die Straße. Der Dent d'Orlu ist ein bemerkenswerter Granitgipfel, auf dem sich die schwierigsten Kletterstrecken der Pyrenäen, die allerdings außerhalb des Rahmens dieses Führers liegen, befinden. Nehmen Sie den GR 7-Pfad, der talaufwärts führt und sich dann nach rechts (Süden) wendet. Am linken Ufer des Oriège bringt er Sie zu dessen Quelle am Etang d'En Beys. Die Réfuge d'En Beys steht am Nordufer des Sees. Das Ganze ist eine herrliche und leicht zu bewältigende Talwanderung.
Die Réfuge d'En Beys gehört dem CAF und ist im Sommer bewirtschaftet. Mahlzeiten sind erhältlich.

Route 140. Eine Wanderung von der Réfuge d'En Beys zur Réfuge La Guimbarde.

Diese Route stellt einen kurzen, aber schönen Ausflug dar, der die beiden Hütten auf interessante Weise miteinander verbindet. Klettern Sie vom Südufer des Etang d'En Beys über Geröll in das herrliche Tal im Südwesten hoch, wobei Sie einem markierten Pfad folgen. Er führt Sie zum oberen Kar des hufeisenförmigen Tals, das die Landschaft um den d'En Beys beherrscht. Nahe des Talgipfels teilt sich der Pfad. Nehmen Sie den linken Abzweig, der Sie über Geröll zu einer sumpfigen Fläche bringt. Auf der Karte ist diese als kleiner Bergsee eingezeichnet. Links über sich können Sie den Porteille d'Orlu (einen deutlich erkennbaren Sattel im Kamm) sehen. Klettern Sie zu ihm hoch und überschreiten Sie ihn. Steigen Sie dann zum Lac de Lanoux ab. Gehen Sie an seinem Ostufer längs und wandern Sie hinab zur Réfuge La Guimbarde. (Ca. 3 Std. von Hütte zu Hütte.)

Weitere Vorschläge

Wenn Sie dem ersten Teil von Route 140 bis zum oberen Kar des hufeisenförmigen Tals folgen, haben Sie mehrere Möglichkeiten, weiterzugehen. An der Weggabelung können Sie zum Pic de Lanoux wandern, man kann den Bergrücken aber auch überschreiten und zum Etang des Besines absteigen, wo Sie auf den GR 10, der das Massiv durchläuft, treffen. Wenn Sie vom Etang de Besines aus auf dem GR 10 in westlicher Richtung gehen, kommen Sie nach L'Hospitalet. Sollten Sie abreisen wollen, haben Sie hier Bahnanschlüsse. Nördlich des Etang de Besines liegt Merens-les-Vals, wo Sie Ihre Vorräte aufstocken können.

Pic Carlitte (Pic Carlit) (2921 m)
Route 141. Vom Lac de Lanoux.

Schwierigkeitsgrad: F
Ausgangspunkt: Réfuge La Guimbarde

Gehen Sie in Serpentinen in südöstlicher Richtung in das Fourats-Tal. Auf dem Weg dorthin wirkt der Pic Carlitte von seiner dominierenden Position über dem Tal aus fast furchterregend. Folgen Sie bis zu dem kleinen See unterhalb der Nordwesthänge des Berges den Steinpyramiden, die über Geröll leiten. Hier

können Sie zwischen zwei Routen wählen. Die erste davon ist leichter zu bewältigen.
Gehen Sie von dem See (Etang de Fourats 2457 m) aus in östlicher Richtung auf die Carlitte-Wand zu. Queren Sie einen langen aus Tonschiefer bestehenden Hang, so daß Sie zum Fuße einer Y-förmigen Rinne gelangen, in der ein deutlich erkennbarer Zickzackpfad hochsteigt. Der Aufstieg durch die Rinne bringt keine nennswerten Schwierigkeiten mit sich, ist allerdings mühsam. Über den rechten Arm der Y-Rinne erreichen Sie einen kleinen Paß (2910 m), über dem sich der Gipfel erhebt. Um zum Gipfel zu gelangen, müssen Sie sich am Paß nach rechts wenden und auf dem Bergrücken längsklettern. Circa 2 Stunden nachdem Sie die Hütte verlassen haben sind Sie am Gipfel angelangt. Im Südwesten können Sie die Gipfel Andorras und Süden die wellenförmigen Berge der Cerdagne, die an Hügelland erinnern, sehen. Diese bilden die südliche Grenze des Tals. Die Landschaft, die sich unmittelbar unter Ihnen im Osten ausbreitet, wirkt wie ein 'Flickwerk' aus Bergseen und ein natürliches 'Schlachtfeld', auf dem Granittrümmer verstreut sind, als wären die Berge bombardiert worden. Im Vergleich dazu wirken die fruchtbaren Tiefebenen und die Wälder in den Tälern geradezu idyllisch.
Anmerkung: Sollten Sie vorhaben, nach La Guimbarde zurückzukehren, indem Sie Route 142 in umgekehrter Richtung laufen, haben Sie zusätzlich eine reizvolle Überquerung zu bewältigen.

Pic Carlitte
Route 142. Über den Südkamm

Schwierigkeitsgrad: F
Ausgangspunkt: Réfuge La Guimbarde

Folgen Sie Route 141 bis zum Etang de Fourats. Gehen Sie weiter durch das Tal, wobei Sie sich links seiner Mitte halten, bis Sie zum Fuß eines breiten Geröllhangs am Südkamm des Carlitte gelangen. Links über sich sehen Sie einen deutlich erkennbaren Sattel im Südkamm. Steigen Sie über das Geröll zum Sattel hoch, was zwar anstrengend, aber nicht schwierig ist. Wenden Sie sich am Sattel nach links, um auf dem steilen Kamm zum Gipfel zu klettern. Halten Sie sich auf der östlichen (rechten) Seite des Kamms, wo es reichlich Halterungen gibt.

Diese Route, die die Originalroute der Pioniere ist, ist reizvoller als die zuerst beschriebene, allerdings auch anstrengender. Sie wird auch weniger benutzt als Route 141, die im Sommer von Touristen aus aller Welt bevorzugt wird. (Ca. 3 1/2 Std. von der Hütte.)

Weitere Routen auf den Carlitte

Als populärster Berg in diesem Teil des Gebirges wird der Carlitte häufig von Osten her bestiegen, wobei die Réfuge Combaleran als Ausgangspunkt dient. Die Route folgt dem Pfad, der zunächst zwischen den wunderschönen Bergseen und inmitten der sogenannten Désert du Carlitte verläuft. Dann steigt sie auf dem Pfad des Pyrenäenweitwanderwegs an der Ostflanke hoch. Diese Durchquerung der Landschaft zwischen dem Bouillousesee und La Guimbarde, die über den Gipfel des Pic Carlitte führt, ist ein herrlicher Tagesausflug ohne nennenswerte Schwierigkeiten.

Pic Peric (2810 m)
Route 143. Von Süden her

Ausgangspunkt: Réfuge Combaleran

Vom Lac des Bouillouses aus gleicht der Pic Peric einem kegelförmigen Gipfel, der sich vom nördlichen Ende des Sees hochzieht. Er unterscheidet sich eindeutig von den Gipfeln in der Umgebung und gewährt von seinem Gipfel eine herrliche Aussicht.

Begeben Sie sich nach Verlassen der Hütte auf die Westseite des Damms und gehen Sie in nördlicher Richtung am Westufer des Sees längs. Wenn Sie die Grünfläche des Têt-Tals am Nordende des Sees erreichen, wenden Sie sich nach rechts und überqueren Sie den Bach auf einem markierten Pfad. Kurz danach machen Sie eine Kehre nach links und gehen den Berghang hoch bis zum kleinen Etang de l'Esparbe. Hier haben Sie zwei Möglichkeiten weiterzugehen:

a) Verlassen Sie den Bergsee an seinem Westufer und folgen Sie dem Pfad, bis er am Fuß des Kamms nach rechts dreht. Klettern Sie den Kamm hoch und folgen Sie ihm auf einem unwegsamen und schwer erkennbaren Pfad zum Gipfel.

b) Gehen Sie vom Ostende des Sees nach Norden, so daß Sie an einen zweiten Bergsee, den Etang de la Llose (2238 m) gelangen. Dann gehen Sie unterhalb

der Südostseite des Pic Peric talaufwärts. Folgen Sie dem Bach, um zum Kamm hochzuklettern, den Sie kurz vor dem Gipfel erreichen.
Für beide Routen benötigen Sie von der Hütte bis zum Gipfel ca. 4 Stunden. Die Gipfelaussicht ist beachtlich. Im Norden sehen Sie den Canigou, im Westen Andorra und den Estats. Über den Tälern im Nordwesten zeichnet sich das eigentümliche Profil des Dent d'Orlu ab.

Route 144. Eine Süd-Nord-Überquerung des Pic Peric

Ausgangspunkt: Réfuge Combaleran

Diese Wanderung ist eine reizvolle Bergüberquerung, die an der Combaleranhütte beginnt und an der Réfuge d'En Beys endet. Dazwischen liegt die Besteigung des Pic Peric.
Nehmen Sie zum Gipfel Route 143. Steigen Sie dann über den Geröllhang auf der linken Seite des Nordkamms ab. Halten Sie sich dabei etwas nördlich des Petit Etang Bleu. Während Sie auf den darüberliegenden Paß zugehen, gewinnen Sie etwas an Höhe. Steigen Sie auf der Nordseite über unwegsames Geröll ab und setzen Sie Ihren Abstieg in der Schlucht des Etang de la Grande Porteille (nicht markiert und anstrengend) fort, bis sie endet und Sie zu den Gebäuden eines kleinen Elektrokraftwerkes gelangen. Wenden Sie sich hier nach links und umgehen Sie einen Sporn. Begeben Sie sich gleich über dem Wald auf einen Pfad, der zurück nach Süden leitet und auf mehr oder weniger gleichbleibender Höhe verläuft. Nach rechts haben Sie eine außergewöhnlich schöne Aussicht in das Haupttal des Oriège und die gegenüberliegenden Gipfel. Etwas unterhalb des Etang d'En Beys stoßen Sie auf den Pfad, der von Ax herkommt. Folgen Sie ihm zur Hütte. (3 1/2 – 4 Std. vom Gipfel des Pic Peric, ca. 8 Std. von Hütte zu Hütte.)

Weitere Möglichkeiten

Das Carlitte-Massiv ist eine wilde Landschaft, die man mit Muße erkunden sollte. Dieser rauhe und weitgehend unbekannte Teil der Pyrenäen kann von Bergwanderern mit einem Auge für pfadloses Ödland durchstreift werden. Felskletterer können sich an kurzen und unerkundeten Kletterpartien versuchen. Die unzähligen Gipfel und Gipfelchen sind einen Tagesausflug wert. Als Ausgangspunkt dafür dienen einfache Hütten, die an funkelnden Bergseen stehen und eine Atmosphäre von Ruhe und Frieden ausstrahlen.

Route 145. Eine Durchwanderung des Massivs von Norden nach Süden

Ausgangspunkt: Ax-les-Thermes

Als Einführung in das Carlitte-Massiv oder als erste Etappe einer mehrtägigen Bergwanderung enthüllt diese Querung die zerklüftete Landschaft auf spannende Weise. Teilen Sie sie in zwei maßvolle Tagesetappen ein, um das Beste aus ihr herauszuholen. Campen Sie einfach, wo es Ihnen gefällt.

Ax-les-Thermes – Forges d'Orlu – Grande Porteille d'Espagne (2763 m) – Etang Bleu – Etang de l'Esparbe – Lac des Bouillouses – Réfuge Combaleran (Ca. 9 – 10 Std. ab Ax.)

Route 146. Wanderung vom Carlitte-Massiv nach Andorra

Ausgangspunkt: Réfuge 'La Guimbarde'
Karten: wie oben; zusätzlich Editorial Alpina 'Andorra'

Dies ist eine zweitägige Wanderung, die die Überquerung von zwei Pässen und das Durchwandern von einigen sehr unterschiedlichen wunderschönen Tälern einschließt. Für diejenigen, die ihren Wanderurlaub sowohl im Carlitte-Massiv als auch in Andorra verbringen möchten, stellt diese Route eine geeignete Verbindung zwischen den beiden Massiven dar.

La Guimbarde – Lanoux-Tal – Porté (Route 137 in umgekehrter Richtung) – Porta – Campcardos-Tal – Portella Blancs d'Andorra – Vall de la Llosa – Vall Civera – Port de Vall Civera – Vall d'Madriú – Andorra-la-Vella (Veranschlagen Sie zwei Tage für diese Wanderung. Aufstocken des Proviants in Porta möglich.)

Anhang

Wichtige Adressen

Andorra

Sindicat d'Iniciativa de les
Valls d'Andorra
Placa Princep Benlloch, 1
Andorra-la-Vella,
Andorra

Frankreich

Französisches Verkehrsbüro
Kaiserstraße 12
6000 Frankfurt

Französisches Verkehrsbüro
Berliner Allee 26
4000 Düsseldorf

Französisches Verkehrsbüro
Bahnhofstraße 16
8022 Zürich

Französisches Verkehrsbüro
Hilton Center, No. 259
Landstrasser Hauptstr. 2
1030 Wien

Comité National des Sentiers
de Grande Randonnée
92, rue de Clignangcourt
75883 Paris
Frankreich

Club Alpin Français (CAF)
Section Tarbes
6, rue Eugène Génot
65000 Tabres
Frankreich

Club Alpin Français
Section Pau
5, rue R. Fournets
64000 Pau
Frankreich

PNP Administration
43, rue Larrey
65000 Tarbes
Frankreich

Randonnées Pyrénéennes
3, square Balague
092000 St.-Girons
Frankreich

Spanien

Spanisches Fremdenverkehrsamt
Bethmannstr. 50 – 54
6000 Frankfurt

Spanisches Fremdenverkehrsamt
Ferdinandstr. 64 – 68
2000 Hamburg 1

Spanisches Fremdenverkehrsamt
Oberanger 6
8000 München 2

Centre Excursionniste
de Catalogne (CEC)
10, rue Paradis
Barcelona
Spanien

Spanisches Fremdenverkehrsamt
Graf-Adolf-Str. 81
4000 Düsseldorf

Spanisches Fremdenverkehrsamt
Seefelderstr. 10
8008 Zürich

Spanisches Fremdenverkehrsamt
Rotentrumstr. 27
1010 Wien

Federacion Española
de Montanismo (FEM)
Barquillo 19
Madrid 4
Spanien

Karten und Führer

Die kartographische Erkundung der Pyrenäen hat sich um einiges verbessert, seit Ramond in sein Tagebuch schrieb: „Möge der Himmel die Pyrenäen vor einem Erdrutsch bewahren, der groß genug ist, das Gebirge an die Karten anzupassen.“ Die Karten, die die französische Seite abdecken und vom Institut Géographique National (IGN) publiziert werden, sind präzise und leicht zu lesen. Der Maßstab 1:50.000 erlaubt eine allgemeine Übersicht. Höhenlinien sind in 20-Meter-Intervallen eingezeichnet. Detaillierter sind jedoch Karten im Maßstab 1:25.000 oder 1:20.000, in die Höhenlinien in 10-Meter-Abständen eingetragen sind und die von den Farben her differenzierter sind.
Die IGN-Karten, die den PNP abdecken, sind mit den wichtigsten Wanderwegen versehen und daher von großem Nutzen. Achten Sie darauf, daß Sie nicht versehentlich die Karten mit den Skirouten kaufen.
Editorial Alpina ist der Herausgeber der Karten, die für die Berge südlich der Grenzen empfohlen werden. Diese Karten verbessern sich mit jeder Neuauflage, liegen aber immer noch hinter dem Standard der IGN-Ausgaben. Sie sind entweder im Maßstab 1:40.000 oder 1:25.000, enthalten Höhenlinien in Intervallen von 20 Metern und sind entsprechend der Höhe coloriert. Dies kann verwirrend sein, vor allem, da in verschiedenen Ausgaben unterschiedliche Farbkodes benutzt

werden. Wanderwege sind eingezeichnet, was aber nicht unbedingt heißt, daß auch ein Pfad existiert. In manchen Fällen steht eine rote, punktierte Linie für eine von Steinpyramiden geleitete Route, in anderen Fällen ist es ein deutlich erkennbarer Pfad, es kann aber auch sein, daß es sich lediglich um einen geplanten Weg handelt. Abgesehen von diesen Mängeln sind die Karten zweckmäßig und die Besten, die im Handel sind. Sie werden zusammen mit einem kleinen Führer (in Spanisch) verkauft, der knappe Informationen über die Wandermöglichkeiten in dem entsprechenden Gebiet enthält.
Die Karten, die für die jeweiligen Regionen gebraucht werden, sind am Anfang des betreffenden Abschnitts angegeben.
Die Führer der Fédération Française de la Montagne FFM), die von Robert Ollivier (II Avenue de Lons, 64, Pau, Frankreich) herausgegeben wurden, sind die Standardführer für die Pyrenäen. Sie können in den Buchhandlungen in Lourdes, Laruns, Luchon usw. erstanden werden. Sie sind zwar französischsprachig, doch selbst wenn man nur ein paar Brocken der Sprache versteht, ist es nicht allzu schwierig, ihnen zu folgen. Sie sind gut illustriert und enthalten eine große Auswahl an Routen. Die folgenden betreffen die Gebiete, die in dem vorliegenden Führer enthalten sind:
'Pyrénées Occidentales Vol I. – Aspe et Ossau' für Aiguilles d'Ansabére und Pic du Midi d'Ossau
'Pyrénées Occidentales Vol. II. – de la Vallée d'Ossau au Val d'Arun' für Balaïtous
'Pyrénées Centrales Vol. I. – Cauterets, Vignemale, Gavarnie, Cañons Espagnoles' für Vignemale, Marcadau, Cirque de Gavarnie und Ordesa, einschließlich Monte Perdido.
'Pyrénées Centrales Vol. II. – Bigorre, Arbizon, Néouvielle, Troumouse' für Barroude, Néouvielle etc.
'Posets-Maladetta' für beide Massive
'Pallars-Aran' für das Encantados-Gebiet und Besiberri

Das Centre Excursionniste de Catalogne (CEC) veröffentlicht Führer, die in etwa denen von Robert Ollivier entsprechen, allerdings weniger Karten enthalten. Sie betreffen den Posets und Maladetta sowie Pallars-Aran. Der andere Führer, der für Sie von Nutzen sein könnte, ist:
'Cerdanya' für Andorra und das Carlitte-Massiv.
Trekker, die den ganzen Höhenwanderweg vom Atlantik bis zum Mittelmeer zurücklegen wollen, werden auf folgenden Führer hingewiesen:
'Pyrénées High Level Route' von George Veron. Die englische Übersetzung ist bei Gastons/West Col. erschienen.

Tal von Cardós

Index